D1640199

1. Auflage
© by *Mein Verlag* 2005
15831 Mahlow, Mahlower Straße 44
Tel./Fax: (033 79) 3 93 15
E-Mail: www.mein-verlag-mahlow@t-online.de
www.mein-verlag.de

Satz und Layout: Guido Zenkert
Titelfoto: Guido Zenkert

Druck: Druckerei Grabow
14513 Teltow, Breite Straße 32

ISBN 3-936607-10-9

Elfriede Rüdiger

BH Nummer 4
sucht BH Nummer 5

Nette und fette Sorgen unseres Alltags

Zutreffendes bitte ankreuzen

Elfriede Rüdiger

Mein Verlag

Mahlow *bei* Berlin

Vorwort

Sie erwarten hoffentlich keine Aufklärung über das Liebesleben der Lesben. Aber was soll ich machen? Titel wie: „Mit Dir allein beim Pilzesammeln..." oder „Wohin mit der Leiche?" hatten wir doch schon, da greift niemand mehr zu.

Dieses Buch ist kein Leitfaden und gibt auch wenig Anregungen für den Umgang mit gleichgeschlechtlichen Partnern, mit den Minderheiten unserer Gesellschaft. Viele OUTEN sich, das ist momentan die große Mode, jedenfalls in Prominentenkreisen. Die Normalis halten sich fast für eine Minderheit.

Bildungswillige Heterosexuelle erfahren aus den gängigen Illustrierten wöchentlich, wie das so geht, dass im Schlafzimmer nicht nur gepennt wird. Oder sie schenken sich zur Silberhochzeit das Kamasutra, um auszutesten, ob sie mit Rheuma noch so gelenkig sind wie früher und wie sie es durch Teilnahme an getarnten sportlichen Übungen austricksen können. Ob das gut geht, ist eine andere Sache.

Wer nun tatsächlich einen anderen BH sucht mit einer bestimmten Körbchengröße, na, das sind eben auch Sorgen. Nicht allgemeine, nicht alltägliche, aber manche haben die eben. Wenn ich die sommerlichen Veranstaltungen in Berlin verfolge - nur auf dem Bildschirm - wenn monatelang über die Love-Parade, ihre Kosten, ihre Risiken und Nebenwirkungen (und alles ohne Doktor und ohne Apotheker), nur mit der Bürgerinitiative „Rettet den Tierpark" und zur Verstärkung mit dem Berliner Senat, hauptsächlich aber mit dem Bezirksbürgermeister verhandelt wird, dann erwachen in mir minderheitliche Komplexe. Ich frage mich jetzt als vertrottelte Ur-Großmutter, ob ich da mitmachen wollte? Oder besser gefragt: dürfte, früher, nicht jetzt mit Stock und Brille. Also barbusig rumspringen, alles zeigen was man hat. Es soll ja Männer geben, die das nicht so gerne haben. Meiner wäre so einer gewesen. „Das machen wir zu Hause, nicht hier auf der Straße des 17. Juni."

Gleich nach der Wende, als man noch etwas naiv und vielleicht ein bißchen unorientiert die Zeitungen nicht einordnen konnte, sagte eine Freundin zu ihrem Mann, er sollte doch bitte außer dem frischen Brot und den Rouladen auch noch eine Zeitung für's Wochenende mitbringen. Über der Lektüre mit der Zeitung sind die Rouladen eine innige Verbindung mit dem Schmortopf eingegangen. Die Illustrierte brachte das kurz vor der Goldenen Hochzeit stehende Ehepaar so aus dem Konzept, dass sie die Tageschau ebenso versäumten wie das Wort zum Sonntag. Sie erfuhren Versäumnisse ihres Liebeslebens, waren aber bis jetzt gut zurechtgekommen. Trotzdem überlegten sie, ob sie die beschriebenen Praktiken der Zeitung nachvollziehen sollten. „Müssen wir das?" Bald darauf brachte der verklemmte Goldene Hochzeiter zur Information die nächste Ausgabe mit. Wenden wir uns den alltäglichen Sorgen zu, klammern wir aber die ganz echten Sorgen wie Krankheiten, Arbeitslosigkeit oder Pleiten aus, die sind so gewaltig und würden das Buch zu schwer machen. Ansonsten unterscheiden wir die fetten Sorgen von den netten Sorgen. Natürlich kommt es wie immer auf den Standpunkt des Betrachters an. Eine Finca auf Mallorca, ein Chalet in der Schweiz, ein Wochenendhaus in Schweden, eine Datsche am Müggelsee - und dann nicht wissen, wo man im Urlaub hinfahren soll? Das ist schon eine fette Sorge!

Passt der neue Staubsauger auch farblich zum Teppich, ist auch fett. Ist der Aschenbecher im Auto voll, braucht man ein neues in der Farbe zum Nagellack? Das sind ebenfalls fette Sorgen.

Golfen wir in Tunesien oder golft es sich in Südfrankreich besser? - Fetter geht es nicht.

Die verpasste Zeitumstellung im Herbst gehört zu den netten Sorgen. Man erscheint zu früh. Die verpasste Zeitumstellung im Frühjahr gehört in den Bereich Ärger. Man kommt zu spät, der Zug ist weg.

Hat man einen schlimmen Finger, zieht man sich am Pullover und an den Strumpfhosen die Fäden, hat dann endlich einen Termin beim Hautarzt, und plötzlich ist der Finger heil. So gehört das in den Bereich der Wunder.

Nette Sorgen für unserereinen sind: Wie baue ich ein Schlafzimmer von IKEA zusammen, damit ich noch vor dem nächsten Winter darin schlafen kann? Warum bin ich ausgerechnet der Landeplatz für Mücken und andere Flugobjekte? Warum nehme ich immer die falsche Diät zum Abnehmen? Wann treffen endlich die angekündigten Gewinne ein? Und ein Unglück ist, wenn man sich einen Anzug mit zwei Hosen kauft und sich dann ein Loch ins Jackett brennt.

Das sind alles Geschichten, die dieses Buch füllen. Natürlich ist auch eine dabei, die sich eventuell auf den ersten Teil des Titels bezieht. Keine Aufklärung. Ich tappe da eher im Dunkeln, bin völlig unbelastet.

Auf einem holländischen Flohmarkt stand ich vor einem weit ausgebreiteten Buch. Es war ein richtig großes Buch, alles war echt groß, das Holländische kam gar nicht so zum Vorschein, die geschlechtsspezifischen Techniken der Liebe waren von der Landessprache vollkommen unabhängig. Wie fasziniert versuchte ich die Balance zu kriegen, fand aber nicht den Anfang und nicht das Ende. Meine Freunde zogen mich weg. „Das ist nichts für dich", und ich habe auf sie gehört, habe es dabei belassen.

Mögen die Nummer Vier noch immer die Nummer Fünf suchen. Ist mir egal!

Elfriede Rüdiger

Inhaltsverzeichnis

Noch ein Vorwort

Und dann saßen wir in unserem ersten Westauto, einem Jahreswagen, und fuhren auf der Autobahn, nur fliegen war schöner. Und wir hielten vor dem ersten Supermarkt, es war ein getünchter Rinderoffenstall. Und wir sahen die unendlich lange Käsetheke, und bis hoch zum Himmel türmten sich die Pfefferkuchen, und wir konnten alles aussuchen und mit unserem eigenen Geld bezahlen.

Es war kein Begrüßungsgeld für DDR-Besucher, ich brauchte keine Zollerklärung auszufüllen und nichts verstecken.

Und vor dem vollen Kofferraum erwischte es mich. Langsam fing ich an zu schluchzen, es schüttelte mich und die Tränen kullerten.

Warum? Dafür musste ich voriges Jahr 600 Kilometer mit der Bahn fahren und auch 600 km zurück. Ich musste mich schikanieren lassen und kontrollieren lassen, Ängste ausstehen, schleppen und alles ganz alleine.

Das waren keine fetten Sorgen, keine netten Sorgen, das war einfach Glück.

7

„Es gibt Bücher,
die uns in einer
einzigen Stunde
mehr erleben lassen,
als das Leben uns
in zwanzig Jahren
gewährt."

Oscar Wilde

Karl der Dünne

Nein, diese Suppe ess ich nicht! Und so kam es, wie es kommen musste. Erst war das Karlchen kugelrund, nun wiegt es noch ein halbes Pfund.

Nun wollen natürlich alle wissen, wie das geht, mal eben so auf die Schnelle 42 Kilo abzuspecken, wo doch jeder mit einem Kilo schon seine Probleme hat. Und nun versilbert er seine Kochkünste in einem Kochbuch und demonstriert mit preußischer Disziplin und Askese das Wunder des Schlankwerdens. Wer noch immer nicht weiß, von wem die Rede ist: das ist Karl der Dünne aus dem Geschlecht der Lagerfelds, der mit dem Zopf.

Vor vielen Jahren, als sich Otto Normalverbraucher jeden Monat in schöner Regelmäßigkeit einen Façon-Schnitt beim Friseur leisten konnte, führte er den alten Brauch des Zopfes wieder ein. Gerade waren einige der Schere zum Opfer gefallen und zu den Akten gelegt worden. Endlich gab es für Frauen außer der drei K - wie Kirche, Kinder und Küche - ein bisschen was Selbständiges. Sie durften teilweise mitreden, sie trugen Bubikopf und Hosenanzüge, machten den Führerschein, um nach nächtlichem Gelage den rundrum satten Besitzer des Autos nach Hause fahren zu dürfen. Und nun das! Da lässt einer seine Haare wachsen mit einem Gummi drum und beschwört die alte Weltordnung wieder herauf. Leute, die von der Haute Couture keine Ahnung hat-ten und nur ab und zu mal eine Modenschau im Fernsehen verfolgten, sagten: Ach, das ist ja der mit dem Zopf.

Inzwischen kennt ihn jeder. Der Zopf ist ein Markenzeichen und kommt vielleicht noch ins Wappen derer von Lagerfeld. Durch die Haartracht und seine enorme Gewichtsreduzierung ist er allen anderen hochkarätigen Schneidern ein Konkurrent. Und Claudia macht ein Übriges. Zwar hat sie inzwischen ein Kind bekommen, trotzdem träumen die jungen Frauen davon, so ein Traummodel zu sein. Dazu müssen sie aber wissen, wie man zu einer Traumfigur kommt, wie man seine Fettringe loswird, ohne Anstrengung, und vielleicht reich und schön wird, denn für die Reichen und Schönen schneidert Karl der Dünne. Und bis zum Frühjahr wollen sie in seine gefertigte Kostümierung passen. Dass wir das noch erleben dürfen!

Was Karl der Dünne macht? Es ist vermessen, ihn einen Schneider zu nennen, er kreiert. Zugegeben, Schneider klingt nicht so toll. Nimmt man aber für eine Kittelschürze durchsichtigen Organza, klatscht vorne an die nicht vorhandenen Brust der Vorführdame eine stark aufgeblühte Stoffrose und nennt das ganze: Erlösung vom Scheuerlappen, dann ist die Haute Couture geboren.

Die dünne Vorführdame ist jetzt ein Model und läuft für einen schlappen Stundenlohn vorschriftsmäßig über den Laufsteg. Sie läuft über den großen Onkel, was jeder Mutter bei ihrem eigenen Teenager die Sprache verschlagen würde und stöhnen lässt: Kannst du nicht ordentlich laufen. Aber vielleicht wollen die Teenies gerade deswegen alle Model werden. Für die Welt ausgefallene Klamotten zeigen und über'n großen Onkel laufen, zwangsweise sozusagen, dafür noch einen Haufen Zaster kriegen, ganze Inseln kaufen und mit reichen Zauseln frühstücken - warum nicht. Da kümmert einen weder die Rentenreform noch die verwehrte Eigenheimzulage.

Lieschen Müller weiß sofort, mit solchen ausgeflippten Sachen kann sie nicht ins Büro gehen, nicht in die Straßenbahn steigen, und so aufgedonnert geht man auch nicht nach Brötchen. Das ist der Hautevolee vorbehalten. Beim Winterschlussverkauf schielt sie ein bisschen nach verblassender Eleganz, doch der Wühltisch ist nicht zopforientiert.

Das schafft nur Petra Schürmann, wenn sie auf dem Markt bei der Hinterhuberin den echten Alpenzeller und den fettreduzierten und körperfreundlichen Käse von den glücklichen Kühen in den Korb packt. Jesses, die kann dabei Sachen anhaben. In München haben sie natürlich ihre eigenen Schneider, die sind auf den dünnen Lagerfeld nicht angewiesen. Sie alle vereit der Schrei: Rettet die Bügelfalte! Ausgefallen, aber immer hübsch ordentlich. Die Gegenseite, es gibt immer

Gegenseiten, was auch passiert, 50 Prozent sind immer dagegen, also die andere Seite schreit: Nieder mit der Hose! Freiheit für den Bauchnabel!

Und es ist nicht zu übersehen, die Sparerei fängt bei der Mode an. Kein Pullover, der die verformten Hüften bedeckt. Nur wer im Oberkörper zu kurz geraten ist, dem gelingt es noch, seine Deformation zu vertuschen. Und so reicht es mitunter nur bis zum Bauchnabel. Konnte man vor einiger Zeit die reichlich langen Hosen bis über die Brust ziehen und sparte sich ein Unterhemd, so fängt die Geschichte jetzt unterhalb des Nabels an, wo es fast unschicklich ist.

Ein vom Klempner gefertigter Gürtel hält den Sündenfall auf, noch. Wer wegen steigender Frühlingsgefühle im Lenz auf Röcke umsteigt, trägt nur einen breiteren Gürtel, der tut es auch und verhindert Peinlichkeiten. Das Ganze ist, wie der Hund, der sich in den Schwanz beißt. Weil die Röcke so kurz sind, brauchen die immer weniger Stoff, Webereien werden ebenso pleite gehen wie die Textilindustrie. Aber wer nimmt darauf schon Rücksicht, obwohl die Schaffung von Arbeitsplätzen das Maß aller Dinge ist. Man kann immer auf dem Laufenden sein.

Schneidet man in seine alte Hose an bestimmten Stellen Löcher und franst sie aus, ist man nicht nur stadtfein, man traut sich damit sogar ins Theater. Das kleine Schwarze reicht auch jahrelang, vorausgesetzt man passt immer rein und es ist im Schrank nicht eingelaufen.

Mit Löchern und ausgefransten Hosen gibt sich unser Meister-Couturier nicht ab, der braucht schon etwas zum Schneiden und Nähen. Am meisten brauchen aber die Tanzwütigen der Tanzturniere. Ich frage mich immer wieder, wie die so 30 Meter Stoff in den Griff kriegen und wo die das hinnähen. Laut Aussage alle ganz allein im stillen Kämmerlein. Alles Naturtalente. Ich habe vor vielen Jahren an einer brandneuen Nähmaschine, sozusagen als Premiere, ein einfaches Hängerchen ausprobiert. Auf dem Schnittmusterbogen sah das alles einfach aus. Aber dafür muss man geboren sein. Als sich Besuch anmeldete, sammelte ich nach wochenlangen Testanproben die verstreuten Stecknadeln mit einem Magneten auf und übereignete das bisherige Gebilde einer begnadeten Anwärterin der Kunstakademie. Was daraus geworden ist? Na, jedenfalls war sie durch eine großzügige Spende zu Stoff gekommen. Ich habe nie wieder den Versuch unternommen, mich durch eigene Kreationen zu verschönern. Kauf dir was, wurde mir geraten. Doch Karl der Dünne übte noch, seine Ideen waren nicht ausgegoren, der Zopf war nicht präsent. Nun ist er es, und der normale Interessent sieht mehr den Zopf als sein Produkt. Außerdem haben die Zopfträger heutzutage das Image des Bürgerschrecks verloren. Sie gelten als besonders fortschrittlich und haben für so

lapidares Haareschneiden nur ein müdes Lächeln. Ihnen fehlt eigentlich die Zeit dafür, sie werden vielleicht vom Arbeitsamt als besonders einsatzfähig und rührig empfohlen und sind nur den Friseuren ein Dorn im Auge. Für eine Menge Leute ist der Zopf aber auch der letzte Ausweg, um den inflationären Preisen der Haarschneider zu entkommen. Allerdings wünschte man sich bei manchen Kochduellen im Fernsehen die Einführung eines Zwangsgummis, der die langen Zotteln aufgeblasener Mitköchinnen zusammenhält. In Lebensmittelbetrieben hätte man denen schon lange die rote Karte gezeigt.

Hat die Eva langes Haar und trägt es weit offen, ist sie entweder grundhässlich, oder sie hat Pubertätspickel. Oder sie ist uralt. Grund wird sie schon haben, ihr Gesicht zu verdecken. Neulich habe ich beim Friseur ein Plakat, pardon, ein Poster bewundert, wo nur noch ein Blindenführer gesucht wurde, denn beide Augen waren von wunderbar gewelltem Haar verdeckt. Glaubt man jedoch den Illustrierten, dreht sich bei den Damen der halbe Tag um Styling-Produkte, Haarfärbemittel und Rundbürsten. Es ist wichtig, was sie auf dem Kopf haben, es hält sowieso nur von Zwölf bis Mittag. Bei den Herren der Schöpfung kommt es mehr darauf an, was sie im Kopf haben.

Gepriesen und gedankt sei den Herren. Wir haben Karl den Dünnen, der auch um 42 Kilo leichter nicht die Orientierung verloren hat und zeigt, wie und wo und wann wir was anzuziehen haben. Ein Segen für die gebeutelte Menschheit. Er zeigt nicht nur den Damen der Hautevolee, sich ohne Fransen weltoffen zu geben, falls man mal eben in Nizza ins Casino muss. Er hat sein Herz für Männer entdeckt. Das Schlimme ist, die Herren haben es noch gar nicht bemerkt. Er designt und designt und kein Schwanz beißt an. Die Geschäfte laufen nur bei den Reichen und Schönen. Und natürlich bei denen, die sich über den eingezwängten Fettwanst extra eine Pelerine hängen müssen wie weiland der fette Karl.

Das ist ja nun vorbei, aber sein Sendungsbewusstsein perlt an den Umworbenen ab wie Regen an einem frisch lackierten Auto. Keine Ahnung haben sie von wirkungsvollen Kombinationen. Jedes Jahr holen sie die uralten Klamotten aus dem Winterschrank und finden, die machen es noch eine Weile, die sind noch lange gut, bis in's neue Jahrzehnt. Und haben sie sich im Frühling unter Todesverachtung aus dem Jahrhundertpullover geschält, entdecken sie ihre Vorliebe für kurze Hosen aus der Zeit, als Mama zu Hause noch die Regie führte. So stehen sie mit dem Fahrrad zur Sonntagstour vor der Tür. Unser Hilfeschrei: „Wie siehst du denn aus!", macht sie etwas unsicher, aber nur etwas. Schließlich sind noch alle Knöpfe dran und zu geht die Hose auch noch, wenn auch gequetscht, gezurrt und gezogen. Und der Sattel unterstreicht bis

dahin geheimgehaltene Informationen. Aber Umziehen kostet Nerven. Sie haben auch für alles eine Entschuldigung oder einen Ausrede. Für die Hose, die unter dem Bauch getragen wird ebenso wie für die, die den Po nur erahnen lässt. Und schließlich kennen alle Jürgen von der Lippe und haben wie er eine Vorliebe für stark gemusterte Hawaii-Hemden. Sie lieben wie er Mustermix und wenn Krawatte, dann schreiend wehtuend in Farben und bewegten Bildern.

Sie lieben raschelnde Jogginganzüge, unter hautengen T-Shirts zeigen sie die Eleganz der Unterwäsche mit Comic-Motiven. Nur ja kein Feinripp, das macht alt. Da haben Leute wie Karl Lagerfeld noch harte Arbeit und ein weites Betätigungsfeld vor sich, bis in den letzten Männerkopf Sinn fürs Schöne eingezogen ist und keiner mehr karierte Sakkos über Palmenhemden trägt, keine knalligen Schlipse den Hals abschnüren und die Hose durch Hosenträger und Gürtel doppelt gesichert jedem Rock-and-Roll standhält. Es wird darüber eine Zeit in's Land gehen.

Unser Modezar wird durch einschlägige Modegurus unterstützt. Da war einer mit dem Hündchen, der Mosi mit der Daisy, die versorgten ganz Bayern, und in der Zeitung kann man verfolgen, wer sich bei irgendeiner wichtigen Veranstaltung von Valentino, Escada oder Joop beschneidern lässt. Das wirkt und sind die richtigen fetten Sorgen der Menschheit.

Die wirklich aufregenden Sachen gehen an den Männern vorbei. Ehe ein Mann seinen Body von der Sonne bestrahlen lassen will, könnte er vielleicht einen Blick in den Spiegel werfen wegen seiner gefährdenden modischen Auftritte am Strand. Zwischen Bauch und Oberschenkel klemmen altväterliche Mini-Slip-Modelle, bei denen man besorgt an das Fortbestehen der Menschheit denkt. Schließlich ist bekannt, dass mangelnde Durchblutung auf die Zeugungsfähigkeit wirkt. Andere Modelle bestehen im Wesentlichen aus zwei Hosenbeinen mit dem Durchmesser eines Eisenbahntunnels. Im Wasser ersticken sie jede Schwimmbewegung, weil sie sich zu Luftkissenbooten aufblasen. Am Strand schwingen sie locker am untersten Rand der Hüfte.

Mit Schrecken denke ich an den Kauf eines eigenen Badeanzuges. „Da müssen sie früher aufstehen", heißt es im April. Nur Uraltmodelle, nur Ladenhüter. Ich muss den alten verschossenen Anzug wieder anziehen, bloß weil ich den richtigen Zeitpunkt versäumt habe! Und dann geistert in dem alten Ding ein verwurschteltes Innenleben mit verdrehten Körbchen und Strippen, ähnlich wie bei den Badehosen der Männer, bei denen immer ein Stück Netz oder ein Bindfaden von drinnen herauswinkt. Ich kriege entweder den Busen unter, dann hat der Bauch auch viel Platz und kann sich richtig breit machen, auch keine Augenweide. Oder der Bauch wird ordentlich platt gedrückt,

dafür fällt der halbe Po raus. Dieses Problem hat man in Nackedusien nicht. Doch wo sind die Alabasterkörper, die sich sehen lassen können oder die andere gerne begucken. Dann zwänge ich mich in den alten Badeanzug, der den letzten Widerstand aufgibt, nach dem Motto: Der Klügere gibt nach, und so besiege ich das letzte bisschen Elastananteil. Bei den Modeschauen kriegen sie das fein hin, keiner hat Dackelbeine, den Busen polstern sie auf mit Wondrebar, ja, der Karl achtet schon auf seine Girls. Die stopfen sich auch nicht zu den Feiertagen haufenweise Plätzchen in den Hals, wie unsereiner. Was wollte ich aber auch mit einer eigenen Insel im Mittelmeer, nur mit Buttermilch im Glas und trocken Brot. Und wer weiß, was sich der Karl noch für Sättigungsbeilagen in seinem Kochbuch ausgedacht hat. So exentrisch wie er ist. Was waren das früher für Zeiten, als das Feindbild klar umrissen war, das Böse eine feste Adresse hatte und man genau wusste, mit wem man es zu tun hatte. Schiefe Absätze trugen Vertreter für Manschettenknöpfe und deuteten auf einen geringen Wohlstandszuwachs hin. Löcher in den Hosen und ausgefranste dazu, waren keine Spielgefährten. Da war die Mutter liederlich und flickte ungern, wenn überhaupt. Heute ist auf nichts mehr Verlass. So kann man die Chance seines Lebens verpassen, bloß weil der andere sich als Hippie ausgibt und wie ein Landstreicher herumläuft.

Mich hat dieses Jahr sogar mein Weihnachtsbaum enttäuscht. Bildschön gewachsen und mit sanfter Nadelung entwickelte er im warmen Zimmer eine Wolke von Kuhstallmief. Nichts konnte das aufhalten, weder aufgestellte Duftlampen noch Raumspray. Ich besprühte ihn mit Essigwasser, riss die Fenster auf und entschuldigte mich bei meinen Besuchern. Er dümpelte vor sich hin, als das Spray und die Düfte alle waren, musste er am dritten Feiertag noch in voller Kraft und gut im Saft das Zeitliche segnen. Ihm gewährte ich keine Galgenfrist wie den Uraltmodellen im Kleiderschrank, die kann man eventuell noch mal brauchen, bei der heutigen Mode ist alles möglich.

Der Ehemann in der Kneipe: „Ach es ist ein Kreuz. Ich habe eine Frau, die hat drei Schränke voll nichts anzuziehen.!"

„Was soll ich zu den rot-grün-gelb-violetten Socken anziehen, die mir meine Freundin gestrickt hat?" - „Am besten hohe Stiefel!"

Haste was, biste was

Harry ärgert sich, und wie er sich ärgert. Da hat er ein bildschönes Haus mitten in der Frankfurter Altstadt und niemand nahm davon Notiz. Warum stauten sich vor anderen Gebäuden die Menschen, bestaunten andächtig die Fassaden, lasen ehrfürchtig angebrachte Schilder und fotografierten mit und ohne Weitwinkel. Harry muss seinen Frust loswerden. Er entwickelt ein eigenes Schild:

Dieses Haus ist vollkommen goethefrei. Der verehrte Dichter hat hier weder gefrühstückt, hat hier mit niemandem gebusselt und auch sonst keine Menschenseele getroffen. Nicht im Paterre noch in einer anderen Etage.

Das Schild hat eine klare Aussage, ist weder links- noch rechtslastig, hetzt gegen keine Minderheit, wirbt nicht für Tod und Teufel und wird unter Humor verbucht, er braucht es nicht abzuschrauben. Allmählich reiht sich der Anschlag in die klassischen Erinnerungsfotos ein. Aber Frankfurt ist überall. Provinznester, von der Geschichte längst abgehakt, locken mit riesigen Plakaten im Mehrfarbendruck in entlegene Ecken und auf Bergesspitzen. Entdeckungsfreudige Touristen werden von wortgewaltigen Fremdenführern durch krepelige Gassen geschleust, um endlich am Ende der Strapazen mit ausgerenktem Knie zu erfahren, hier oben auf der Burg hat der greise

Wolfgang einem siebzehnjährigen Burgfräulein den Kopf verdreht, und nur der resoluten Mutter ist es zu verdanken, dass der Heißsporn in Karlsbad lieber seine alten Knochen gerade biegen ließ. Nach so einer Tour frage ich mich schon bei einem einmaligen Gewaltmarsch, warum ich mir das antue. Die Dame soll nach Aussage des Erzählers bis an ihr Lebensende unbemannt geblieben sein, ist aber 93 Jahre geworden, vielleicht oder eben deswegen.

Wo er nun schon mal in dieser Ecke Böhmens war, führte er für damalige Verhältnisse ein unruhiges Leben. Ungefähr so wie heutzutage einer, der ein neues Auto ausprobieren möchte oder weil da das Benzin so preiswert ist. Der Wolfgang hatte eine flotte Kutsche, zu Fuß wird er kaum alles abgeklappert haben. In jeder Kirche hat er sich am Glockenspiel erfreut und der Orgel gelauscht, und meine Pension ist nach der Rekonstruktion zu dem respektierlichen Namen Goethe-Haus gekommen. Nebenan kippt man in der Goethe-Bar bis in die späte Nacht Korn und Bier hinter die Binde. Wenn das der olle Joethe wüsste. Doch Geld stinkt nicht, wenn man weiß, wie man dazu kommt. Goethe hinten, vorne, oben und unten. Und nebenbei dichtete und techtelmechtelte er dank seiner robusten Gene von Mutter Aja.

Hier in unserer Gegend fällt der Besuch weltbekannter Persönlichkeiten aus. Mit frischer Luft und grünen Wiesen allein ist kein Blumentopf zu gewinnen. Um hier Furore zu machen, wird Schöpfergeist und Phantasie gebraucht. Die Mark Brandenburg quillt nicht über von erfinderischen und nicht zu bremsenden Zeitgenossen. Eher bodenständig und auf Kartoffeln mit Quark und Leinöl oder wahlweise mit Speckstippe programmiert, staunt man über den Gurkenfahrstuhl, mittels dessen man Gurken-Singles aus einer schmalen Dose an das Licht

15

der Sonne befördern kann. Er erhebt die langweilige Gurke aus einem 750 Gramm-Glas zu einer Spaßgurke und erfreut die Menschheit. Golssen, dicht vor dem Spreewald, hat damit seinen Bekanntheitsgrad enorm erhöht. Mit der Ein-Mann-Gurke und dem Gurkenlift ist es trotzdem schwer, ganze Landstriche für den Tourismus zu elektrisieren. Neidisch schielen die übrigen Brandenburger auf die Spreewaldkähne und die weitabliegende Single-Gurke. Experten fanden als Gegenstück unsere 170 kilometerlange Skaterbahn, mit deren Hilfe sie bis jetzt bewegungsunwillige Neuzeitmenschen in die Märkische Heide locken. Karawanen von Großstädtern machen nun die Gegend unsicher und verstören die einheimischen Radfahrer. Hieß es früher zu Urgroßvaterzeiten: „Hier können Familien Kaffee kochen", ertönt allenthalben der Schrei: „Hier können Sie ihren Alltagsfrust abskaten. Rollen Sie, was das Zeug hält." Ganze Sippen fallen mit Kind und Kegel in die Landschaft ein und erfreuen die Kneiper und die Pilzsucher mit ausgefressenen Büchsen. Haste was, biste was. Die Gäste haben ihre teuren Skater und wir Wald und Wiesen.

Um für die Nachwelt interessant zu sein, habe ich mir gedenk Harry, auch ein Schild angebracht. Ich werde es jedenfalls WOLLEN. Hin und her habe ich mir überlegt, wie man der verdutzten Nachbarschaft mitteilen könnte, was bei mir so los ist, was ich nicht habe und wie ich mich von der großen Masse abhebe. Ich habe kein Handy, ich habe keinen Anrufbeantworter, ich habe keinen Laptop, ich kann niemanden im Internet besuchen, ich verschicke keine E-Mails, ich habe keine Mikrowelle, ich habe keine Kaffeemaschine, ich habe keinen Turm, aus dem Musik kommt, und natürlich habe ich auch keinen Computer.

Bei längerem Nachdenken wird das Schild sicher länger. Doch diese Mitteilungen würden schon für ein allgemeines Kopfschütteln über meine Ehrlichkeit reichen und die Frage aufwerfen, wie ich überhaupt so ohne Fortschritt überlebensfähig sein kann. Dabei bin ich nicht mal unglücklich. Doch jeden Tag vermittelt mir das Fernsehen das Gefühl vollkommener Idiotie. Nachfragen mit eingeschicktem und frankierten Rückumschlag ist nicht mehr. Besuchen sie uns im Internet. www.zdf.de, das ist die Adresse. Ob die obligatorischen Kochwilligen da auch anfragen? Die kochen doch gar nicht mehr, die lassen sich eine Pizza kommen. Natürlich habe ich mich bei verschiedenen Altersgruppen umgehört, wie das bei denen so geht und ob ich die einzige mit solch vorsintflutlicher Einstellung zur Technik bin. Rausgekriegt habe ich vor allen Dingen, die jungen SMS-Verschicker werden schlecht auf einen grünen

Zweig kommen, für umsonst ist nichts. Sie müssen schon einen Groschen mehr verdienen, oder der Papa hat das große Geld. Keene Schtrimpe, aba Jamaschen! Keen Hemd uff'n Arsch, aba'n Schlips um!

Irgendwie muss aber durch übertriebene Reklame die Sache in Gang kommen. Denn überall, wo ich mich aufhalte, bin ich von sehr wichtigen Leuten umgeben. Pausenlos werden in aller Öffentlichkeit Telefonate der Dringlichkeitsstufe I geführt. Lebenswichtige Fragen entscheiden vornehmlich an den Kassen der Supermärkte, ob erst die Butter bezahlt wird oder ob man vom Saunabesuch von Gerlinde erfährt.

Mein Telefon ist nach wie vor fest installiert, und nachdem meine feinen Ohren mich wiederholt aus dem Gurkenbeet an die trillernde Strippe luchsten, wo ein Vermögensberater mir diverse Vorschlägen zur Vermehrung meines Reichtums unterbreitete, und ein anderer mir vorschlug, dass ich bei der Abnahme von zehn Flaschen Wein eine Flasche umsonst bekäme, lasse ich es bis zum Nachtgebet durchklingeln. Da lass ich das Geschäft meines Lebens einfach sausen. Ehrlich währt am längsten.

Aber Ehrlichkeit ist teuer, preiswerter ist ein Computerkurs im Kittchen. Bildung ist eine wichtige Voraussetzung für Knastologen, nicht wieder rückfällig zu werden. Das Justizministerium verspricht sich besonders bei lerngestörten Gefangenen eine bessere Eingliederung in den Arbeitsprozess. Man will es kaum glauben. Wird auch noch von der EU als Projekt: „E-Learning im Strafvollzug" finanziert. Nicht nur, dass sie im Knast ihre Memoiren schreiben für die die Aussenwelt unter diesen speziellen Umständen großes Interesse zeigt, wo sich unsereiner pikiert fragt: Was muss ich anstellen, um ein ebenso großes Medienecho zu erreichen? Kommt ja wegen der Eingliederung ins normale Leben die Pflege verwandtschaftlicher Beziehungen außerhalb der Mauern ebenso dazu, wie der Swimmingpool und der mehr oder weniger bewachte Fußballplatz, damit es an nichts fehlt. Wer weiß, was uns die Macher vons Janze noch verheimlichen, um einen Ansturm auf die Angebote innerhalb des Strafvollzuges zu verhindern. Und nun noch der Computerkurs. Manch ein Schuldirektor wird sich die Haare raufen und sehnsüchtig auf das Füllhorn der Technik hoffen. Menschen ohne Tadel schicken teilweise schon die Kreide mit in die Schule, und besorgte Eltern sehen mit gemischten Gefühlen der rieselnden Decke entgegen.

Selbstinitiative ist der letzte Ausweg. Doch Computer hin und Computer her, bis vor kurzem machte es noch meine alte ERIKA, ein Objekt der Begierde für jeden Betrieb, den es in der hochqualifizierten DDR nur auf Bezugsschein gab. Zuteilungsware. Ansonsten erledigte man alles per Hand. Ich beerbte unseren Betrieb, und meine zwei Zeigefinger wurden durch hartes Dauertraining häufig überfordert. Die restlichen acht Finger hatten strenge Anweisungen, sich nicht in das Geschehen einzumischen. Ich habe keine Rechtschreibschwäche, leide aber an einer ausgeprägten Schönschreibschwäche. Sie führte dazu, unleserliche Wörter zu über-ixen, also mehrere X aneinander zu setzen. Das machte das Geschriebene sehr geheimnissvoll, wie bei einem nicht zu lösenden Kreuzworträtsel. Nach einem so verschlüsselten Brief erbarmte sich der Empfänger und spendierte mir ein Päckchen Korrekturblätter, Tip-Ex, zu der Zeit noch mit einem p geschrieben. Von nun an bemehlte sich die innere Tastatur mit dem sich abschubbernden Pulver. Aber unverdrossen schrieb ich mit Wonne. Meine Mieze schoss allerdings, sowie ich mich der ERIKA näherte, unter das Sofa, wie sonst nur bei den Böllerschüssen zu Silvester oder wenn der museale Staubsauger angeworfen wird. Gewohnheit stumpft ab, sie erschrickt nur noch am Ende jeder Zeile, wenn das melodiöse Djö, Djö, Djö wie Musik aus dem fernöstlichen Raum erklingt. Aber zu China hatten wir zu der Zeit keine wirtschaftlichen Beziehungen. Das mitgelieferte Reinigungstäschchen, hergestellt in der Frühzeit von „Plaste und Elaste aus Schkopau", verriet den Hersteller in Erfurt. Laupichler und Co, KG-Betrieb, was soviel bedeutet, dass Herr Laupichler zusehen muss, wie aus Großvaters Erbe ab 1955 ein sozialistischer Betrieb zurechtgeschustert wird, auf vollkommen freiwilliger Basis. Zum Preis von 4,40 Mark im EVP wird das aparte IGELIT-Täschchen mit der Nr. 1899646 Namens ROLA mit Inhalt zu der ERIKA als wichtiges Accessoire geliefert. Der Inhalt, wie ladenneu unberührt, besteht aus einer Bürste wie zum Schuheputzen, einem Breitpinsel, einem Schraubenzieher, einer Art Rouladenspieß, einem Fläschchen Öl, einem runden Flachradiergummi, in der Mitte durch Plaste verstärkt. Ferner einer Rolle Reinigungsknetpaste, genannt Schriftputzer und einem Stück rechteckiger Plaste mit verschiedenen Löchern. Alles sauber eingewickelt in ein Staubtuch. Mit großer Ehrfurcht habe ich das ab und zu mal ausgewickelt und schnell wieder eingewickelt, aus Angst, ich könnte der Erika was antun und sie nicht wieder in Gang bringen.

Also aus China war sie nicht, der Name Laupichler deutet eher auf Südpreußen, nach Bayern oder noch eher nach Wien, wo ja viele Familien sich mit solchen Namen schmücken dürfen. Vielleicht mal ein Frühumsiedler, der den Weißwurst-Äquator überquerte, in umgekehrter Richtung wie heute, um auswärts, weit ab von der Heimat zu Geld zu kommen. Es ist alles schon mal dagewesen. Nichts Neues unter der Sonne. Und nun wurde er KG-Betrieb.

Vor einiger Zeit streikte meine hilfsbereite Dame, kein Zureden half, eine jahrzehntelange Tätigkeit, die letzten Jahre mit meinen erstarkten Zeigefingern besonders malträtiert, sicherten ihr das Gnadenbrot. Ein inniges vorelektrisches Zusammenleben fand ein Ende.

Im Betrieb entdeckte man zu dieser Zeit die Vorteile eines Computers, und mich traf das Schicksal vollelektronisch in Form einer Maschine mit dem vielversprechenden Namen CANON-ES 25.

War ich jetzt mit den wenigen Zeichen wie Punkt, Komma, Fragezeichen und Semikolon ausgekommen, so irritierten mich von nun an geheimnisvolle Symbole an beiden Rändern. Kreise, Sterne in verschiedenen Größen, Pfeile nach rechts und links, oben und unten, jedenfalls eine Menge Haken und Ösen, um mein Mitteilungsbedürfnis stark zu beeinflussen. Lange Zeit verging mit dem Einfädeln des Bogens, und nun klopf ich mir schon auf die Schulter, wenn ich das Ende der Zeile erreicht habe. Immer wieder sagte ich mir, komm bloß nirgends ran, lass das alles in seinem embryonalen Zustand.

Haste was, biste was. So langsam habe ich mich an den Fortschritt herangerobbt. Und hat man einiges begriffen und weiß, wie das ungefähr geht, findet man sich toll, umwerfend, und will doch vielleicht auf das geplante Schild am Hauseingang verzichten. Hilfe, die Technik kommt. Entsorgen die ERIKA? Niemals. Ein Ehrenplatz in der Kammer ist ihr sicher. In zwanzig Jahren ist das Kult, genauso wie der andere ausrangierte Trödel, den heutzutage keine Annahmestelle irgendeiner Art haben will. Das gilt für alles, was man eigentlich im Moment loswerden möchte. Allerdings ist eine größere Wohnung nötig, um sich so richtig einzumüllen. Am besten ist ein Haus mit Stallungen für ausrangierte Bücher, Schallplatten, Schuhe und den ganzen Krempel aus Küche und Büro. Das Uraltauto nicht zu vergessen. In zwanzig Jahren ist das IN und Kult, der mit der Zeit an Wert gewinnt und die Taschen der Nachfahren füllt.

Bei einer partiellen Inventur bin ich auf ein Erbstück gestoßen, gleich habe ich mit Essigwasser und Möbelpolitur mit der alten Standuhr aus den Zwanziger Jahren Glanz in meine Hütte gebracht. Für die Reparatur blätterte ich ein Vielfaches des damaligen Neupreises hin. Richtig froh bin ich, dass durch die Kunst meiner Langsamkeit das Geschäft mit dem Chefaufkäufer der DDR fehl schlug. Der Devisenbeschaffer Alexander Schalk-Golodkowski lockte mit dem Köder Westgeld oder einer schnelleren Belieferung eines Autos. Er wärmt sich jetzt am Tegernsee, empfängt hochrangige Gäste der einstigen Gegenseite, bekam zehn Jahre aufgebrummt, auf Bewährung, und weist phänomenale Gedächtnislücken auf, was ihn aber aus der großen Masse der Politiker nicht besonders heraushebt. In diesen Kreisen fragt man auch nicht, was aus den anderen Hauptdarstellern des Landes geworden ist. Sie sitzen schön warm und schreiben in aller Seelenruhe ohne Gewissensbisse ihre Memoiren. Sie haben sich schneller gewendet, als sich unsereiner drehen konnte. Jedenfalls blieben wir auf der Uhr sitzen, holten uns aber zum Ausgleich am Anfang November 1989 als sogenanntes „Darlehen" für die Ostbevölkerung die verpatzten 100 Westmark gleich von der Straße in einem aufgestellten Kiosk aus West-Berlin. So hat alles seinen tieferen Sinn.

Die Uhr schlägt dank der Ankündigung der Grenzöffnung und unserer Langsamkeit alle halbe und volle Stunde. Um Mitternacht zwölfmal. Jetzt endlich bin ich zur Ruhe gekommen. In der Ruhe liegt die Kraft!

Egal wo man lebt, ob als gelernter DDR-Bürger oder jetzt mit einem so ersehnten Reisepass der Bundesrepublik.

PS: Harry ist ein Schuft. Hat er doch gar kein Schild angeschraubt, das wegen der Abwesenheit des Dichterfürsten. Hat nur mit angegeben. Man weiß nie usw., usw. Aber das Haus hat er noch.

Haste was, biste was!

Erika, ich liebe dich,
doch alle alle fragen mich:
Was find`st du an der, lass sie gehn,
sie ist nicht mehr jung und
nicht gerade schön,
sie hat schon einen musealen Stich,
doch Erika, ich liebe dich.
Mit all meinen Sorgen komme ich
manchmal mitten in der Nacht,
wenn's draußen blitzt und kracht.
Ich entkleide dich,
ich betaste dich,
all meine Träume, meine Sehnsüchte
meine Wünsche kennst nur du.
Manchmal sperrst du dich,
bist verklemmt, willst deine Ruh.
Ein kleiner Pinsel und ein
Tröpfchen Massageöl machen
dich fit für die nächste Geschichte,
die ich berichte.
Und ich dichte und dichte
auf der geliebten Erika.

Zwei Bundestagsabgeordnete, einander spinnefeind, prallen auf einem engen Gehsteig beinahe zusammen. Einer muss nachgeben, das steht fest. „Ich mache Lumpen und Betrügern niemals Platz!", schmettert der Erste. „Ich immer!", antwortet der Zweite sanft und drückt sich an die Wand.

Ein Vater klagt seinem Freund: „Früher war alles besser. Heute hat mein Sohn einen Fernseher, eine Stereoanlage und ein eigenes Telefon. Wenn ich ihn für etwas bestrafen will, muss ich ihn in mein Zimmer schicken!"

Zwei Männer treffen sich auf der Straße. Sagt der eine: „Ich habe jetzt auch T-DSL." - „O Gott, du warst doch immer so gesund."

Diplom oder Doktorarbeit?

Die Gebrauchsanweisung in Russisch schaffte ziemliche Probleme. Da stand er nun, unser erster Kühlschrank, er fasste 200 Liter und war ein Zufallskauf. Eigentlich wollten wir nur nach Dübeln suchen, um ein Regal an die Wand zu bringen. Und der Kauf war eine Kette ohne Ende. Die Speisekammer wurde abgerissen, der Raum dem Badezimmer zugeschlagen, was zur Folge hatte, es stimmte dort überhaupt nichts mehr, Leitungen mussten verlegt, für die Küche eine neue Wand gezogen und verputzt werden, und endlich konnten wir den russischen CALEX, der bisher ein trauriges Dasein im Korridor führte, an Ort und Stelle anschließen. Bewundert war er lange vor der Zeit, jeder der kam bestaunte ihn: „Ach, ein Kühlschrank! Wo habt ihr denn den her?" Es war noch die Zeit, als man die Reste für den nächsten Tag in den kühlen Keller tragen musste, und die Milch für die Säuglinge holte man am Sonntagfrüh mit der Milchkanne direkt aus dem Milchladen. Durch diesen nicht eingeplanten Zufallstreffer waren wir ziemlich lange beschäftigt.

Und nun schlossen wir ihn an. „Das werden wir wohl alleine schaffen." Und er summte und surrte wie verrückt. Besonders nachts , musste das so sein? Der Elektriker konnte auch kein russisch. „Eijentlich sind sie alle gleich. Nen russischen hab ick och noch nich unter de

Finger gehabt. Kennse keenen, der russisch kann? Bloß so zu ihre Beruhigung? Detse schlafen könn."

Der Kühlschrank summte und surrte viele Jahre, besonders nachts, aber er kühlte, so gewöhnten wir uns aneinander.

Mein neuer Familienstand „verwitwet" erforderte ein gewaltiges Umdenken und das Üben technischer Abläufe. War ich bis jetzt im technischen Bereich nur Hilfsarbeiter und Zulanger gewesen, blieb nun alles an mir persönlich hängen. Ich lernte Sicherungen auszuwechseln, Luft aufzupumpen und trainierte das Öffnen von Weinflaschen und ohne Knall den Sekt zu entkorken.

Nun wollte ich ein Diplom erwerben, der erste Tisch meines Lebens sollte zusammengeschraubt werden. Die Tische, die bisher in meiner Verwaltung lebten, wurden nur zu höheren Feiern auseinandergezogen, zusammengeschoben und damit sie nicht kippelten, mit Unterlegscheiben ausgeglichen. Diese Unterlegscheiben sind heute noch ein Anziehungspunkt für Numismatiker. Jeder bückt sich, falls eine Ecke davon zum Vorschein kommt, aber enttäuscht lässt er die Zweimarkstücke der untergegangenen Währung unter den wackelnden Tischbeinen liegen. Ein neuer Tisch forderte meine Kühnheit heraus, Neben einer ovalen Tischplatte lagen zwei gebogene Rohre, jedes einzelne sollte zwei Beine ergeben. Außerdem besaß ich noch eine Tüte mit Schrauben und eine Menge Metallblättchen. So ungefähr konnte ich mir vorstellen, wozu die sein sollten. Die beiliegende Beschreibung klärte mich endgültig auf. Im Keller suchte ich die entsprechenden Schraubenzieher, nahm alles mit in den Garten und begann mit meinen Kunststücken.

Aber was war ein Kreuzschlüssel? Immerhin kannte ich schon einen Engländer und einen Franzosen, aber ein Kreuzschlüssel? Ich sah mir die Schrauben an und überlegte, mit welchen Apparaten ich die in den Tisch drehen konnte. Tatsächlich fand ich einen Kreuzschlüssel, ohne abgeschlossene Tischlerlehre.

Ich drehte und schraubte und zog und passte höllisch auf, die Metallblättchen millimetergenau anzusetzen. Hochrot vor Aufregung und Anstrengung drehte ich den Tisch auf seine Schokoladenseite. Doch das Biest stand nicht, hatte vier Beine und stand nicht. Die geschwungenen Rohre zeigten alle auf eine Seite, mit kühnem Schwung hatte die eine Seite vier Beine, die andere Hälfte hatte gar keine. Also Kommando zurück.

Alles wieder abgeschraubt und nochmal von vorne. Freude kam auf. Und dann lobten mich die Nachbarn und meinen neuen Gartentisch. Ich wuchs über mich hinaus. Das beflügelte mich, mir noch einen Tisch für die Terrasse zuzulegen, diesmal einen runden. Es klappte perfekt. Und Perfektionismus liegt mir. Und ich bot mich im Freundeskreis als Experte für das Zusammenbauen von Tischen an. Doch Gartentische wurden nicht gebraucht. Sie schraubten drei Tage an dem zu erwartenden Kleiderschrank, suchten Punkt A , fügten ihn an Punkt B, und mit etwas Glück fanden sie auch die Punkte C, D und F. An einigen Stellen wurden auch sie irregeleitet und vorsichtshalber borgten sie sich, bis die Betten standen, meine Luftmatratzen aus. Heftige Diskussionen entstanden vor den noch nicht vorhandenen Ehebetten.

Und nun sollten meine Nachbarn ebenfalls ein neues Schlafzimmer bekommen. Vorläufig laden sie aber nur lange Kisten und Kästen mit Brettern ab. Viel Vergnügen.

Auch eine Flurgarderobe war dabei. Was sie zuerst aufhängen konnten war der Spiegel, er war aus einem Stück. Manche haben so richtiges Glück.

Weißt du, was **IKEA** heißt?

Ich Kriege Einen Anfall!

> *Die Verkäuferin im Spielwarenladen zu Herrn Müller: „ Dieser Bausatz bereitet ihren Sohn auf das Leben im IKEA-Zeitalter vor. Wie er das Gerät auch zusammensetzt, es ist immer falsch und funktioniert nicht!"*

Ziegen durch! Ziegen durch!

Etwas abgeschlafft saßen alle um den großen Eßzimmertisch und versuchten, die Gans zu verdauen. Heimlich kursiert im Geiste die Frage, wer die vielen Teller, die Gläser, den Rest Grünkohl und das Gerippe in die Küche tragen sollte. „Ob wir nächstes Jahr vielleicht doch mal eine Ente machen, die ist nicht so fett?!" - „Peking-Ente", rief einer. „Wie macht man die?" Und plötzlich sang einer:

„Drei Chinesen mit dem Kontrabass, saßen auf der Straße und erzählten sich was, kam die Polizei, was ist denn das? Drei Chinesen mit dem Kontrabass."

Fünf Kinder, Jugendliche von acht bis 17 Jahren sahen entgeistert auf die fünf Erwachsenen, die mit Weihnachtsgans und Grünkohl vollgestopft, sich mit Urgewalt zu einem Chor vereint hatten, denn der Vorsänger wurde nach den ersten Tönen sofort vom Rest der Familie begleitet. Und nun kommandierte Oma: Alles mit I

Dri Chinisin mit dim Kintribiß,
sißin if di Striße ind irziltin sich wis,
kim di Pilizi, wis ist dinn- dis?
Dri Chinisin mit dim Kintribiß.

Und nun alles mit A, E, O und mit U. Die fünf Halbwüchsigen hatten Mühe, die Kinnladen wieder einzurenken. „Oma, war da was am Essen?", fragte Martin. Er konnte sich nicht erinnern, von seinen Verwandten solche Gesänge gehört zu haben und weigerte sich an der Wiederholung teilzunehmen. „Wer nicht mit-

singt, räumt den Tisch ab!" Nun sang er mit. Es war außerordentlich erfrischend, nach dem monatelangen Klingelingling der Weihnachtsglocken und dem ganzen süßlichen Gedusel an der albernen Gesangsorgie teilzunehmen.

Wo waren die anderen Kinderalbernheiten geblieben, die Fangspiele, die Ringelspiele, die Abzählreime, die Ballspiele? Wer kannte die überhaupt noch? Alles verdrängt vom Fernsehen „Gute Zeiten, schlechte Zeiten" oder „Verbotene Liebe", das kannten schon unsere Analphabeten, aber sonst? Sie ballerten höchstens mit den Schießeisen und Wasserpistolen, bum-bum, jetzt bist du tot. Dagmar griff sich nun Oma, stellte sich mit ihr vor die Anrichte, und untergehackt wanderten sie von der Anrichte bis zum Tische immer vor und zurück und sangen:

Abends, wenn der Mond scheint zum Städtelein hinaus, da scheinet der Mond über ein besonderes Haus.

Darinnen wohnt ein Mädchen, wird Tina genannt, die hatte sich verliebt in Thomas seine Hand...

„Jarnich", wehrte sich Tina, die das Lied gar nicht kannte, sich aber ertappt fühlte und einen roten Kopf bekam. „Siehst du, das haben die Mädchen unserer Schule damals auch immer geschrien - der Doofe - aber die Mädchen spielten das in jeder Zehn-Minuten-Pause, es war sozusagen die erste Ankündigung einer

23

jungen Liebe, verlegen wurde sie von den Betroffenen zur Kenntnis genommen. Man konnte das nicht oft genug hören. Die Jungen standen in einiger Entfernung dabei, grienten und gaben ihre Kommentare dazu ab, soweit sie nicht genannt wurden. Immer wieder tänzelten die Mädchen Schritt für Schritt in langen Reihen von der Schulhofswand drei Meter vor und dann wieder zurück und weiter ging der Text:

Und Thomas hat geschrieben:
Ich liebe Dich so sehr.
ich liebe keine andere,
als dich und immer mehr...

Und jeden Tag, die Namen wechselten wie die Socken, je nachdem von wem man mal abschreiben durfte. Vor unserm Haus ließ es sich besonders gut spielen, es war eine Sackgasse, von Autos ungefährdet. Wer hier wohnte, erlebte in jeder Saison noch einmal seine Kindheit. Und blieb immer eine Zehnjährige. Den ganzen Sommer wurde hier der Meister nach Arbeit gefragt: „Meister, könn' wir Arbeit kriegen?" - „Ja." - „Was für welche?" - „Strippenziehen." Und dann wurde gezogen, gerannt, und gefangen und gejucht, dass die Großen aus dem Fenster guckten: „Könnta nich woanders spielen? Spielt ma da hinten. Hier wohnt doch keena von euch Banausen!" Und dann hörte man drei Häuser weiter die Frage: „Herr Fischer, Herr Fischer, wie tief ist das Wasser?" - „30 Meter tief." - „Wie komm' wir da rüber?" - „Mit auf ein Bein hopsen." Dann hopsten sie alle auf einem Bein und versuchten dem ebenfalls hopsenden Herrn Fischer zu entwischen, wen er gefangen hatte, der war der nächste Herr Fischer.

Jeder Fußweg, sei er gepflastert oder war es ein einfacher Sandweg, hatte seine Zeichen, mit Kreide aus der Schule oder mit einem Stöckchen eingeritzt, verschieden große Felder und obendran ein Halbrund, den sogenannten Himmel. In einigen Gegenden hieß das Spiel Himmelhopse, bei uns war das Stettin-Berlin. Mit einer besonderen Sprungtechnik musste man den Himmel erreichen und auch wieder umkehren. Danach dasselbe noch einmal blind, mit geschlossenen Augen. Bei jedem Schritt fragte man: „Tret ich? Tret ich?" Und wehe, man stand drei Millimeter neben dem Strich, eine ganz strenge Jury legte sich an die Erde und kontrollierte. „Ja, du tretest, du bist jetzt raus. Ick bin dran."

Wer auf seine kleineren Geschwister aufpassen musste, und das waren viele, Fernsehen gab es noch nicht, wo man die Nachzügler einer Familie vorsetzen konnte, um sie ruhig zu stellen, der schloss sich gemischten Gruppen an. Hier spielten kleine und größere Kinder Ringelreihen und Ziegen durch, Ziegen durch, durch die goldene Brücke. Zwei größere Mädchen standen sich gegenüber mit erhobenen Armen, die sie sich entgegenstreckten, die sogenannte Brücke. Die anderen Kinder zogen nun da durch, immer wieder, bis sie laut Text gefangen werden konnten.

Ziegen durch, Ziegen durch
durch die goldne Brücke.
Sie ist entzwei, sie ist entzwei,
wir wolln sie wieder flöcken.
Mit was denn, mit was denn?
Mit einerlei, mit zweierlei,
der erste kommt, der zweite kommt,
der dritte muss gefangen sein...

Meine Mutter sagte mir jedesmal: Das hat mit Ziegen doch nichts zu tun. Ihr sollt durch die Brücke ziehen - ziehet durch - und sie soll geflickt werden. „Was singt ihr bloß für einen Quatsch!" Doch am nächsten Tag schickten wir wieder die Ziegen durch die Brücke und flöckten sie. Hatte jemand einen längeren Bindfaden in der Tasche, dann wurde Abgenommen. Man wickelte den Faden nach einem komplizierten Schema um die Finger der beiden Hände, und das Gegenüber musste hineingreifen und die Strippe auf seine Hände nehmen, da war wieder ein neues Muster entstanden. Es gab wahre Könnerinnen darunter, das waren wahrscheinlich die Vorstreiterinnen und die späteren Asse der selbstgestrickten Pullover. Bei mir gab das recht bald endlose Verwicklungen. Meine Stärke war ausdauerndes Hopsen mit dem Springseil, auf einem Bein, rechts, links, im Wechsel, vorwärts, rückwärts und mit mehreren Bällen an die Wand werfen.

Zwölfte Rose hieß das, alle Übungen musste man zwölfmal schaffen, ohne den Ball fallen zu lassen. Sonst schied man aus. Ich konnte das ohne Unterbrechung mit drei Bällen. Daraufhin wollte niemand mehr mit mir spielen: Mensch, machst du lange, lass mal fallen...

Wenn es im Sommer sehr heiß war, setzte man sich in Kolonnen auf den Tritt, das war ein Hauseingang mit vielen Stufen, zur Freude der Hausbewohner, die endloses Palaver endlos beglückte. Man spielte hier: Jule hat ein Schwein geschlachtet, was willste davon ham?

- Spitzbeine,
- Spitzbeine, Schweineohren,
- Spitzbeine, Schweineohren, Speck,
- Spitzbeine, Schweineohren, Speck, Schweinebauch.

Wer ein Wort ausließ, war raus aus dem Spiel. Nach dem selben Motto ging es bei der Reise nach Amerika zu. „Ich reise nach Amerika und was muss mit?" Da wurde der Koffer gepackt, und die ganze Belegschaft passte auf, dass nichts fehlte. Zwischendurch kroch man auf den Höfen, in den Hausfluren und hinter den Litfaßsäulen herum. Vorher wurde abgezählt:

ene, mene Mopel
wer isst Popel
ene, mene mu,
raus bist du.

Wer übrig blieb und der letzte war, musste nun die andren suchen. „Ich zähle bis 100, und wer sich nicht verstochen hat, der ist dran. Ich komme!" Und dann wurde gesucht, durch die Hausflure, die frisch ge-

bohnerten geflitzt, um die fremden Holz-
mieten gescheucht und dabei vieles entdeckt, was für unsere Augen nicht bestimmt war. Es war eine Zeit voller Ideen
und Einfälle, weil einfach kein Unterhal-
ter da war. Es wäre wunderbar, sollte es
Mütter und Großmutter geben, die diese
Lawine der Kinderspiele ankurbeln könnten. Wir haben das nach unserm Gänsebraten versucht. Es war ganz köstlich, das
Dessert sehr zu empfehlen.

Und kaum war im Frühling der Schnee
weg, suchte man im Stall den Kreisel und
die Peitsche vom vergangenen Jahr. Die
Bürgersteige wurden kontinuierlich zwischen kleinen Pflastersteinen aufgebohrt
und mit der frischgegknipperten Peitsche
dem Kreisel Vollgas verpasst, die Straße
rauf und runter. Die Jungen murmelten
mit farbigen Buffern, schnitzten Pfeifen
aus Holunderruten und schickten andere
in den April. Ein leeres Portemonnaie
wurde angebunden auf den Bürgersteig
gelegt, und wenn sich jemand danach

bückte, zog man an der Strippe und lachte sich hinter der Hecke scheckig. Im
Wald baute man sich eine Reisigbude
oder grub sich zur Freude der Mütter ein,
weil abends der Sand der märkischen
Heide das Umfeld des Waldhüters berie-
selte. In der Bude, die jeden Tag auf 's
Neue instandgesetzt werden musste, saß
man dann stundenlang mit Brausepulver
und Kuchenrand vom Bäcker, eine Tüte
voll für einen Sechser, und dachte über
die Probleme der Welt nach, die hauptsächlich aus noch nicht gemachten Schul-
arbeiten und der bevorstehenden Mathe-
arbeit bestanden. Und der erste gab mit
seinen frischen Englischkenntnissen an.
Piepel heißt da Leute, aber die schreiben
das anders, die kleineren horchten auf, ob
sie das zu Hause sagen durften?

War die Zeit nun bloß interessanter, weil
wir jung waren? Oder wurde der Ideen-
reichtum wirklich mehr gefordert? Das ist
hier die Frage.

Ich weiß sie schon.

Gedanken zur deutschen Rechtschreibreform

Schreibe ich nun der „letzte" groß, oder klein? Der Duden muss her. In meinem Fall wird es klein geschrieben. Oder doch groß? Die Beschreibung geht auf der anderen Seite weiter. Man kann es auch groß schreiben. Das kommt dann auf den Inhalt an. Das sind vielleicht Entscheidungen! Was machen die Leute, die keinen Duden zur Hand haben? Die probieren dann auf dem Zeitungsrand, wie es besser aussieht. Oder sie drehen den Satz so lange um, bis sie wissen, wie das verflixte Wort zu ersetzen ist. Oder aber, man bildet sich ein, der Empfänger weiß das auch nicht so genau.

Für mich persönlich ist es ein großes Manko, dass der Protest gegen die Rechtschreibreform nichts geholfen hat. Denn auf dem Gebiet bin ich gut und könnte direkt mitreden. Für mich wäre es besser, sie würden die Naturwissenschaften aushebeln und die Mathematik reformieren, weil man mir da ein X für ein U vormachen kann. Ich kann zwar mühelos, aber bei vollkommener Konzentration die Lottozahlen bei 6 aus 49 eintragen, und den Marktschreier kann ich auch verfolgen:

„Damen und Herren! Dieses echt goldene Armband kostet nicht 100 Mark, nicht 50 Mark, nicht 10 nicht 9, 8, 7, 6, 5, 4, 3, 2 Mark. Es kostet nicht mal eine Mark. Für ganze 90 Pfennige könn'se sich den janzen Tach damit schmücken." Dann weiß ich, dem fehlt genau ein Groschen an der Mark.

Und wie ist das mit dem Wurzelziehen? Da fällt jedem zuerst sein Zahnarzt ein und die letzte Sitzung, als die Wurzel so schön um die Ecke ging. Wer weiß schon was von Radikand und Wurzelexponent. Wozu auch. Mich hat noch nie jemand gefragt. Aber es steht für die Wissbegierigen im Lexikon.

Wie ist das mit der Potenz? Das Gegenteil ist Impotenz, das wissen alle. „Ja Herr Doktor, morgens vor dem Frühstück und abends nach dem Fernsehprogramm, wenn der Spätfilm nicht so interessant ist, aber mittags ist nicht mehr. Könn'se mir nicht ein bisschen was verschreiben. Viagra oder in der Richtung."

Die allgemeine Formel für die Potenz ist a hoch n, das weiß der Doktor ebenso wenig wie seine Patienten, das weiß nur ein Mathematiker, und den Abiturienten verrät man nicht, wozu sie das nach dem Abitur noch mal brauchen. Vorläufig gehört es aber zum Lehrstoff.

Und was meinen sie, welche angespannte Stimmung sie bei einer Geburtstagsfeier oder einem Kaffeekränzchen erreichen, wenn sie erst die Glieder in der runden Klammer ausrechnen und dann die Glieder in den eckigen Klammern. Das weiß außer ihnen kein anderer und sie nehmen Frau Müller den Wind aus den Segeln. Aber ob das hinterher einer gebrauchen kann? Ich konnte solche Weisheiten selten an den Mann bringen. Auch die angewandten Aufgaben, die allseits beliebten Textaufgaben, bei denen sich die ganze Familie in die Wolle kriegt. Jeder sieht einen anderen Sinn und jeder sucht nach einer anderen Lösung. Vorsichtshalber geht man verschiedene Möglichkeiten durch, man addiert, teilt durch vier, subtrahiert und multipliziert, um an ein einigermaßen anzunehmendes Ergebnis zu kommen. „Wer will denn das überhaupt wissen?", fragt man sich und ist nicht böse, wenn der Sprössling das am nächsten Morgen von einem Klügeren abschreiben will. Logisches Denken wird dabei entwickelt. Von mir aus könnte man hier eine Reform einführen und sich auf das beschränken, wo ich folgen kann.

Der Sohn zu seinem Vater: „Wie finde ich den größten gemeinsamen Nenner?" - „Haben sie den noch immer nicht gefunden? Den suchten sie doch schon, als ich noch zur Schule ging."

Der Knackpunkt ist aber vorläufig die Rechtschreibreform. Das Lateinische, beispielsweise in der Medizin, bleibt uns Gott sei Dank erhalten, weil sich die meisten die Namen ihrer Tabletten sowieso nicht merken können, geschweige denn, sie zu schreiben. Sie nehmen abends die kleinen rosa Pillen und mittags drei von den länglichen weißen.

Und wer sich ganz wichtig machen will, der leidet an einem Syndrom. Ich habe den Arzt gefragt, was das ist, der muss das schließlich wissen. Also wenn der Doktor nicht weiter weiß, schließt er auf ein Syndrom mit einem sich schwer zu merkendem Namen. Und so ein Syndrom hatten alle ehemaligen Zöllner der DDR, besser gesagt die Grenzorgane der Deutschen Demokratischen Republik. Sie litten an einem Gänsefleisch-Syndrom. Was das für eins ist? „Genn'se vleisch ma deän Goffer uffmachen?"

Für die Bayern mit ihrer eigenen exotischen Sprechweise übersetz ich das mal: „Jessas Maria - do legst di nieda, wie schaut's denn do aus. Ois voller Z'gretten, ja, do soi do glei."

Wie kommen eigentlich die Franzosen und die Engländer zurecht, sie schreiben von jeher alles klein. Unsereiner wird öfter Schwierigkeiten haben, was der andere einem mitteilen möchte:

Er hat in berlin liebe genossen...

Helft den armen vögeln...

Otto was seufzt du so?

Liebling am liebsten bier...

Ein Schelm, wer Böses dabei denkt.

Und wissen sie was Grebfrutschüß ist? Einfacher Pampelmusensaft.

Mit Entsetzen denk ich an die Strafarbeiten meiner Schulzeit zurück: Es wurd in alten Mären wunderviel geseit, von helden, lobeberen, von grosser arebeit.

Ich hatte keine Ahnung, was mir der mittelhochdeutsche Dichter sagen wollte. Und das wird in Zukunft mein tägliches Brot sein.

Es gipt kaine katofel mer

Nach der Mengenlehre und der Rechtschreibreform kursierte der folgende Handzettel über „Mathe und Rechtschreibung im Wandel der Zeit"

Verfasser: unbekannt

Volksschule 1960: Ein Bauer verkauft einen Sack Kartoffeln für DM 50,-. Die Erzeugerkosten betragen DM 40,-. Berechne den Gewinn.

Realschule 1970: Ein Bauer verkauft einen Sack Kartoffeln für DM 50,-. Die Erzeugerkosten betragen vier Fünftel des Erlöses. Wie hoch ist der Gewinn?

Gymnasium 1980: Ein Agrarökonom verkauft eine Menge subterraner Feldfrüchte für eine Menge (G), G hat die Mächtigkeit 50.
Für die Elemente aus G gilt: G ist 1. Die Menge der Herstellungskosten (H) ist um zehn Elemente geringer als die Menge G. Zeichnen Sie das Bild der Menge H als die Teilmenge der Menge G und geben Sie die Lösungsmenge (L) für die Frage an: Wie mächtig ist die Gewinnsumme?

Gesamtschule 1990: Ein Bauer verkauft einen Sack Kartoffeln für DM 50,-. Die Erzeugerkosten betragen DM 40,- und der Gewinn ist DM 10,-.
Unterstreiche das Wort Kartoffel und diskutiere mit deiner Nachbarin/deinem Nachbarn.

Schule 2005: Ain kapitalistisch priwiligierter bauer bereichert sich an einem sack kartoffeln um 10 euros. Untersuch das tekst auf inhaltliche feler, korigiere das Aufgabenstellung, unt demonstrire gegen die lösung.

Schule 2020: es gipt kaine katofeln mer.

„Schreibt man Eifersucht mit F oder mit V", will der Lehrer wissen. „Kommt darauf an, wenn es heißt, mich plagt Eifersucht, schreibt man es mit F. Wenn man sagt, ich habe das Ei versucht, mit V".

Der Lehrer doziert: „Theater, Thema, wer weiß noch ein Wort mit th?"

Dirk: „Brathering, Herr Lehrer!"

„Was habt ihr heute in der Schule gelernt?", erkundigt sich die Mutter. - „Das Lied vom Schlächter Müller."- „Kenne ich gar nicht. Wie geht denn das?" - „Es muss ein Schlächter Müller sein, dem niemals fiel das wandern ein..."

„Wo warst du im Urlaub?" - „Zu Hause. Meer war nicht drin!"

Es war einmal

Brauchen wir noch Großmütter, die Strümpfe stricken und den Enkeln Märchen erzählen? Nein, wir brauchen sie nicht. Heute sind Profis am Werk, Märchenerfinder der Neuzeit, sie sitzen auf den Regierungsbänken, in den Medien bei Funk und Fernsehen, an den Schaltstellen der Macht, und viele sehen zu, dass sie ein kleines bisschen mitschalten dürfen. Sie streuen uns, den Großen, Sand in die Augen wie früher der Sandmann den Kleinen. Sie erzählen im Himmel ist Jahrmarkt, wir sollen nur noch die Buden suchen. Sie erzählen nicht von Hexen, Rumpelstilzchen und Rabenmüttern, sie versprechen Wohlstand, Reichtum, Gesundheit, Frieden und Freude und natürlich den bekannten Eierkuchen.

Der Tanz um das Goldene Kalb hat schon lange begonnen, die Weltsprache ist weder Englisch noch Deutsch, die Weltsprache heißt GELD.

Damit ist alles gesagt, damit kann man alles regeln, alles bekommen, überall die Macht ausüben. Wer das Geld hat, hat das Sagen, wer keines hat, sieht zu wie er dazu kommt. Jede Gelegenheit nutzt er aus, den Dummen welches abzugaunern und ihn trotzdem glücklich zu machen. Regierungen, Parteien, Kirchen, Gesundheitsapostel, Hellseher und der Jackpot fordern von uns ein Höchstmaß an Gläubigkeit, um auf dieser Welt das Paradies zu erleben.

Frieden auf Erden und den Menschen ein Wohlgefallen.

Mord und Totschlag sind keine Erfindung der Neuzeit, nur wir steinigen unsere Gegner nicht mehr, wir bringen sie computergesteuert um. Und der liebe Gott guckt zu. Überall auf der Welt schlachten Gläubige anders Gläubige im Namen Gottes und Allahs ab und haben nicht mal ein schlechtes Gewissen.

Das Buch der Bücher, die Bibel, das meistverlegte Buch auf der Welt, ist ein Endloskrimi. Von Brudermord bis zur Auslöschung ganzer Völker wird nichts ausgelassen.

Alles im Namen Gottes.

„Selig sind die da Leid tragen, denn sie sollen getröstet werden."

„Selig sind die Friedfertigen, denn sie werden Gottes Kinder heißen."

Für nicht ganz so bibelfeste Zeitgenossen empfehlen sich die Parteien, die besonders vor den Wahlen den Himmel auf Erden versprechen. Vollmundig verkünden sie vor dem Abendprogramm des Fernsehens ihre Segnungen. Ein zartes Pflänzchen meiner Gläubigkeit rankt sich jeden Abend um eine andere Partei wie um eine Bohnenstange. Meine Wünsche und Erwartungen suchen nach einem starken Gerüst, an dem sich die politischen Märchen festhalten können. Vom Wohlstand ist die Rede und von Gerechtigkeit für alle.

„Selig sind, die da hungert und dürstet nach Gerechtigkeit, denn sie sollen satt werden." (Bergpredigt)

Nach der Wahl ist vieles von den Prophezeiungen vernebelt und vergessen. Das Erinnerungsvermögen der Gewählten ist schwach. Ob es Unruhen gibt?

„Selig sind die Sanftmütigen, denn sie werden das Erdreich besitzen." (Bergpredigt)

In meinem ersten Zweifel soll mir das Grundgesetz helfen. Es verwirrt mich zusätzlich durch 35 Gesetzesänderungen vom Mai 1949 bis 1983. Durch die Vereinigung von Ost und West wird die Sache erst richtig spannend. Es gilt nun für das gesamte deutsche Volk. Die Politiker sind gestresst, der normale Bürger ein bisschen irritiert. Ein wunderbares Wort taucht auf, es ist wohlklingend und riecht nach Klugheit, nach Intelligenz, nach Studium. Das Wort heißt Präambel. Ohne jemandem nahe treten zu wollen, glaube ich fest dran, dass die meisten bei einer Umfrage so direkt keine erschöpfende Auskunft über die Bedeutung des schwergewichtigen Wortes geben. Bei einer Umfrage, was Costarica sei, dachten die meisten an eine neue Kaffeesorte. Und nun Präambel!

Das sind die Grundrechte. Von Würde ist die Rede, von der Entfaltung seiner Persönlichkeit, von der Gleichheit vor dem Gesetz. Sehr schön, sehr edel so weit, so gut. Aber in feinem Zwirn gekleidet, entfaltet es sich besser, ist man gleicher und auch würdiger und kann leichter die Hand ausstrecken, um an die Schalthebel zu gelangen. Ein Habenichts wird nicht so gleich sein wie ein Welfenkönig.

Ich erkenne die Grundrechte an, die mir als Neudeutschem mit dem Einigungsvertrag zustehen, nur das Versprechen, sie auch zu garantieren, halte ich in vielen Fällen für ein Märchen.

Recht haben, Recht bekommen und Recht behalten sind drei ganz verschiedene Dinge. Doch die Rechte und Gesetze möchte ich nun beiseite legen, um mich einem anderen Wunder zuzuwenden.

Der ganz große Renner sind seit Jahren die Gesundheitsbücher. Alle wollen älter werden und die Gebrechen nehmen zu. Aufklärung tut also not. Auf allen Kanälen des Fernsehens werden wir auf den Zusammenbruch unserer körperlichen und geistigen Verfassung vorbereitet. Deswegen bestellt man einen Bestseller nach dem anderen, um vorzeitigem Gedächtnisschwund, Hämorrhoiden und Ausschlägen zu begegnen. Nach Anweisungen aus „Die Gesundheit aus der Apotheke Gottes" sticht man auf Wiesen, fern ab von den Hauptverkehrswegen, die Butterblumen aus, sammelt Huflattich, steigt wegen der Lindenblüten auf die Bäume und gräbt nach Beinwellwurzeln. Geheimnisvoll wie in einer Alchimistenküche fabriziert man Salben, setzt Essenzen an und rührt Pülverchen zusammen. Vorsichtshalber, wie es in unserer Natur liegt, sammelt man auch Kräuter für noch nicht vorhandene Gebrechen. Prophylaktisch ist man auf vieles vorbereitet und wartet quasi auf ein Versuchskaninchen, um die erworbenen medizinischen Kenntnisse auszuprobieren. Sehr zu empfehlen ist der Schwedenbitter. Er heilt laut Maria Treben, der Verfasserin des Buches, sage und schreibe 46 Gebrechen, ein totsicheres Universalmittel. Nichts kann einem mehr passieren. Ich frage mich, warum die Wartezimmer der Ärzte so voll sind.

Ein Tiroler Arzt verbreitet seine Geheimrezepte für Heiltees in einem Buch mit 329 Seiten, Inhaltsverzeichnis mit einberechnet. Drei mal täglich eine Tasse gegen Rheuma, drei Tassen gegen Aufstoßen. Und was der Mensch sonst noch so hat. Da passt nicht das kleinste Bier mehr rein. Und auch kein Kaffee.

Morgens soll ich schon auf nüchternen Magen meinen Urin trinken, den Mittelstrahl, um meine Gesundheit zu stabilisieren. Der Vortrinker war kein geringerer als der große Gandhi. Sicher hat er sich auch mit Urineinreibungen gegen so manche Hautausschläge geschützt.

Einiges habe ich ausprobiert, manches für gut befunden, manches als zu märchenhaft beiseite gelegt.

Nun studiere ich ein Buch: Heilschnäpse zum Selbermachen. Kommentar überflüssig, endlich mal was Schmackhaftes. Alkohol als Lebensretter. Das hört sich gut an, viele werden vom Kamillentee sofort darauf umschwenken. Im Mittelalter

empfahlen manche Ärzte sogar, sich regelmäßig zu betrinken, um Krankheiten vorzubeugen. Der Schnaps wurde mehr und mehr zum Volksgetränk mit all seinen unliebsamen Folgen. Das Mittelalter ist vorbei, gesoffen wird noch immer. In hübsche Karaffen abgefüllt, eignen sich unsere feinen selbstgemachten Liköre und Schnäpse auch ideal zum Verschenken, so als kleines Mitbringsel. Abstinenz ist für Leute, die mit dem Kater nicht umgehen können.

Ein anderer Geist versucht seit einiger Zeit mit mir Kontakt aufzunehmen. Prall gefüllte Umschläge blockieren für die übrige Post den Briefkasten. Furchteinflößende Gesichter auf dem Briefkopf erinnern an mittelalterliche Hexenverbrennungen. Jede Woche kommt ein neuer Geist dazu, alle, alle kennen mich und reden mich sehr privat mit Vornamen an. Sie alle machen sich große Sorgen um meine Zukunft. Es wäre ihnen ein Herzensbedürfnis, mein bisher so verkorkstes Leben wirtschaftlich und auch in puncto Liebe zu intensivieren, auf gut deutsch, sie wollen mir finanziell auf die Sprünge helfen. Habe ich was dagegen? Nein, überhaupt nicht. Ich finde es ausgesprochen beruhigend, wenn mal einer über die Anhebung meines Kontos nachdenkt. Märchenhafte Angebote lese ich in langen Briefen. Zeit muss man haben, um sechs dicht beschriebene Seiten durchgelesen zu haben. Verstanden habe ich bei sämtlichen Abhandlungen nur, wer nichts einzahlt, kriegt nichts raus. Also her mit 100 Mark, und per Nachnahme erfährst du schriftlich, wie man an das ganz große Geld kommt.

Warum?
weiß dieser Mann
mehr über ihre Zukunft?

In Kurzfassung liest sieh das so: Was ich Ihnen heute mitteile, wird Ihr Leben in einem phantastischen Feuerwerk des Glücks aufblühen lassen. Ich werde dafür sorgen, dass Sie innerhalb weniger Wochen reich werden und sich nie mehr finanzielle Sorgen machen müssen. Ich kann aus Ihnen einen Millionär machen, wenn Sie es wünschen.- Bitte schön, ich nehme zur Not auch zwei.

Doch nichts ist eben umsonst. Aus diesem Grunde ist es wichtig, dass Sie eine Gegenleistung erbringen. Das ist, wie Sie wissen, das 5. Magische Gesetz.

So viel Hilfsbereitschaft ist schon fast unangenehm. Und von vollkommen fremden Leuten, obwohl sie einen recht vertraulichen Umgangston haben. Ich würde ihn aus den Medien kennen. Und ausgerechnet mich suchten sie sich alle aus.

Sieben Angebote liegen vor mir, welches ist das richtige. Vieldeutige Orakelsprüche verkündete die Seherin Pythia im Tempel von Delphi. Das war vor der Zeitrechnung, heute kriegt man das per Postwurfsendung und muss sich für seine Euro selber entscheiden.

Wahrsager, Hellseher, Esoteriker. Natürlich hat mir auch einer geschrieben, dass ich schon mal auf der Welt war und ich mit ihm eine esoterische Fahrt zu meinen früheren Bekannten machen könnte. Jedes Leben ist eine Wiedergeburt, je nachdem wieviel Sünde man im vorangegangenen Leben auf sich geladen habe, so viel Bitternis erfahre man in der Gegenwart. Das heißt, habe ich früher die Leute übers Ohr gehauen, muss ich jetzt dafür büßen. Mit anderen Worten: das Fe-

Joseph von Jordan = Magisches Gehirn

Dies ist der Magische Schein, der Ihnen viel Geld bringen wird. Bitte füllen Sie die Rückseite aus und senden Sie ihn an mich zurück im beiliegenden Antwortumschlag. Das 5. Magische Gesetz besagt, daß jemand nur gewinnt, wenn derjenige zuvor auch eine entsprechende Leistung erbracht hat. Diese Leistung ist bei einem Geldgewinn ein Geldbetrag. Folgende Beträge müssen Sie gemäß des 5. Magischen Gesetzes an mich zahlen, damit meine Hilfe für Sie auch wirklich wirksam werden kann:

Bei einem gewünschten Gewinn von 5.000,- zahlen Sie 23,- Euro (normal 45,-, Euro), bei 50.000,- bei 50.000,- zahlen Sie 36,- Euro (normal 72,- Euro), bei 500.000,- zahlen Sie 44,- Euro (normal 88,- Euro) und bei gewünschten 5.000.000,- zahlen Sie 52,- Euro (normal 104,- Euro). Über diese notwendige Gegenleistung erhalten Sie mit meiner Ausarbei-tung, für die Sie die umseitigen Fragen unbedingt beantworten müssen, eine Rechnung. Kosten für die Ausarbeitung fallen nicht an, sie ist ein Weihnachtsgeschenk von der Firma Esoservice und wird von ihr bezahlt. Die obigen Beträge, die Sie zu zahlen haben, sind ebenfalls halbiert, eine Hälfte tragen Esoservice und ich für Sie!

gefeuer erlebe ich jetzt hier in der Gegenwart, also genau umgekehrt, wie die Kirche es uns angedeihen lässt. Ich muss nicht ganz so verwegen gewesen sein, er prophezeit mir nämlich ebenfalls reichlichen Geldsegen.

Für wie dämlich halten einen die Leute! Greifbarer sind da schon die Lottogewinner. Jede Woche bricht bei einigen der Wohlstand aus. Die Lottogesellschaft verkauft Wünsche, Träume und Visionen. Das sind Realitäten, Realitäten, die man mitunter für den Einsatz von wenigen Cent erreicht. Einer mit einem Gewinn von 4,7 Millionen hier aus der Nachbarschaft lag damit nur als 4. auf der Gewinnerhitparade. Neulich hat einer hier auf einem Dorf 12,2 Millionen gewonnen.

Wie erkannte schon Albert Einstein: „Zwei Dinge sind unendlich: das Universum und die menschliche Dummheit; aber bei dem Universum bin ich mir noch nicht ganz sicher."

Das macht an, da springt man doch noch vor Geschäftsschluss in den Lottoladen, um ein Märchen wahr werden zu lassen. Die erste Zahl ist sieben, die zweite 26, und nun in geordneter Reihenfolge 1, 7, 26, 35, 41, 49 und die Zusatzzahl 11. Sie, die Lottofee drückt mir die Daumen.

Joseph von Jalan – der einzige Gewinn-Wahrsager der Welt!

„Ich werde Sie reich machen! Sie werden schon bald soviel Geld haben, daß Sie sich nie mehr Sorgen machen müssen!"

Joseph

„Ich liebe Politiker auf Wahlplakaten. Sie sind tragbar, geräuschlos und leicht zu entfernen."

Loriot

„Wir wünschen Ihnen eine gesegnete Weihnachtszeit und ein wundervolles Neues Jahr 2002!"

Langeweile

Meine liebste Abendunterhaltung ist es, im Sessel zu sitzen und darauf zu warten, welches Bein zuerst einschläft. Aber selbst dazu habe ich heute keine Lust. Ich falle von einem Sessel in den anderen, ich weiß nichts mit mir anzufangen. Ich möchte keinen anrufen, keinen Schrank aufräumen, nichts naschen, aber vielleicht sollte ich einen zur Brust nehmen. Dann wirds vielleicht ein bisschen gemütlicher. Was haben wir denn so da? Sherry, Kognak, einen süßen Amaretto, eine kleine Piccolo. Zum Umfallen reicht diese Galerie, aber ob das allein Spaß macht? Ein Rest Eierlikör ist vom letzten Geburtstag auch noch da. Ich hatte mal so eine Eierlikörsträhne. Erst viel später merkten wir, wie sich das süße Gesöff auf die Hüften legte. Und das kam so:

Wir traten eine Erbschaft an, ein Mischer und eine abrißreife Scheune. Nach längerem Brüten, wie die Erbschaft am günstigsten angelegt werden könnte, entschlossen wir uns, unser Haus zu vergrößern. Das aktivierte uns zu langjähriger Feierabendbeschäftigung. Andere erlebten die Weißen Nächte in Leningrad oder streckten ihre müden Körper am Schwarzen Meer in die Sonne. Wir erlebten den Sonnenbrand am heimischen Mischer und fielen abends todmüde ins Bett. Einen Hucker hatten wir auch, wenn sie wissen, was das ist. Der Hucker war ich. Ich war dafür verantwortlich, dass der seiner Meinung nach weit unter Tarif arbeitende Feierabendmaurer mit Buletten, Bier und Zigaretten versorgt wurde und er zur richtigen Zeit am richtigen Ort den richtigen Stein an der richtigen Stelle fand, um ihn fachgerecht auf einen anderen richtigen Stein zu setzen. Paßgerecht war der vorher von mir abgeklopft worden. So mit Hammer und Handschuhen und viel Einfühlungsvermögen, was die Ohren betrifft und die Sorge um das Wohlergehen des Herrn Maurers. Als der Superbau dank meiner Mithilfe endlich fertig war, richteten wir uns auf Besucherströme ein. Schnaps und Eierlikör standen auf dem neuen Kamin. Der Kognak wurde alle, auf dem Eierlikör blieben wir sitzen. Schicksalergeben tranken wir ihn selber. Wider Erwarten schmeckte er uns. Mit der neuen Wohnung entwickelten wir eine neue Leidenschaft. Die Eierlikörwelle schwappte über uns hinweg. Es gab Geheimrezepte und mehrere Sorten aus dem Kochbuch. Fleißig wurde ausprobiert mit Kondensmilch, Puderzucker, Alkohol und vielen, vielen Eiern. Das Eiweiß gab es sonntags zusätzlich als Baiser mit viel, viel Sahne. Bald hatte ich die durch das Steineklopfen erzielte Superfigur versaut und mein Man ging auf wie ein Hefekloß. Diät war angebracht. Von den vielen Mohrrüben hatten wir bald rote Augen wie die Karnickel, oder waren das Entzugserscheinungen?

Mich kann heutzutage keiner mit Likör schwach machen, mit Eierlikör schon gar nicht. Aber so ein kleiner Kognak wäre jetzt sicher nicht schlecht. Was gibts denn so im Fernsehen? Die Lindenstraße läuft, und sie läuft und läuft und läuft. Ich kenne die Leute alle nur aus der Fernsehzeitung. Die anderen unterhalten sich darüber, als wären sie mit der Mutter Baimer verwandt. Mir sind die Leute ebenso unbekannt wie die aus anderen Straßen. Doch selbst im Krankenhaus schleppen sich die Frischoperierten sobald sie wieder laufen können, mit letzter Kraft in den Frühstücksraum, wo der Fernseher steht, um die spannenden Kittelschürzenereignisse nicht zu versäumen. Auf dem anderen Sender kräht einer: Piep, piep, piep, der Gildo hat euch lieb. Und gewinnt den ersten Preis. Entweder hat der ne Meise oder das Publikum. Ob es später dafür Schmerzensgeld gibt? Dummheit ist ooch'ne Jabe Jottes, aber man soll ihr nicht missbrauchen.

Fernsehen ist aber sehr wichtig. Die Serienmaffia bemüht sich, alle, aber auch wirklich alle, vollkommen zu verblöden. Und die Dummheit ist ansteckend, der Verstand wächst sich nie zur Epidemie aus. Der Intelligenz hat der Liebe Gott Grenzen gesetzt, nicht ihrer Dummheit. Warum sträube ich mich dagegen, warum rege ich mich darüber eigentlich auf! Schon in der Bibel steht so irgendwas wie: Selig sind die Bekloppten, denn sie werden das Himmelreich sehen. So direkt steht es sicher nicht drin, aber es war ein geflügeltes Wort zu meiner Schulzeit. Wie vertrieben sich die Generationen früher die Zeit? Selbst bei ständigem Handbetrieb mussten sie mal mit der Arbeit fertig sein. Hatten die nicht auch mal Langeweile? „Wir mussten die Wäsche noch am Bach spülen!", drohte Oma. Wie hab ich's doch dagegen gut. Freizeit nennt man die Zeit, die man mit Arbeit zubringt, für die man nicht bezahlt wird.

Ein Manager wird zur Erholung auf ein einsames Gebirgsdorf geschickt. Er fragt einen Einheimischen „Wo ist hier das Kino?" - „Wir haben keins!" - „Einen Fernseher?" - „Nein!" - „Einen Billardtisch?" - Nein!" - „Womit schlagen sie sich denn hier die Zeit tot?" - „Wir gehen alle zum Kaufmann, der hat seit acht Tagen eine Wurstschneidemaschine."

Aber jetzt diese schreckliche Langeweile. Ein wunderbarer Duft schwängert durch die Wohnung. Ich werde etwas essen, vielleicht das morgige Mittagbrot. Ich koste, und schließlich befehle ich mir, schon heute das Essen für morgen zu liquidieren. Nun werde ich mir die Fotoalben ansehen. Manche Leute kenne ich gar nicht mehr. Einige Schuhkartons mit Bildern warten auf die Eingliederung in die Alben. Aber wer will nach so vielen Jahren sich das alles noch mal angucken? Die Nachfahren bestimmt nicht. Bin ich das? Bin ich die mal gewesen? Die Enkel glauben, man ist gleich mit Brille und Stock auf die Welt gekommen. „Wer ist denn das? Das glaubst du doch selber nicht, dass du das mal warst." Und solche Bilder klebe ich jetzt ein. Aus Langeweile. Eine nervtötende langweilige Beschäftigung. Die Zeit vergeht genau wie auf den Bildern. Aus, vorbei. Das Ungesündeste ist wahrscheinlich Langeweile. Sie macht krank, dumm, man verkalkt und ist nicht mal richtig unglücklich. Man sollte wirklich etwas unternehmen. Man sollte fressen, saufen und laut lachen, am besten im falschen Moment, an der falschen Stelle und dabei die anderen beobachten. Man glaubt nicht, wie einen das aktiviert und aufleben lässt. Es ist ungemein belustigend, darüber nachzudenken, was die anderen Leute von einem denken.

Das vertreibt das Missvergnügen.

Die Arme Rille

„Kindchen, nehmse sich eene mit, suchense sich eene aus, ick hab jenuch davon." Sie sagte immer noch Kindchen zu mir, obwohl ich schon eine Reihe von Jahren verheiratet war. „Det sind allet Arme Rillen, flejense ihr scheen, denn tut se och wachsen. In Somma buddelnse ihr in Jarten in, vajessense ihr aba nich, flejense ihr ab un zu, fürn bissken Dünga is se och dankbar. Aba eh det kalt würd, holnse se in de warme Stuwe. Kälte kannse nich vertrajen."
Fünf Arme Rillen hatte Mutter Schulze auf der Fensterbank stehen, mit einer zog ich ab. Drei Jahre lebte sie unter meiner Obhut, genau nach Anweisung von Mutter Schulze. „Ich flejchte ihr, jab sie Dünga, verjass och nich ihr ab und zu zu jiesen." Und ein Wunder, eines Tages schoss in einer Art Explosion ein ziemlicher Prügel aus der Zwiebel, mit einer mächtigen Verdickung am Ende der Spitze. Mein laienhafter, noch mäßig entwickelter Garten- und Blumenverstand sagte mir sofort: Das ist die Blüte der Armen Rille. Wie sich später herausstellte, hatte ich Recht. Der Name Arme Rille leuchtete mir auch ein, weil die aufgeblühte pompöse Blüte im krassen Gegensatz zu den mickrigen Blättern stand. Drei Stück, ziemlich dünn und mit roten Streifen verziert, rochen sie förmlich nach Krankheit. Irgendwas haute bei mir nicht hin.
Just zu der eben erblühten Schönheit ergab es sich, dass mir ein Gartenliebhaber mit Verbindung nach drüben einen westlich verseuchten Gartenkatalog zusteckte. Das Herz ging mir auf, mit Wonne blätterte ich darin. Die schönen bunten Bilder überstiegen das Maß meiner Vorstellungskraft. Der Katalog hob sich merklich von unserer im schlichten Schwarz-Weiß gestalteten, Gartenzeitschrift ab. Und plötzlich entdeckte ich meine Arme Rille. In diesem Katalog lief sie unter dem Namen Amaryllis, sie nann-

te sich weiterführend auf der Bildungs-skala noch Hippeastrum und Ritterstern, sicher mit einigen Abweichungen durch Spezialzüchtungen. Demonstrativ zur Erinnerung an Schulzens Mutter bleibt sie weiterhin für mich die Arme Rille. Nur wenn ich mit heimlichen Grinsen die reichlich anfallenden Ableger verschen-ke, bemühe ich mich um die fachgerech-te Aussprache.

Nun überschütten mich seit Jahren die Versandhäuser mit farbigen Katalogen, es blüht und knospelt auf vielen Seiten und man vergleicht die eigenen zustande ge-brachten Erzeugnisse mit den dort foto-grafierten. „Kindchen, warum hast du nicht gleich den passenden Spezialdün-ger mitbestellt", flüstert mein schlechtes Gewissen. Und warum hängen an den Sträuchern die Beeren wie aufgefädelt und nicht wie bei mir mal hier eine, mal da eine? Da fehlt der Kuhdung in Kör-nerform. Einfachstes Pflücken ist da ga-rantiert wie sensationelle Ernten. Meine Pflückergebnisse bewegen sich weit un-ter der Norm. Alles leere Versprechen, hohle Reden wie in der Politik.

Jedenfalls wissen wir jetzt, warum die Amaryllis nur für mich Arme Rille heißt. Die „Frühjahrsbestellung" auf dem Bal-kon steht an. Der eingefleischte Balkon-gärtner kommt von seinen Geranien nicht weg. Er liebt sie in allen Farben, hängend und stehend. Pelargonien sind für ihn völlig andere Blumen. An meiner Haus-wand rankt seit Jahrzehnten ein Blaure-

gen, und ich bin ganz stolz, dass ich auch den Zweitnamen weiß. Glycine klingt so schön wie sie aussieht. Nachdem sie um das Doppelte teurer geworden ist, führt sie den Drittnamen Wisteria. Ohne Auf-preis bieten die Kleingärtner eigene Wort-schöpfungen an. Sie kaufen GladioLIEN und AzaLIEN und wenn sie nicht mehr weiter wissen: Voriges Jahr hatten sie kleine blaue Blümchen mit zackigen Blät-tern, gibt es die nicht mehr?

Meine Arme Rille platzt aus allen Näh-ten. Mit den drei mickrigen Blättern kann sie keinen Staat machen. Sie ist sehr kopf-lastig, und so hat sie im Topf Schwierig-keiten mit der Balance.

Ich schneide sie ab, sie weint, dicker Saft fließt aus dem dicken Stängel. Hundert Vasen und keine passt. Die Grüne Wo-che hilft mir auf die Sprünge. Da stellt man sie in ein dickwandiges und teures Glas, sieht aus wie ein Zylinder aus ei-nem Labor, es fehlt eigentlich nur die Maßeinteilung. Der Zylinder wird teilweise mit weißen Kieselsteinen ge-füllt, um den starren Stiel drapiert die Flo-ristin wuchtige teure Blätter, wahrschein-lich sind die aus dem Urwald eingeflo-gen worden, und ein verdrehter Stock, wahrscheinlich Korkenzieherhasel, lo-ckert die Szenerie auf. Fertig, eine Köni-gin ist geboren, nichts mehr von Armut. Ein Augenschmaus.

Die Floristen sind heutzutage auch nicht bloß Floristen, sie stylen Arrangements. Es soll etwas Besonderes sein. Nicht etwa

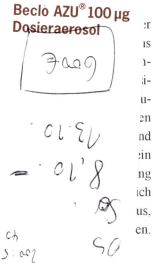

ein simpler ... :r Eine Riesenmanschette verhindert das
Supermar... ıs Streugut und bewirkt eine enorme Größe
wollte ich ... ı- des Einschlagbogens. Nichts von Früh-
stückstiscl ... ıi- ling und seinen linden Lüften.
cher nur E ... u- Nun habe ich bei meinen Feierlichkeiten
menstylis ... ən sanft auf meine Gasheizung hingewiesen
Zweigen, ... nd und dass ich auf Holzlieferungen jedwe-
zwei scho ... ein der Art nicht angewiesen bin. Man wirds
Gebilde, ... ng nicht glauben, es gibt noch altmodische
für den ge ... ich Blumenhändler, die auch den Mut haben,
die schw ... us, ohne einen Vertrag mit dem Holzhandel
habe ich ... en. Sträuße zu verkaufen.

Wer findet die Nadel im Heuhaufen?

Ingrid gefiel mir in letzter Zeit überhaupt nicht mehr. Nach dem Tode ihres Mannes hatte sie sich eigentlich schnell wieder gefangen. Ab und zu kochte sie sich etwas zu essen, sie buchte spontan kürzere und auch längere Reisen, um dem Dunstkreis der Kleinstadt zu entkommen. Sie schwärmte von einem Jazzkonzert in Berlin, wollte da auch hin, nur einwecken wollte sie nie wieder: „Wer soll den ganzen Kram essen! Der Keller ist noch gestrichen voll mit Pfirsichen und Pflaumen." Sie nahm aktiv am Leben teil, sie benahm sich ganz normal und lebte wie ein gewohnheitsmäßiger Single. Wer sie nicht kannte, dachte sie sei schon immer ein Single gewesen. Natürlich hatte sie auch Kinder und Enkelkinder, die um ihre Gunst buhlten, was sie auch immer damit bezweckten. Ingrid behielt den Grund der Buhlerei stets für sich. Aber neuerdings verschloss sie auch andere Dinge vor mir, das machte mich nachdenklich.

Die hatte doch irgendetwas, krank war sie nicht. Neulich musste sie 24 Stunden mit einem Apparat rumlaufen, fürs EKG, und später wurde der Blutdruck auch über einen Zeitraum von 24 Stunden gemessen. „Alles in Ordnung, hat der Doktor neulich zu mir gesagt. Ich kann an der nächsten Olympiade teilnehmen. Aber irgendwas muss ich haben. Ich habe zu nichts Lust, ich langweile mich entsetzlich, auch wenn ich was Hübsches mache. Nichts macht mir Spaß. Und was mir sonst noch passiert, das kann ich dir gar nicht sagen." Ich drang nicht in sie, sie hätte auch nichts erzählt. Und nun war es soweit. Sie saß mir in der Adventszeit gegenüber, zwischen uns die Pfefferkuchen und die Kerzen, sie spielte verlegen mit einem Engelchen. Ich fühlte, wie es in ihr arbeitete. Sie wollte sich mitteilen, wusste aber keinen Anfang. Ich half nach. „Was wünschst du dir denn zu Weihnachten, wenn dich einer fragt?" - „Traudchen, du wirst es mir nicht glauben, ich träume jede Nacht von einem Mann, ohne Gesicht. Ich weiß nicht, wie der aussieht, aber ein Mann ist es. Und soll ich dir mal was verraten? Mir gefällt das, wenn ich bloß wüsste, wer das sein könnte. Was glaubst du, was der alles mit mir macht." Sie leckte sich genüsslich die Lippen, ihre Augen bekamen einen geheimnisvollen Glanz, dem schließlich ein verlangender Blick folgte.

Ingrid war verliebt. In wen bloß? Ins Leben, sie wollte noch nicht das Leben einer Matrone führen, dazu war sie nicht bereit. „Wenn ich einkaufe, guck ich mir die Männer an der Kasse an, die vor mir stehen. Alles Weihnachtsmänner, Heinis, da ist ein Liebhaber nicht dabei. Wie soll oder könnte der aussehen? Weißt du, das ist ein Mann nicht jung, nicht alt, nicht Macho, nicht Softi, obwohl ich mit diesen Begriffen auch überfragt bin. Das ist ein Mann ohne bestimmte Größe, nicht fett, nicht mager, er hat keine Glatze, aber viel Haare scheint er auch nicht zu haben. Aber seine anderen Merkmale kann man nicht übersehen, man spürt sie sehr intensiv. Und es macht Spaß, ins Bett zu

gehen. Aber nach dem Traum ist er weg, und ich bin ganz alleine. Jede Nacht dasselbe. Ich werd noch verrückt, was meinst du, bin ich es vielleicht schon. Dir kann ich es ja erzählen, wem sonst. Wenn das einer wüsste. Die Alte, hat die keine anderen Sorgen? Soll sich lieber um nen Sarg kümmern, sagen die doch glatt!" Das war selbstverständlich die landläufige Meinung über eine Frau, die schon das Haltbarkeitsdatum überschritten hat. Meine Arbeit mit Ingrid begann. Ich war ihre beste Freundin von Kindesbeinen an, eine sogenannte Sandkastenliebe. Ich wusste viel von ihrer Ehe, man hätte über die beiden einen Film drehen können. Sie stritten so intensiv wie sie sich liebten, keiner konnte ohne den anderen leben.. Jeder war interessant auf seine Weise. Er war der letzte Gentleman seiner Klasse. Unwiderstehlich charmant. Jede Frau hatte das Gefühl, was er sagte, sagte er nur für sie. Alle anderen hatten auch das Gefühl. Er wurde nie zudringlich, erzählte keine schweinischen Witze. Ingrid hatte da mehr drauf, sie konnte sich immer welche merken. Wenn er dem Kognak zu reichlich zugesprochen hatte, fiel er selten aus der Rolle. Erst unterwegs entwickelte er seine wahren Talente, nicht ohne sich vorher formvollendet zu verabschieden: „Gnädige Frau, es war reizend bei Ihnen!" Außerdem sah er gut aus, auch in den dreckigsten Klamotten wirkte er eleganter als mancher aus dem Modejournal. Er hatte ihr mal beim Kirschenaus-

steinen geholfen. Während sie drei Wochen lang dunkle Fingernägel zu vertuschen suchte, hielt er seine Hände nur unter den Wasserhahn und war blitzsauber. An ihm blieb nichts kleben, während der Ingrid der Dreck nachlief. Sie sagte immer, wenn wir ausgehen, könnt ich mich vorher in die Vitrine setzen, bis es losgeht. Und Ingrid, was versprühte sie, um diesen Mann zu verdienen? Sie fragte sich das insgeheim immer wieder. Vor allem aber fragte sie mich: Traudchen, ich habe keine Ahnung, was der so gut an mir findet. Aber der fährt seit Jahren auf mich ab, der kann ohne mich nicht leben, der ist verrückt nach mir, der atmet mich ein, ich bin sein Frühstücksei, aber vor allen Dingen bin ich sein Nachtmahl. Ich kann wirklich nichts dafür, mir ist das angenehm, mir gefällt das mächtig. Ich hab nichts dagegen. Ich habe nur Angst vor dem Augenblick, wenn das nicht mehr so ist. Vielleicht kommt eines Tages doch noch eine andere, an der er Gefallen hat. Aber die beiden wurden nicht durch Fremdpersonen getrennt, sondern durch den gnadenlosen Tod. Das war einige Jahre her und Ingrid glaubte das Schlimmste überstanden zu haben. Sie hatte sich in aller Stille die Augen ausgeweint. Am Tage verhielt sie sich tapfer und gab für die anderen kein Schauspiel ab.
Und jetzt holte ihre Körperlichkeit sie ein, sie sehnte sich nach dem, was ihr Mann ihr geboten hatte.

„Traudchen, was soll ich bloß machen? Ich kann mir doch kein Schild umhängen: Suche interessanten Mann für gewisse Stunden. Ja was für Stunden. Für Stunden voller Liebe? Das geht nicht, denn Liebe ist ein Ding, das über lange Zeit reift. Also für Stunden der Erotik, Stunden mit Sex? Das klingt wieder so zeitgemäß, wo alle Welt zeigt, dass man für Geld Gefühle bereitstellt, wenn man sie gebührend bezahlt."
Ingrid weinte, sie suchte nach einem Taschentuch.
„Traudchen, was soll ich bloß machen, ich sehne mich nach einem Mann. Mir ist schon fast egal, wie der aussieht, ein bisschen intelligent möchte der schon sein, wenn er im Bett nicht gerade mit mir rechnen will."
Und ich, Traudchen, als Rentnerin wieder mal gefordert, hatte die rettende Idee, in der Zeitung auf Suche zu gehen...
„Guck mal, da sucht einer eine mutige charmante Frau. Da schreiben wir mal hin. Wir werden ja sehen, wie mutig der Herr ist, gleich morgen fangen wir mit dem Schreiben an."
Nur Mut! Er sucht sie.
Er 68, sucht rege, charmante Frau mit Humor. Das war die Ausgangsposition. Na, das soll der doch alles haben. Charme und Humor. Die Hauptsache ist, der hat welchen und bekommt vor unserem keine Angst. Fangen wir also an: „An den mutigen Herrn, der laut Annonce eine rege, charmante Frau mit Humor sucht..."

„Was soll ich dazu sagen, wie soll man sich selbst darstellen? Natürlich findet sich jeder selbst prima, ob Mann oder Frau. Bei Lichte besehen kommt man vielleicht ins Schleudern.

In diesem Monat bin ich noch 66 Jahre, im nächsten Monat stimmt das schon nicht mehr, denn ich bin Steinbock. Und Steinböcke sind nach Zeitungshoroskopen ehrgeizig, beständig, gewissenhaft, geizig, unnachgiebig.

Suchen Sie sich das Beste raus. Die Sterne haben es so gewollt, man muss mit seinem Schicksal leben. Ich bin kein Kind von Traurigkeit, aber meine Moralvorstellungen haben nach dem Tode meines Mannes noch einen gewissen Halt.

Ich war in der Ehe glücklich, habe mich aber entschlossen, mich von meiner Vergangenheit zu trennen und will die zwangläufig eingetretene Freiheit weitestgehend nutzen. Den Mut habe ich dazu. Die Restbestände meiner dahingegangenen Hohen Zeit müssten begutachtet werden. Ich nehme an, ein Mann in den besten Jahren und noch ein bisschen darüber, hat auch schon allerhand zu vertuschen, und sucht außer Charme und Humor eine mitfühlende Seele, um die Verklemmtheit der 68 Jahre zu bewältigen. Ich wünschte, Sie hätten den Mut. Schreiben Sie mir bitte postlagernd unter XYZ... Ich warte auf Ihren Mut."

Den hatte er natürlich nicht. „Du glaubst doch nicht, dass uns einer darauf antwortet. Erstens braucht einer dazu Abitur und dann noch einen Sonderkurs an der Volkshochschule über die Erkenntnisse von Sigmund Freud, in dessen Mittelpunkt die Erforschung des Geschlechtstriebes stand."- „Ach, Traudchen, erzähl mal was von dem!" Aber Traudchen wusste auch nur die allgemeinen Weisheiten. Auf alle Fälle ließ der mit dem Mut sicherheitshalber nichts von sich hören.

Ingrid hatte inzwischen auf eigene Faust einen zweiten Aspiranten aufgestöbert, doppelt genäht hält besser. Es war eine Anzeige der vergangenen Woche. Ein gewisser Adolf gab eine Riesenannonce auf, das heißt, er hatte ein Institut beauftragt. Ingrid meinte bei unserer anschließenden Besprechung: „Du, das sind ganz Dämliche, die schreiben bestimmt jedes Wort falsch, wenn denen überhaupt was Gescheites einfällt. Hör mal zu, was der alles erzählt: ICH, ADOLF, 67 Jahre, bin leider ein einsamer Mann geworden. Verwitwet, alleinstehend, ohne Anhang, so dass mir oft die Decke auf den Kopf fällt. Finanziell bin ich gut gestellt, habe ein Auto und würde gern reisen, Essen gehen, aber nicht allein. Welche liebe Frau ist auch so verwaist und würde lieber die Tage zu zweit verbringen. Telefonnummer..."

Ingrid war jetzt in ihrem Element. Sie ereiferte sich zusehends. „Dem habe ich meine Unterstützung angeboten und ihn gewarnt, was auf ihn zukommt. Hör mal zu:

Sehr geehrter Herr Adolf,

nach dieser Annonce werden die Frauen bei Ihnen Schlange stehen, und in dem Institut wird das Telefon heiß laufen. Meine Annonce müsste in etwa auch so lauten, ich kann mich voll in Ihre Lage versetzen. Außer dass Sie 67 Jahre sind, verraten Sie nicht viel von sich und versprechen angenehme Dinge, die natürlich auf jede Frau großen oder größeren Eindruck machen. Wo ist nur der Haken? Wo viel Licht ist, ist auch viel Schatten. In unserer Gegend sind Männer in dieser Preislage sofort wieder besetzt. Ich habe bisher noch keinen gesucht, aber so etwas erfährt man in Rundumgesprächen.

Ich wünsche Ihnen bei der Begutachtung aller schönen, liebenswürdigen, charmanten, fleißigen aber sicher falschen Schlangen viel Erfolg und grüße Sie unbekannterweise.

Auch eine, die allein essen muss.

„Traudchen, und danach hab ich mit einem völlig neuen Glücksgefühl den Kognak aus dem Schrank genommen und weiter gesucht. Hier ist das letzte Muster: Welche dominante, ältere Frau bringt unseren Großpapa wieder auf Trab?"

Ingrid fühlte sich von der älteren Frau plötzlich angesprochen, vielleicht auch durch den Schnaps. Es sagte zwar zu ihr aus lauter Anstand niemand: Wissen Sie, Sie sind auch nicht mehr das neuste Modell, weil Ingrid eben Ingrid war und nicht irgendwer. Sie war irgendwie zeitlos, aber nicht geschlechtslos, sie war noch attraktiv, konnte sich blendend unterhalten, und selbst jüngere Männer stellten ihren Frauen diese Ingrid als erwähnenswert hin, so dass die jungen Karotten fragten, was hat die, was ich nicht habe. Ingrid kriegte das auch immer mit den Handwerkern hin, wo andere schnucklige Frauen lange zetern mussten. Sie war die Seele von jedem Buttergeschäft. Zu ihr kamen sie und machten alles, was sie wollte. Und nun dachte sie, sie müsste diesen Großpapa auf Trab bringen, das wäre vielleicht ihre letzte große Lebensaufgabe. Sie fand diese Annonce mitten in der MiniMAZ. Eine kurze verständliche Anzeige: Welche ältere dominante Frau bringt unseren Großpapa wieder auf Trab?

Ingrid dachte, das ist meine letzte Chance, das schreit förmlich nach Hilfe. Sie fühlte außer der sinnlichen Begierde auch noch eine gewisse Solidarität in sich. Caritativ, wie sie sowieso schon war, meinte sie, ein Recht darauf zu haben, dem Opa zu helfen und sich selber einen gefallen zu tun. Abhauen könnte man ja immer. Sie käme auf alle Fälle mit dem Auto, wer könnte ihr da was? In diesem Sinne schrieb sie an den Adressaten:

Als ich 30 war, waren alle über 30 für mich ältere Leute. Jetzt bin ich mehr als das Doppelte darüber, kann also mit ruhigem gewissen behaupten, dass Ihre Annonce auf mich passt. Und dominant? Auch, da ist was dran. Wer hat es nicht gern, wenn die anderen machen, was man vorschlägt. Solche Angebote sind in den

Zeitungen relativ selten zu finden. Darum hat Ihr Bedarf einen gewissen Unterhaltungswert. Gesucht werden ansonsten immer faltenfreie, jugendliche, liebenswürdige und sich unterbutternde Typen. Das trifft auf mich nicht zu. Natürlich müssten die Pferde vor dem Traben beguckt werden. Das habe ich noch nie gemacht, hoffe aber, dass ich das schaffe. Wenn nicht gerade Glatteis ist, kann ich überall hinkommen. Mit freundlichen Grüßen an die sorgende Familie. Postlagernd unter „Trabrennbahn".

Ingrid stellte sich vor, da sitzt ein verwaister Opa, verlassen von seiner liebsten Frau, genau wie sie, und wartet auf das Ende aller Dinge. Davor wollte sie ihn behüten. Die intakte Libido der Ingrid hatte ihr vor Wochen schon signalisiert, es ist noch nicht aller Tage Abend, sie wäre auf dem Sektor noch einsatzfähig und könnte noch einen Menschen mit in das Glück reißen.

Nun wartete sie auf die anstehende Post der drei Auserkorenen. Also der nicht mehr allein essen will, der ist für die Zeit bis Ostern beschäftigt. Der die mutige Frau sucht, hat selber die Hosen voller Angst. Schreiben könnte die Verwandtschaft von dem Opa. Die sind zufrieden, wenn sie den ab und zu mal los sind und sich einer um den kümmert.

„Du wirst dein blaues Wunder erleben, weißt du überhaupt, was mit dominant gemeint ist? Du bist doch sonst nicht von vorgestern. Damit meint der nicht nur,

dass du zu bestimmen hast, wo's langgeht. Der hat da ganz andere Vorstellungen. Falls da einer aus der Familie schreibt, werden sie dir das erklären. Mach dich auf allerhand gefasst!"

Es war ein einzelner Brief, der ankam. Vor dem Postamt im Halteverbot riss Ingrid ihn auf. Sie traute ihren Augen nicht und fuhr auf den nächsten Parkplatz. Sie wischte sich die Brille, aber das Ergebnis wurde nicht besser.

Liebe Großmama Anonyma!

Teutsche Sprache, swere Sprake. Wenn Sie, wie geschrieben steht, mehr als das Doppelte drüber sind (über 32), dann wären sie ja mindestens 32 plus 2 mal 32 = 96, sagen wir 97 Jahre. Schön, schön, kurz vor Hundert ist Dominanz verständlich. Faltenreichtum, Liebensunwürdigkeit sieht man dann nach, auch dass Frau oben auf der Butter schwimmt. Das wäre also geklärt. Aber wieso wollen Sie gleich die Pferde begucken, das Feuer eines einzelnen Hengstes sollte Ihnen genügen. Da ich morgen am Nikolaustag befasst sein werde, landauf, landab mit meiner Rute zu drohen oder auch zu imponieren, geht die Post schon heute ab. Der Gärtner war's nicht und auch nicht die liebende, sorgende Familie. Ich selbst bin der Großpapa und Inserent in Personalunion. Tolle Idee, was?

Obwohl seit langem und ganz bestimmt auch künftig hin, glücklich verheiratet, drängelt mich unsagbare, überschäumende Lebensfreude aufs Lotterbett (ins wäre für den Anfang zu viel behauptet). Vornehmer ausgedrückt: Erst mal in Nachbarins Garten, zum (Ver)naschen. Schmackhafte Früchte erwarten mich da, Kirschen und Zwetschgen, soweit vorhanden, nehme ich auch gern Äpfel und Birnen, je nachdem. Aber auch Fallobst. Dabei bin ich alles andere als ein Sexprotz. Im Gegenteil, richtig fuchtig kann ich werden, wenn mir ein Fall von Fünfer-Methode bekannt wird. Sie wissen doch: Rauf-rein-rums-raus-runter. Man sollte solchen Onkels scheibchenweise... Ich dachte so an zwei bis vier Schäferstündchen im Monat, je nach Ihrem und meinem Geschmack und dem zu stillenden Heißhunger. Nicht nur Busenliebhaber bin ich, sondern auch Feinschmecker französischer Zubereitungen, was immer Ihre Fantasie sich dazu ausmalt. Einmal in Fahrt gekommen, bin ich, um im Bilde zu bleiben, eher eine Galopper als ein Traber, und ich strecke mich willig unter dem Schenkeldruck meiner Reiterin. Sie wollen noch immer nicht meine Geliebte werden? Ich verspreche Ihnen zum Auftakt der Veranstaltung eine fingerspitzige Massage vom Scheitel bis zum Zeh, dass Ihnen die Gänsehaut wollüstig über den Rücken läuft und Ihre Popobäckchen im Rhythmus zittern. So etwas festigt die Intimfreundschaft und eignet sich vorzüglich als Vorspiel. Lassen Sie sich von mir nicht aus der Adventsstimmung bringen, doch vorher erhofft sich von Ihnen noch eine Grußbotschaft CH.

Ingrid war fürs erste mal platt. Was für ein Opa, damit hatte sie nicht gerechnet, aber sie war sofort bereit, dem zu antworten. Sie wollte sich beschweren über die säuische Nachricht. Was dachte der sich von den anderen Frauen, die nicht mit ihm verheiratet waren. Hielt der die alle für Nutten, denen man gleich mit dem nackten Hintern ins Gesicht springen konnte? Die ganze Nacht verdaute sie den Brief, sie las ihn, bis sie ihn auswendig konnte. Gegen vier Uhr hatte sie das Konzept im Kopf, stand auf und schrieb ihm. Eine ungewöhnliche Zeit, aber danach war ihr besser. Seine Rhetorik war Klasse, aber er war eine alte Sau. Manche können sich nicht artikulieren, der hier konnte das. Wenn er die angekündigten Versprechen ebenso klassisch erfüllte, war er dem Casanova ebenbürtig. Wie der sich wohl mit seiner Frau unterhält, und mit seinen übrigen Verwandten! Da macht er bestimmt auf vornehm, muss der wohl machen, deswegen flippt der hier aus. Der will seine elementaren Gelüste ausleben, geistig, körperlich und auch im Vokabular. Das kann er zu Hause nicht und sucht nun in der neu zu erschließenden Provinz nach solchen Suppenhühnern wie Ingrid eins ist. Früher musste der vielleicht bis Buxtehude fahren, durch die Einheit unseres Vaterlandes hatte er wenigstens den Vorteil, die vielen Kilometer zu sparen. Jetzt fährt er über die Dörfer ins Umland von Berlin und besucht die Bubellas, die ihm ihre Adresse geschickt hatten, dumm genug. Jetzt macht der Probevögeln, die beste Nummer bekam den Zuschlag für die nächsten Schäferstündchen. I gitt, i gitt. Das alles ging Ingrid zusätzlich durch den Kopf, als sie ihren Brief austobte, und der ging so:

Selbst wenn ihre Rechenaufgabe stimmt und ich in der Euphorie des Schreibens der Mathematik nicht folgen konnte, so müssen wir einiges klarstellen. In Ihrer Annonce wurde gebeten UNSERN Großpapa auf Trab zu bringen. Dieser Plural des besitzanzeigenden Pronomens setzt voraus, dass sich mehrere Personen Gedanken machen, dem Großpapa auf die Beine zu helfen. Das nur, weil sie so auf deutsche Sprache, schwere Sprache herumbalancieren.

Dass der aber so ein quicklebendiges weiberverzehrendes Ungeheuer ist, welches über Land fährt, mit seiner Rute droht, Kirschen und Fallobst sammelt, je nach Angebot, das konnte ich nicht ahnen. Ich dachte mehr daran, ihn allmählich auf Touren zu bringen, ihm mitunter die Sporen zu geben, um bei Ihrer Ausdrucksweise zu bleiben.

Mein Lieber, Sie brauchen keine dominante, ältere Frau, Sie brauchen eine Deckanstalt, um landauf, landab die verkümmernden Frauen zu beglücken. Einen verheirateten Liebhaber, einen schon besetzten Geliebten zu finden, dazu brauche ich keine Zeitung, das finde ich an jeder Ecke.

Suchen Sie kräftig weiter!!

Und wenn Ingrid dienstags leicht beschürzt auf ihren Masseur wartete, ging ihr die fingerspitzige Massage des Großvaters nicht aus dem Kopf. Hunde, die bellen, beißen nicht. Die Männer hauen ganz schön auf den Putz. Aber wissen taten sie es beide nicht, weder Ingrid noch Traudchen. Was aber könnte man machen, um das rauszukriegen?

Sie kamen auf die Idee, selber eine Annonce aufzugeben, eine Annonce, die sich vom Inhalt her von den übrigen abhob und keine Dutzendware war. Sie arbeiteten beide etwas aus. Der Wortschatz über Pferde war erschöpft, sie brauchten etwas anderes und das ging so:

Oldtimer, 66 PS, sportlich, elegantes Modell, spritzig, sucht seriösen fahrtüchtigen Chauffeur bis 70 PS für Teststrecke zur Zärtlichkeit...

Das fiel unter den vielen Gartenliebhabern und denen, die ein Kind mitbringen durften, sicher auf.

Ingrid fuhr für diese Anzeige extra in die Nachbarstadt, wo man sie nicht kannte. „Wollen Sie ein Auto verkaufen?" - „Nein lesen Sie mal zu Ende." Die Frau in der Anzeigenannahme griente. „Das hat noch keiner aufgegeben." Das war auch der Sinn der Sache. Und nun warteten wir auf Angebote.

Zwei Briefe trafen ein. Einer von einem Analphabeten geschrieben, der mit Ingrid seine Abende bei Volksmusik und dem Komödienstadel verbringen möchte und im Sommer „raus auf den See zum An-

46

geln" anbietet. Auf so was hatte sie schon immer gewartet.

Der zweite Schreiber ging gleich in die Vollen:

Liebe PS-Lady

Hoffentlich kommt es bei dieser Anrede nicht gleich zu einer Fehlzündung, denn wer will schon mit Getöse eine Rendezvous beginnen. Wie dem auch sei, Ihre Textform ließ mich aufmerken, und lässt mich zum Schreiber werden. Allerdings bin ich kein Pegasus und fass mich deshalb kurz. Wunschgemäß liege ich unter 70 PS und bin ansonsten einigermaßen handwerklich begabt. Was meine Fahrtüchtigkeit betrifft, so liegt da ein gewisser Nachholebedarf vor. Als Chauffeur habe ich jedoch seit 1948 keine Toten und Verletzten auf dem Gewissen und auch noch keinen unerwünschten Lebenden. Alle anderen Details lassen sich persönlich besser erforschen und erklären. Wo und wann treffen wir uns? Im Parkhaus oder in der Tiefgarage oder gleich auf dem Weg zur Zärtlichkeit?

Mit freundlichem Gruß Walter

Ach du dickes Ei, was machen wir denn jetzt? Ingrid war ratlos. Sie hatte ein komisches Gefühl, schreibt aber an die postlagernde Adresse.

Mylord!

Verschreckt über die eigene Courage, scheint der Oldtimer unter mächtigem Getöse wieder anzuspringen. Die PS-Lady registriert mit wachsendem Vergnügen das Angebot des fahrbereiten Chauffeurs. Sie ist ebenfalls der Meinung, keine umfangreichen Referenzen einzureichen, die meistens sowieso getürkt sind, sondern sich bald zu treffen. Man kann sich auf halbem Weg entgegenkommen. Aber wo? Die Lady ist selbst eine gute Chauffeuse (sagt sie), hat aber Schwierigkeiten mit dem beulenfreien Einparken. Mit Grausen denkt sie an die Gaststätten der DDR, neue sind ihr fremd. Sie selbst wohnt in X, dem Nabel der Welt, wenigstens der neuen Bundesländer. Wer ich bin? Jeden Morgen sehe ich im Spiegel ein Zerrbild. Bin ichs oder bin ichs nicht. Die Restbestände ehemaliger „Schönheit". Krampfhaft versuche ich meine inneren Werte an die Oberfläche dringen zu lassen. Manchmal gelingt mir das sogar, aber es wird immer seltener. Deswegen ging ich jetzt verstärkt auf „Männerfang" und gab diese Annonce auf, ehe der restliche Zauber verflogen ist. In freundlicher Erwartung Ihres lokalen Angebotes.

Postwendend folgte der Vorschlag für das Rendezvous: Wir könnten uns da und da treffen, aber ich könnte auch sofort nach X kommen, allerdings mit Zahnbürste und Reisetasche, denn für die Strecke möchte ich gerüstet sein. Das Leben ist kurz und lange Wege dezimieren das Glück...

Das war ein ganz Eiliger, der ging ran wie Nettel an die Gänse, ebenso wie der mit der 5-R-Methode. Sollte es nicht noch etwas dazwischen geben?

Mein lieber Chauffeur in spe!

Noch steht es nicht in den Sternen, der Weg zum kleinen Glück übern kurzen Weg. Aber so schnell schießen die Preußen nicht, ich meine die Sache mit der Zahnbürste und der Reisetasche. Überfallartig wollen wir es nicht gestalten, nachher überfallen sich zwei falsche Leute. Also, es ist besser, wir treffen uns außerhalb meiner Wohnung. Immer wird angenommen, solche Arrangements finden in der weiblichen Behausung statt. Noch nie hat ein Mann seine Bude vorzeigen wollen. Ob wohl so ein Mann streng verheiratet ist? Die nicht geputzten Fenster und der haushohe Abwasch können es doch nicht sein.

Und Ingrid gibt ihre Telefonnummer an. Einige Tage später meldet sich eine wunderbare Stimme am Telefon, eine Stimme wie Samt und Seide, sie ging unter die Haut. Ingrid bekam eine Gänsehaut, sie fror in der warmen Wohnung. Mit letzter Kraft fragte sie nach seinem Familienstand. Aus der Traum, ehrlich gab er es wenigstens zu, verheiratet zu sein. Damit erübrigte sich die Angelegenheit. Inzwischen hat Ingrid Gefallen an so einer Korrespondenz gefunden. Sie gab eine weitere Annonce auf, um die Reaktion der Männer, die nach einer Bekanntschaft lechzten, zu testen. Weder Alter noch Körpermaße, noch Neigungen beeinflussten das Inserat:

Suche Wärmflasche bis zum Frühling. Bett mit Inhalt vorhanden. Es meldeten

sich 38 Männer, die auch über den Frühling hinaus ihre Wärme abgeben wollten. Ganz lieb wurde Ingrid angesprochen, als Frostbeule, als unbekannte Wärmesuchende. Ganz wenige kamen direkt zur Sache: Du suchst doch bloß einen, der mit dir schläft. Ich mach's dir. Wo wohnst du?... Keiner fragte nach ihrem Alter. Sie setzten voraus, Ingrid, enttäuscht vom Leben, auf der Suche nach dem Leben, aber noch nicht jenseits von Gut und Böse.

Ab und zu bekam Ingrid ein schlechtes Gewissen. Da sucht einer nach einer Mutter für seine sechs Kinder, einen Kameraden für seine Exkursionen, einen Zuhörer für seine schlechten Erfahrungen, einen Geschäftspartner, einen mithelfenden Unkrautzupfer, einen Reisebegleiter, von Herz zu Herz.

„Bis zum Frühling ist mir zu kurz, auf Ewigkeit ist mir zu lang, aber lebenslänglich wäre schön..." - „Hallo Kätzchen, wo kann ich dich finden? Ich bin gerne bereit, Dich zu verwöhnen. Ich könnte das bis dreimal die Woche. Ich bin ein älterer Witwer, ruhig und zuverlässig. Dein Kater..."

Und auch Walter war wieder dabei, Walter, der gleich mit der Zahnbürste anrücken wollte. Die Schrift kam der Ingrid gleich so bekannt vor, auch das geheimnisvolle Schließfach. Er schrieb:

Und wieder waren in der Nacht minus 8 Grad. Du hast vor Kälte gezittert, denn ich konnte dich nicht wärmen, weil du dich so spät gemeldet hast. Das soll jetzt ein Ende haben. Wenn Du ein gepflegtes Mädchen bist, hier in der Nähe, so lass es mich schnell wissen. Mit meinen Händen und meinem Körper will ich Dich wärmen und liebkosen, wenn meine Lippen über Deinen Bauch huschen. Deinen Nabel suchend wird die Winterkälte dich verlassen, dein Verlangen wird erwachen, und wir werden uns liebevoll beschenken und beglücken. Dein Bett wird dir eine völlig neue Lebensart gewähren und die Kälte vergessen lassen.

Dein Walter

P.S. Vermeide angewärmte Feld- und Mauersteine, sie könnten deinen lieblichen Körper verletzen.

Na endlich, das war doch was. Ein Profi und noch dazu ein Poet, kein Holzhacker. Der schrieb solchen Brief nicht das erste Mal. Ingrid dachte an die dazugehörende Stimme. Wer dem auf den Leim ging...

Ein Rechenkünstler forderte Ingrids mathematische Kenntnisse. Mit Hilfe des Taschenrechners teilte sie die angegebenen Tage durch 365. Er war 26 Jahre und bei der freiwilligen Feuerwehr. Dazu brauchte er eine Frau, wie er selber war: einsatzbereit und zuverlässig.

Eine eingeschriebene und elegante Handschrift wollte sie verzaubern, um dem tristen Ehetrott zu entfliehen. Einmal müsste man den Anfang machen. Diese Annonce hätte ihn aufgerüttelt und ihm gezeigt, wie lange ihm schon solche Wärme fehlt.

Klausi-Maus schrieb gleich zweimal. Er wollte am Potsdamer Bahnhof um 15.03 Uhr auf Ingrid warten, in Sexy-Klamotten, Minirock, nichtglänzenden braunen Strumpfhosen, weißer Bluse, elegantem Make-up und den Brief in der Hand. „Ich zwinge Dich zu nichts, habe selbst ein Bett, indem wir uns gegenseitig wärmen können."

Anschließend der Beschwerdebrief wegen Nichterscheinens. „Warst Du zu feige? Hast du krumme Beine, weil Du im Minirock erscheinen solltest? Ich erwarte Dich in hochhackigen Schuhen und wenn Du kalte Füße bekommen solltest, ich wärme sie Dir wie alle anderen Stellen. Sonnabend 15.03 Uhr am Bahnhof. Klausi-Maus."

Ein Heinz war in Paris auf den Geschmack gekommen und wollte sein Liebesabenteuer in der tiefsten Provinz wiederholen und seine Erfahrungen feilbieten. „Paris ist auf dem Gebiet zu teuer." Er war an Ingrid interessiert. Entfernung spielt keine Rolle. Logisch, wenn man den Fahrpreis nach Paris zugrunde legt. Eine durchtrainierte Handschrift verkündete die Mitarbeit bei der Frankfurter Allgemeinen. (Wer das wohl glaubt!) Als 39-jähriger liebte er das Leben und suchte es, wesentlich jünger aussehend, über solche Annonce. Durchtrainiert hatte er allerdings falsch geschrieben, sicher schrieb die übrige Post seine Sekretärin. Ein heißer Wassermann hatte Angst, das er durch die entwickelte Hitze verdampft.

Er könnte seine Hitze auch über den Frühling abgeben, notfalls im Sommer auf die Zudecke verzichten. Ihn interessiert der Bettinhalt, aber auch der Inhalt ohne Bett. Vielleicht ergibt sich anschließend ein Bedarf über die Wärmflasche hinaus. „Hallo, ausgekühlte Kuschelmaus, hier ist ein heißer Typ, der dich wärmen möchte. In diesen frostigen Tagen ist es wirklich am schönsten im warmen Kuschelbettchen. Ich bin eine Wärmflasche von 45, 178 groß und verheiratet, hochgradig diskret und sauber. Ich würde Dich gern kennenlernen, alles andere mündlich. Schreib mir, ich kanns kaum erwarten..." Tolle Handschrift, wie der wohl aussieht? Und nun arbeitet einer mit dem Computer, alles in grün, oben ein Kraftwerk, eine Art Atommeiler. Ingrid kriegt es mit der Angst zu tun. Was hatte sie da bloß in die Wege geleitet. Ihr wurde bange. Nicht nur wegen der Schreiberei. Da hieß es computerhaft:

„Brauche Wärmflasche", herzlichen Glückwunsch. Eine Annonce, die ins Auge sticht, Offenheit ausstrahlt (der hat vielleicht eine Ahnung), und einem nicht so schnell aus dem Kopf geht. Persönliche Interpretation und Phantasie eingeschlossen. Hier ist ein Kraftwerk wohliger Wärme, nicht allein für kalte Nächte, sondern für alle Lebenslagen. In seiner Komplexität und daher im Detail recht schwierig zu beschreiben:
37 Jahre alt, aber dennoch betriebssicher und stets zuverlässig, seit Jahren auf Spar-

flamme gehalten, von fast allen Altlasten befreit und absolut schuldenfrei. Kapazität bis zum Jahr 2036, wenn der richtige Zeitpunkt zündet. Bei Interesse Betriebsbesichtigung und „Funktionserläuterung" auf eigene Gefahr möglich. Spaß beiseite. Du hast mich einfach neugierig gemacht. Vielleicht ist mir Gleiches gelungen und Du schreibst mir, ganz ungeachtet der sicherlich zahlreichen Zuschriften auf Deine so ungewöhnliche Annonce. Womit sollte ich mich ins rechte Licht setzen. Wo im Nachhinein allein das von Bedeutung ist, was Du selbst dabei möchtest. Vielleicht kann ich Dir nach A, wie Anzeige, ein B, wie Brief beantworten, trotz spartanischer Selbstdarstellung entlocken? Auf deine Post, intensiveren Gedankenaustausch und eventuell mehr, freut sich XYZ."
Ingrid machte sich Sorgen. Was für eine Bombe hatte sie da gelegt. Sie wollte sich nur informieren, wie die Männer auf eine Kontaktanzeige reagieren. Nun war sie konsterniert, dass sie am liebsten jedem einzelnen die Wahrheit über ihre Absichten und über ihr Alter mitgeteilt hätte. Jedem einzelnen.
Sie wünschte sich zwanzig bis dreißig Jahre jünger zu sein, um den Angeboten gerecht zu werden. Mit einigen hätte sie durchaus versucht, sich über den Frühling hinaus zu wärmen, ohne Flasche. Und ein Otto hatte ein Bett frei, ein Otto mit einer sehr zuverlässigen Handschrift, Danny schrieb wieder wie ein ABC-

Schütze. Er hatte gerade eine kaufmännische Lehre hinter sich und wollte ihr abends in der Disco einheizen.

Es meldeten sich originelle Wärmflaschen, die die Länge und die Füllmenge angaben und um eine Bestellung anhielten. Ingrid hatte beim Studium der Zuschriften eigentlich viel Spaß, aber manchmal fühlte sie sich schlecht und machte sich Gedanken.

Ganz sicher musste einer Courage aufbringen, um in der heutigen Zeit schriftlich zu antworten und ins Ungewisse Angebote zu unterbreiten. Warum strotzten die Zeitungen von Kontaktsuchenden beiderlei Geschlechts? Gab es zu wenig andere Möglichkeiten? Ingrid hatte diese Not des Alleinseins nie gehabt, sie musste sich immer dagegen wehren, verführt zu werden. Und alle diese Männer waren in einem Alter, von ganz wenigen abgesehen, wo sie beim Schwimmen, beim Sport, im Beruf oder bei irgend einem Freizeitvergnügen auf nette Mädchen treffen konnten. Die streng Verheirateten suchten ein Abenteuer, aber die anderen waren enttäuscht, einsam und versprachen sich auf die Art auf eine mitfühlende und in dem Fall eine originelle Seele zu stoßen.

Und als Ingrid beim nächsten Schaufensterbummel an einem Laden mit verführerischen Dessous vorbeiging, überlegte sie, wie sie wohl in Himmelblau aussehen würde. Da war doch einer dabei gewesen, der bei himmelblauem Strumpfhaltergürtel nicht mehr zu bremsen sei. In dem Laden war alles in tiefster Trauer, tiefschwarz. Na, man muss vielleicht mal wechseln. Nicht alle können ihre Liebhaber in Himmelblau empfangen. Und überhaupt, was ziehen die an, wenn sie nach Brötchen gehen oder die Kinder zur Schule bringen?

Ingrid hatte den Ausgangsbrief des Großpapas verarbeitet. Von Vorgestern war sie auch nicht. Wer wollte, konnte von früh bis spät rund um die Uhr von den Medien aufgeklärt werden. Wer wissen will, wie es geht, kann sich laufend informieren, nicht immer auf die feine englische Art, sehr oft vulgär und abstossend. Üppige Brüste springen einem aus jeder Zeitung entgegen, wo sich ein praktisch veranlagter Mensch fragt, wie die das mit dem BH machen, wo bringen die das alles unter, das drückt doch und immer können die doch nicht in himmelblauem und smaragdgrünen Dessous die Gäste empfangen. Schließlich müssen die mal einkaufen.

Das Leben besteht nun mal nicht nur aus Brüsten, Brüstchen, Busen, Büsten mit und ohne Halter. Leider!

Hilfe, Hilfe, SOS!

Ich befühle mich, ich betaste mich, ich rutsche immer dichter an den Fernseher und erkenne euphorisch: Ja, das ist es, das ist mein Leiden! Endlich hat das einer rausgekriegt! Endlich beschäftigt sich einer mal damit! Endlich weiß einer darüber Bescheid!

Befriedigt sinke ich zurück in die Sofakissen, suche anschließend die gesammelten Werke der „Apotheken-Umschau", blättere im „Bild der Frau", lese wiederholt die Ratschläge von Dr. Schneidereit und verpasse keine Gesundheitssendung von ARD bis hin zu Super-RTL. Ich bin auf dem Laufenden und wage mich mit meinen Kenntnissen in die Höhle des Löwen. Mit einem fix und fertigen Programm und einem „Ich-weiß-alles-Blick" erfreue ich meinen Hausarzt und biete ihm meine Hilfe an.

Auf solche Mitarbeit hat er schon lange gewartet und gehofft. Endlich mal einer, der mitdenkt, der seine Weisheiten an den Mann bringt, einer, der die notleidenden Kassen unterstützt und Verständnis für die überforderte Ärzteschaft aufbringt. Beglückt schließt mich der Doktor in die Arme, Dankbarkeit bis an mein Lebensende ist mir sicher!!

Doch eines Tages ist es soweit. Ich trenne mich von den mich nachts umwabernden Spitzen und suche das ladenneue Nachthemd für besondere Anlässe. Modell: Oma muss ins Krankenhaus.

Ein artiges Hemd, der mich behandelnde Arzt soll sich ganz auf meine Gebrechen konzentrieren und nicht durch verführerische Schleifchen vorauseilend an seinen Feierabend denken.

Hier vor Ort erwarte ich eine Mischung aus Schwarzwaldklinik, aus dem Krankenhaus am Rande der Stadt, Klinik unter Palmen mit Oberschwester Hildegard und immer wieder Stephanie.

Gleich am Anfang stelle ich fest: Weiberwirtschaft. Die Quotenverteilung ist hier ähnlich wie im Bundestag, nur genau umgekehrt. Küche, Besenkammer, Staubwedel und Bettpfannen sind fest in Frauenhand. Doch sollten sie bei der nächsten Tarifverhandlung Kilometergeld wegen der endlosen Flure beantragen.

Der AZUBI heißt hier Schwesternschülerin, einen Bruderschüler gibt es nicht. Wenn die andern frühstücken, hat er das Sagen. Er scheucht die Kranken in die Betten und läutet das große Halali für die Chefvisite ein. „Feinmachen für den Onkel Doktor."

Eine weiße Wolke schwebt in den Raum. Einige sind ganz in weiß, einige blau abgepaspelt. Die Stube ist randvoll, die Luft steht. Es ist an der Zeit durch Umblättern riesiger Karteikarten für frischen Wind zu sorgen. Untergeordnete Chargen sind dafür zuständig, und sie erklären, wie oft sie sich an denen im Bett durch Hauen und Stechen bereits vergangen haben. Zwei Vatertypen, die der Disco schon entwachsen sind, flößen Vertrauen ein. Sie beraten über die Zukunft der Neuankömmlinge und begutachten und bewundern die Ergebnisse der Vergangenheit. Vor dem großen Schneiden wird nun intensiv gestochen, verklebt und abgezapft. Der Blutgier sind natürliche Grenzen gesetzt. Mehr als sechs Liter werden sie aus mir nicht herauskriegen. Später füllen sie die fehlende Flüssigkeit von oben wieder nach.

Vom Bett aus lerne ich das Krankenhaus kennen, ich begegne anderen rollenden Einheiten und lande im Keller in einer medizinischen Folterkammer. Grün vermummte Marsmenschen bestimmen nun über mein weiteres Schicksal. Ich, die sich zu Hause schon etwas einbildet, das Video-Gerät einzustellen und aus 40 Programmen durch Zappen endlich meinen Lieblingssender zu finden, ich komme mir nun vor wie in einem James Bond-Film, wenn man 007 auf einen Tisch schnallt und die Mordinstrumente von oben immer näher kommen. Die Technik ist für ein Greenhorn, wie ich eines bin, überwältigend, und sie würde mich noch mehr faszinieren, wäre ich nicht das Opfer. Also zum Helden taugte ich nicht. Im Fall der Fälle würde ich schon beim Zeigen der Folterwerkzeug mehr zugeben, als sie wissen wollten.

Anfangs versuche ich den Geheimcode der Grünen zu ergründen und sehe im Monitor, wie sie in mir herumstochern. Und endlich verpacken sie mich wie eine Mumie und geben mich für die Rückkehr in die vierte Etage frei.

Dort haben sie inzwischen ausgerechnet, was das Quartier mit Vollpension inklusive Doktor kostet. Für zwei Wochen löhnt man 238 DM, Verlängerungswochen sind umsonst. Das schafft weder Neckermann noch TUI. Wer sparen will, sollte das Angebot annehmen. Aber nein, jetzt legen sie es drauf an, jetzt wollen sie nach Hause. Es wäre Spargelzeit, und auch deutsche Erdbeeren wären schon auf dem Markt. Das wäre hier in die Diätküche noch nicht vorgedrungen, auch die Rezepte von Alfred Biolek fehlten, wahrscheinlich weil der in seinem Kochprogramm mit reichlich Alkohol arbeitet, und Drogen gibt es im Krankenhaus nur in Form von Tabletten.

Alle meckern so ein bisschen vor sich hin, zaghafte Ansätze zum politischen Umsturz wegen der Gesundheitsreform und der Rente und was das alles kostet, wer das alles wieder bezahlen soll und wie die oben sich die Taschen vollstecken und unten würden sie wieder alles bezahlen müssen, und endlich macht einer das Fernsehen an und mit Maria und Margot in den schönen Dirndl-Kleider beruhigen sich die Gemüter.

Die Volksmusikklatschungen des ZDF werden rigoros unterbrochen durch profanes Fragen nach dem Abendbrot. Gestern hing über mir ein Zettel: Nüchtern bleiben, heute darf ich meinem Selbsterhaltungstrieb nachgeben, und so schmiere ich die tiefen Löcher im Knäckebrot ganz voll mit Butter und esse Käse und Schinken dazu, es wäre das Letzte, hier gesund zu werden, aber dabei zu verhungern. Und alle geben zu, dass sie zu Hause mit dem Essen nicht so auf den Putz hauten, aber 238 DM wären 238 DM, und jetzt essen wir umsonst. Und es ist ein menschliches Laster. Wenn's was umsonst gibt, fragt keiner ob das gesund ist und edel, nach dem Motto: Lieber uns den Bauch verrenken, als dem Wirt 'nen Sechser schenken!

Nach einigen Tagen bin ich mit den Bekannten und Verwandten meiner Zimmergenossinnen vertraut, ein Telefon macht's möglich. Früh um acht Uhr wird Alt-Siegfried telefonisch befragt, wie seine Nacht verlaufen sei, nachmittags erscheint er persönlich und teilt seine Erfolgserlebnisse beim Moppen der Treppe mit, und zur Sicherheit meldet er sich gegen sieben vor dem Abendprogramm wieder zurück. Zwischendurch höre ich jede Stunde, regelmäßig wie die Wasserstandsmeldungen, den Zustand vom operierten Bein und was das für eine doofe Stelle sei.

Eine Neue kommt, die hat kein Telefon, aber sie arbeitet nach Yves Rocher. Mit Hingabe verteilt sie seine Emulsionen auf die Zehen bis weiter nach oben und balsamiert sich. Is allet Natur, rein pflanzlich, nüscht künstlichet.

Sie erinnert mich an meine Mieze, die sich den lieben langen Tag putzt und sich den Hals verrenkt. Und schön bleibt, die Nachbarin will's wieder werden, dank Yves Rocher und Aloe vera. Für alle Fälle schreibe ich die Marke auf, mitunter geschehen Wunder. 'Ne Zahnbürste vermisste ich bei der Balsamiererin. Und an das Waschwasser ging sie nicht so dicht heran. Na, bei den Wasserpreisen! Ich hab zu Hause mehrere Regentonnen und tanz mit den vollen Gießkannen zu den Tomaten und den Gurken. Ich wünschte mir, der Doktor könnte mir ganz schnell helfen und mich auf die Beine bringen, damit die von mir verwöhnten Nachtschattengewächse nicht verdursten.

Eine nicht zu ernst zu nehmende Geschichte! Namen und entstandenen Ähnlichkeiten wären rein zufällig.

54

Der Beipackzettel der Klinik

Er liegt vor mir, ein ausgefuchstes Anwaltsteam teilt mir kleingedruckt mit, wer sich in Gefahr begibt, kann darin umkommen, schuld ist immer der Hilfesuchende. Ich denke an die Nebenwirkungen meiner Medikamente. Schwindel kann ich kriegen oder Verdauungsstörungen, Juckreiz oder Haarausfall, Myopathie klingt genauso beunruhigend wie Vaskulitis, punktförmige Blutergüsse und Pickel von oben bis unten. Letztere sind noch die harmloseste Variante. Jeden Tag muss ich mich von neuem entscheiden, die alte Krankheit gegen eine neue einzutauschen. Und was mir hier alles passieren kann! Ich studiere die Risiken und die Nebenwirkungen, die Verantwortung für mich macht mich ganz klein und ängstlich. Soll ich doch lieber das Abenteuer abblasen? Einfach abhauen? Verstohlen schiele ich nach der noch nicht ausgepackten Reisetasche.

Urplötzlich schubst mich der neben mir sitzende Arzt in die Gegenwart zurück und wirft mir die Verantwortung wie einen Ping-Pong-Ball zu: „Na, wie wär's mit morgen früh um sieben?" Seine bestimmende Frage ist wie der Eintritt in das Paradies, wie ein Freifahrtsschein ins „Gelobte Land". Postwendend unterschreibe ich den etliche Seiten umfassenden Risikofaktor mit allen mir in Aussicht gestellten Folgen. Allein gelassen fordert ein fröhlicher gelber Zettel mein Langzeitgedächtnis heraus. Was hatte ich schon alles, was fehlt mir an Innereien. Eine Inventur führt bis ins Vorschulalter zurück, es läppert sich und man fragt sich, wie man bis ins vorgeschrittene Alter ohne messbare Schäden so unbeschadet vor sich hinleben konnte. Wie in technischen Bereichen manche Schraube überflüssig wurde, so ist bei der Erschaffung des Menschen nicht alles absolut durchdacht worden. Statt des Blinddarms lieber nachwachsende dritte Zähne. Gemessen an den vielen Fragen auf dem Fragebogen bin ich relativ gesund.

Dass meine Mutter drei Nieren hatte, dafür mein Vater nur eine, steht hier nicht zur Debatte, ich hatte wieder zwei, wie es sich gehört, und dieser Ausgleich war auch ständiges Dauerthema bei jeder Familienfete.

Und unter diesen Aussetzern beim Schnarchen leide ich auch nicht. Ich setze abends eine Kettensäge mit gleichmäßigem Betrieb in Gang mit halbstündiger Pause. Aber morgen früh um sieben steht mir das Paradies offen.

Ziemlich unsanft befördert mich der Erzengel Gabriel aus dem Paradies ins feindliche Leben. Wie ein Cherub sitzt er im Nachbarbett und rüttelt an den Grundfesten des Evangeliums. Er rammelt und randaliert laut bis sehr laut, bis mein narkotisiertes Gehirn die Botschaft empfängt, die Augen öffnet und versucht, sich zurecht zufinden. Der Erzengel heißt Ida, die Aufweckattacken kommen von ihr. Mit der Restkraft einer 87-jährigen steckt sie ihre dünnen Beinchen durch die Sprossen vom Gitterbett und will türmen. Vom Datenschutz hält sie nichts und erklärt, sie sei Ida, sei zweimal aus dem Bett gefallen, wäre rechts und links zusammengenagelt. Im übrigen sei sie 1,46 groß und wiege 46 Kilo.

Wer ich nun sei, will sie wissen. Mit übermenschlicher Anstrengung lenke ich meine letzten Tage bis hier in den Raum, mich beunruhigt die Frage, warum sie mich hier auf diese Baustelle verfrachtet haben. Keine Schwester, kein Doktor, nur Handwerker in blauen Monturen. Dieser Gedanke beunruhigt speziell meinen empfindlichen Magen, schon immer war ich ein „Meister im großen Bogen spucken", und jetzt treib ich es auf die Spitze, mir wird auf dieser Baustelle schlecht. Sofort kommt ein Blaumann mit einer Kotzschale, wartet, bis mein Magen das Letzte von sich gegeben hat und entsorgt ohne Trinkgeld und Zusatzspesen. Immer noch wundere ich mich. Und nun schlägt Ida's große Stunde, sie klärt mich auf. „Hier sind alle blau, das sind keine Klempner, keine Elektriker, die was reparieren, das sind die Pfleger der Wachstation."

Ein elegantes Modellkleid strömt mit einer umwerfenden Parfümwolke hin zu Ida. Parfüm und Kleid heben sich wohltuend von unseren Dessous des Kranken-hauses ab. Unsere postoperative Nacktheit wurde verschämt bedeckt von den historischen Flatterhemden. Ein Arm wurde eingefädelt in einen Ärmel, der zweite Ärmel hängt unterhalb des Busens locker herum, um die diversen Anschlüsse zum Weiterleben zu ermöglichen. Kabel und sonstige Strippen zum Verheddern sind hier IN.

Ziemlich ungestüm kräht Ida gegen die Duftwolke an, die weiter nichts zu bieten hatte als: Mamilein, liebstes Mütterchen, meine süße kleine Mutti, du bist doch unser Goldstück, wir können es gar nicht erwarten, dass du in unser neues Haus ziehst, o, unser liebstes Mütterchen, werde ganz schnell wieder gesund...

So dusslig ist die 87-jährige nun auch wieder nicht, das zu glauben. Und greift lautstark an, zieht in meiner Gegenwart ungeniert vom Leder.

Von dem vielen Zucker der Parfümwolke und dem Krach bringt sich mein Magen wieder in Erinnerung. Mir wird schlecht, ich klingele nach einer Ersatzschale. Drei Tage Ida beschäftigten meinen nervösen Magen ebenso, wie mein schläfriges Gehirn. Und diese ewigen Entscheidungen. „Wie findense'n dis?" Egal, ob es sich um die verflossenen Liebhaber der vergangenen 70 Jahre oder um ihre zuckersüße Tochter handelte.

Nun döste ich auf „Station" meiner Gesundung entgegen. Hier wurde ich gewaschen, gesalbt und bekam das Frühstück ans Bett. Wann wurde mir das zu Hause schon geboten! Wie ein Weihnachtsgeschenk erschien mir der erste Alleingang zur Toilette und in den Waschraum. Und alles ohne Verkabelung. Doch plötzlich bringt sich der „Beipackzettel" der Klinik in Erinnerung, der Beipackzettel mit seinen Nebenwirkungen und Risiken. Und weit und breit kein Arzt oder Apotheker, den man fragen könnte. Nur die Schwester. Mein Röcheln und Stöhnen hält sie für eine großartige schauspielerische Leistung, fast oscarverdächtig, so echt wäre es, aber ich sollte doch wieder auf den Teppich kommen. Und dann kommt doch ein Doktor, der holt noch einen, und als ein dritter von einer anderen Station kommt, erfahren sie telefonisch vom Chef, mit olympischem Tempo mein Bett samt Inhalt zum OP zu fahren.

Mein letztes Stündlein scheint gekommen zu sein. Bei vollem Verstand erlebe ich jetzt hautnah den Angriff auf meine Person.

Vor dem OP zerren sie mir das Nachthemd vom Leibe, schmücken mich für den Chefoperateur mit dem Krankenhausflatterhemd zusätzlich mit grüner Mütze, und grün ist nun mal nicht meine Farbe, aber es half alles nichts. Eine Art Gabelstapler, allerdings angewärmt, fuhr unter meinen Rücken und hob mich hoch, wie im Supermarkt die Bierkästen, über eine angewärmte Hebebühne und legte mich behutsam auf den Operationstisch. Der Anästesist erwartete mich schon mit sei-

nem Tubus und der Chef wetzte die Messer. „Denken Sie an was Schönes!" Und blödsinnigerweise fielen mir wieder nur die noch nicht angebundenen Tomaten im Garten ein. Drei Stunden gönnte man mir himmlischen Frieden, dann tätschelte mir einer laufend die Backe und rief mich ins Leben zurück. Mit Namen. Eigentlich wollte ich ins Zeitlose schlafen. Vier Tage Intensivstation bereiteten mich auf den Horror der Wachstation vor. Hier lag ich mit vier senilen Verrückten in einem Zimmer, allmählich hatte ich das Gefühl, auch schon einen kleinen Tick zu haben und nicht mehr ganz rund zu laufen. Bar jeglichen irdischen Eigentums, ohne Brille, Kamm und Zahnbürste, ohne Uhr, dafür aber hundertfach verkabelt und an irgendwelche Klingeln angeschlossen über mir tröpfelnde Flaschen im fliegenden Wechsel, die alles das nachfüllten, was in unter mir hängende Flaschen und Beutel rausgelaufen war.

Eine verkannte Sängerin erfreute die 5-Bett-Gemeinde, ihre Triller erinnerten mehr an eine nicht geölte Gartentür. Und die Quietschtöne regten wiederum die frisch operierte Galle der Frau Paul, einer Marktbudenbesitzerin, an. Mit ätzender Marktschreierstimme drohte sie ihr ziemliche Gemeinheiten an, und die machte das sicher wahr, wo sie den Stationsarzt einfach so mit „Böhmchen" ansprach, nicht so ehrfurchtsvoll wie wir mit Herr Oberarzt oder doch wenigstens „Herr Doktor".

Bei all dem Spektakel behielt ich das mir gegenüber stehende Bett im Auge. Mit großer Ausdauer und ununterbrochenem Rütteln hatte es die Besitzerin, nennen wir sie Frau Müller, fertig gebracht, die sie schützenden Gitter abzumontieren. Bleich, aber wild entschlossen stand sie an der Wand, ihre erworbene Freiheit gegen die Gewalt des Krankenhauses zu verteidigen. Mein Bett stand genau in der Kampflinie, der Aufmarschbasis. Aus Angst, in die Kampfhandlungen mit einbezogen zu werden, klingelte ich wie verrückt nach den Friedensrichtern, riss selber einige kunstvoll an mir befestigte Kabel ab, überall klingelte es und rote Lämpchen leuchteten auf wie zu einer Gartenparty. Unter Anteilnahme aller Bettinhaber sahen wir dem Handgemenge von Krankenschwestern und Frau Müller zu und fanden ihre wiederholte Vergitterung ganz in Ordnung.

Einen aufschlussreichen Unterhaltungsbeitrag lieferte die Letzte im Bunde. Bei Eis und Schnee war sie mit ihrer Rentnergang am Teltowkanal gewandert, hatten wegen einer Abkürzung das sichere Geländer verlassen und lieber einen Trampelpfad dicht am Ufer bewandert.

Dass der rutschig war, merkten sie erst, als sie im Kanal schwamm und man sie bis zum Eintreffen der Feuerwehr mit Schirmen und Krückstöcken am Rande festhielt. Nach der Unterkühlung verbrühte sie sich mit heißem Wasser, inzwischen war es Sommer geworden, und man weiß, wenn man erst mal beim Doktor ist, wird man erst so richtig krank. Der findet immer was.

Schwestern und Pfleger hielten diese Woche für eine recht ruhige Woche, ansonsten ginge es zu wie auf einem Jahrmarkt. Die Nebenwirkungen und Risiken des Beipackzettels in diesem Krankenhaus mobilisierten meinen Lebenswillen enorm, ich sehnte mich nach der Stille meines Schlafzimmers und wollte mir lieber selber das Frühstück bereiten.

Und irgendwie denke ich oft an Oberschwester Hildegard aus der Schwarzwaldklinik. Die hätte sicher den Schwestern die Klapperlatschen persönlich von den Füßen gezogen, damit sie nicht den Rhythmus des Arbeitstages der Schwestern angaben.

Und ab und zu denke ich auch an die Würde eines Kranken, der zu jeder Unzeit ausgefragt werden darf.

Der Schippenspringer

Sie sind an kein Alter gebunden, mehrheitlich aber nimmt die Sprungbereitschaft von Jahrzehnt zu Jahrzehnt zu. Manche springen einmal, manche höchstens zweimal. Sie brauchen keine Turnschuhe, keine Sprunggrube, keine Anlaufbahn und keinerlei Sportgerät. Trotzdem springen sie. Die Sache ist ihnen so wichtig, dass sie sich nach dem Sprung in einem großen Haus treffen und heftig streiten, wer am höchsten, am weitesten und am längsten gesprungen ist. Jeder Einzelne hält sich für den einmaligen Sieger und hat seiner Meinung nach Anspruch auf einen Eintrag in das Buch der Rekorde.

Was das für Leute sind? Sie kennen sie nicht? Natürlich treten sie nicht in der Sportschau auf, dafür aber geballt und gebündelt in einer Reha-Klinik.

Und so geht die Sache vor sich: Ein Neuer kommt, er sieht elend aus, kann nur mit Mühe laufen, kann sich nur mit dem Wägelchen auf den Beinen halten, er kommt direkt aus dem Krankenhaus, und kein Mensch weit und breit, den er kennt und dem er seinen Kummer mitteilen kann. Er will nichts essen, die Tischnachbarn erbarmen sich seiner. Ob er was am Magen hat oder ob ihm schlecht sei. Und es ist plötzlich, als ob man aus einem Luftballon etappenweise die Luft ablässt, ein Schwall dieser Luft formt sich zu dem guinnesverdächtigen Satz: Ich bin dem Totengräber gerade noch so von der Schippe gesprungen, und er redet ohne Ende, wie ihm das gelungen ist. Die Nachbarn klatschen nicht Beifall, sie denken, schon wieder einer, wieder ein Konkurrent, alles Springer, die zu jeder Mahlzeit und Tageszeit bereit sind, die Sprünge in allen Einzelheiten zu erzählen. Dramatische Höhepunkte zwischen der Vorsuppe und dem Hauptgericht. Mein Blutdruck steigt, gemessen an der Leidensfähigkeit des Neuankömmlings bin ich kerngesund. Die übrigen sezieren ihre Operationen mit Messer und Gabel am Kotelett und schwelgen bei der Tomatensoße in blutigen Erinnerungen. Und sie springen und springen, bis der nächste Ankömmling ihnen versucht, den Rang abzulaufen. Wer ist am längsten, am weitesten, am höchsten gesprungen. Von der Schippe des Totengräbers.

Und die Lust, sich darzustellen, nimmt nicht ab. Hat der erste einen Bypass, imponiert der nächste mit zwei Pässen, weiter geht es mit vier Pässen und zwei neuen Herzklappen.

„Das ist noch gar nichts," kontert der nächste Springer," ich habe zwischendurch im künstlichen Koma gelegen, weil ich zusätzlich zu meinen Ersatzteilen noch eine Bauchfellentzündung bekam."

Es steigert sich von Fall zu Fall, und es geht zu wie bei der Auslosung der vergangenen Olympiade: The winner is, nicht Sydney, nein, es ist der, dem man den Kopf wieder angenäht hat. Er ist weit gesprungen, vor ihm hat das noch keiner geschafft. Und sie schaukeln sich hoch und immer höher.

Nach der Analyse der Sprungtechnik erholen sich die meisten recht schnell, und sie erinnern sich zusehends an ihr früheres Leben. Ihr Lebenswille wächst und wird angeregt durch ausführliche Vorträge über eine gesunde Ernährung. Sie verinnerlichen die ausgewogene Kost für zu Hause, hier in der Klinik wächst der Appetit unermesslich. Am Buffet vergessen sie Kalorien, Brennwerte und Fettanteile. Das Fassungsvermögen der Frühstücksteller ist begrenzt, und so türmen sich die kleinen Lullerchen mit dem versteckten Fett übereinander, sie balancieren die verbotenen „Schlankmacher" und füllen sich selber ab wie eine Cervelatwurst, bis zum Platzen.

Am Magen hat hier niemand was, auch nicht an der Galle. Wo sie schon nicht rauchen dürfen! Ab und zu fällt einem jedoch die Zigarettenschachtel aus der Hosentasche.

Wie sehen sie denn nun aus, diese Sportenthusiasten, diese verkannten Olympioniken?!

Vielschichtig, keine Sparte bleibt außen vor. Überkandidelte Weiber geben ihrem Affen so richtig Zucker und zeigen den letzten Spleen der Mode, Anhänger von Schalke 04 weigern sich wochenlang das Turnhemd mit Emblem eventuell gegen ein sauberes Shirt zu wechseln, da gibt es die ewig Meckernden, denen selbst der Zucker zu süß ist und dies mit dem Gesicht, als hätten sie ein Glas Essig trinken müssen.

Gemeinerweise will ich aus meinem Umkreis einige beschreiben.

Ein in die Jahre gekommener Berufsjodler schlägt sich mit dem zusammengerollten Wochenplan der Anwendungen beim Laufen auf den Oberschenkel, und entdeckt er einen, mit dem er schon an der Gruppengymnastik gemeinsam teilnahm, winkt er ganz jovial mit dem Plan und wedelt wie bei der Teilnahme an den Weltfestspielen.

Einer aus der gleichen Sparte verrät in seinem Auftreten den ehemaligen Parteisekretär. Wie der seine Mappe trägt. Als hätte er was Wichtiges zu verkünden, und ist er dann im Seminar dran, versucht er dialektisch, sich aus seiner Unwissenheit herauszureden.

Ein dezent dahergehender Herr übersieht das Proletariat, er vermittelt den Eindruck, sich ansonsten nicht in der augenblicklichen Gesellschaft zu bewegen. Sicher ein Geschäftsmann aus Tegel. Ich sollte Recht haben.

Am Nachbartisch sitzt einer vom Rummel, gleich wird er das Geld für das Karussell einsammeln, genauso sieht er aus und genauso benimmt er sich, mit nackter Brust unter der Lederjacke und sturmverwedelter Tolle erfreut er seine Tischgenossen am Frühstückstisch. Große Aufmerksamkeit erregt ein jüngerer Kahlkopf. Mit wiegenden Hüften und schwingenden Schultern tänzelt er im schwarzen Anzug vorbei. Betont auffällig liest er die Kulturseiten einer großen Berliner Zeitung. Künstler? Natürlich fällt mir auch die Zahl 175 ein. Ob man das noch sagen darf?

Dann gibt es noch einen Manfred-Krug-Verschnitt in angenehmer Ausführung, einen Sportstyp mit kyrillischer Tätowierung am Arm im elegantem Dress und einer super eleganten Begleiterin, der sicher zur Geldwäsche von der Russenmafia eingesetzt wird, einen mit einem Lenin-Bart und ganz sanften Augen, ich halte ihn für einen Seelsorger, einen Pfarrer oder einen Oberstudienrat. Und was ist er? Diplompsychologe. Ganz angeschlagen, muss er sich selbst erstmal auf die Couch legen. Frauen mit keifenden Stimmen, die gleich über mehrere Tische die Leute unterhalten, pöbelnde Mitbürger und recht viele normale nette Menschen. Ein bunt, zusammengewürfeltes Volk. Manche, mit einem mehr oder weniger großen Vogel, den sie hier offen zur Schau stellen können.

Und da sie hier nur auf sich aufpassen müssen, haben sie genügend Zeit, sich zu beobachten. Deswegen fällt das mehr auf als zu Hause. Und sie reden und reden, ab und zu noch vom Schippenspringen, aber erst in der Heimat werden sie als einzelner Springer noch mal so richtig zum Zuge kommen.

Gestern erkundigte ich mich bei einer Leidensgenossin, die noch einmal ins Krankenhaus musste. Sie schaffte sogar den dreifachen Salto auf oder über oder mit der Schippe. Und alles ohne Netz und doppelten Boden.

Wir sind Dinosaurier

Und nun kam zu allem Übel auch noch eine Rentenerhöhung (1999). Geschrei und Ärger quer durch die Bundesrepublik, endlose Diskussionen von Wanne-Eickel bis nach Cottbus, von Boltenhagen bis nach Wuppertal. Womit haben wir das verdient? Viel zu lange sind wir schon auf der Welt, nun werfen sie uns am 1. Juli glatt 2,89 Prozent mehr Rente in den Hals. Und die im Westen kriegen weniger, Ärger auf der ganzen Linie. Diese Fürsorge der Politiker tut fast weh, ist unangenehm. Das ist der Speck, mit dem man Mäuse fängt. Die vielen Alten machen dann auch im Herbst an der richtigen Stelle ihr Kreuzchen.

Wie wird man nun am besten alt? Mit Würde lese ich, mit Würde. Man ist eben nicht mehr zwanzig, aber es ist besser, 70 Jahre jung zu sein als 40 Jahre alt.

Schon Goethe meinte, es ist keine Kunst, alt zu werden, die Kunst sei, das Alter zu ertragen.

Nun kommt man nicht gleich mit Brille, Falten und Krückstock auf die Welt. Im Laufe seines Lebens macht der homo sapiens verschiedene Stadien durch. Ganz allmählich robbt er sich an den Zustand heran, den sie uns im Fernsehen zeigen, wenn von der Rentenerhöhung die Rede ist. Alte verhutzelte Mütterchen mit uralten Kapotthütchen und Reformschuhen mit dem modischen Pfiff der Gesundheitsapostel sitzen breitbeinig, keinesfalls mit übereinandergeschlagenen Beinen, mit einigen vertrottelten Opas auf der Bank im Stadtpark. Man kann es ihnen von den Lippen ablesen, es geht in den Gesprächen um Rheuma, Herzschrittmacher und die Todesfälle in der Nachbarschaft.

Die ersten 40 Jahre unseres Lebens liefern den Text, die folgenden den Kommentar dazu. Aber um dahinzukommen, muss der Mensch weite Strecken zurücklegen. Ist er aus dem Gröbsten raus, den Windeln entwachsen, hat die Blase und den Darm fest im Griff, kommt nach einigen Jahren der Ruhe eine Zeit dauernder Entscheidungen. Welchen Pickel drücke ich heute aus? Was schmiere ich mir ins Gesicht? Und hat man mit viel Geld und Clearasil die Haut geklärt, fragt man den Spiegel: Wer ist die Schönste im ganzen Land. Meistens gibt es schönere. Das Leben fordert seinen Tribut. Die Falten kommen und bleiben. Es werden immer mehr. Die anderen sehen sie noch besser, als man selber. Manche sagen einem das auch. Von Jahr zu Jahr stellt man die Attraktivität immer mehr in den Hintergrund. Auf die inneren Werte komme es an, tröstet man sich. Sie mögen einen von innen erleuchten. An manchen Tagen gelingt einem das auch direkt, aber nur an manchen.

Man bestaunt die Reklameschönheiten, die Prominenz von Film und Fernsehen. Wie aalglatt, für 20 Mille mal eben schnell geliftet, die Lippen unterspritzt, den Busen angehoben, das Fett abgesaugt. Bei dem ewigen Kreisverkehr der Liebschaften kann man sich keine Falten oder Hängebusen leisten. Da wird man runderneuert und könnte danach fast auf den Babystrich gehen.

Die normale Eva unterstützt die Kosmetikindustrie und schmiert sich eimerweise Antifaltencreme ins Gesicht, Anti-Aging, fällt darauf ebenso rein wie auf Pillen gegen Orangenhaut oder die zum Dünnwerden. Und wie freut man sich, wenn man einen Bekannten trifft, einen aus der selben Generation, der mitten auf der Backe einen braunen Fleck hat, einen sogenannten Altersfleck. Und eines Morgens wacht man auf und entdeckt beim Lockendrehen auch so eine dekorative Erscheinung auf der eigenen Backe. Und diese Warnungen der abgelaufenen Lebenszeit steigern sich von Jahr zu Jahr, sie werden nicht geringer. Manches kann man mit hochgeschlossener Bluse eine Weile vertuschen. Doch endlich gibt man zu: Mensch, du wirst alt. Nun wirst du's bald im Koppe kriegen. Noch kann man seine Tabletten selbst abzählen, zum Einkaufen trägt man einen riesigen Zettel vor sich her, Radfahren geht auch noch, nur ab und zu muss man zweimal nach dem Keller laufen, weil man vergessen hat, was man da unten wollte. Damit kann man den Jüngeren nicht imponieren, nach der Einführung des Taschenrechners wissen sie nicht aus dem Kopf, was drei mal sieben ist, von Radfahren ganz zu schweigen.

Es gibt eine Menge Leute, die schon in jungen Jahren nicht unbedingt der Traum des anderen Geschlechts waren. Sie haben sich von Kindheit an an den unfairen Kampf des Lebens gewöhnt. Sie kämpfen dagegen an mit Zynismus, mit Gemeinheiten, mit Aggressionen oder aber sie üben beizeiten Liebenswürdigkeit, Freundlichkeit und Hilfsbereitschaft. Daneben verblasst manche Seifenschönheit und sieht vor der Zeit schon alt aus. Sie springen nach ihrer Zeit des Schönseins aus dem dritten Stock ihres Appartements auf die Straße. Sie haben es nicht gelernt mit Doppelkinn, Glatze, Schmerbauch und Rettungsringen fertig zu werden. Die Nichtspringenden erfüllen ihre Tage mit Spritzen, Tablettenzählen und Wickeln.

Das Alter lässt sich leichter ertragen, wenn man den Faltenwurf im Gesicht als künstlerische Drapierung betrachtet. (Vivian Leigh). Das reine Altwerden erfordert den Abschied von glatter Haut, vollem Haar, Beweglichkeit und erotischen Gedanken, auch wenn sexuelle Wünsche vorhanden sind. Dann halten einen die Nachfahren sowieso für senil. Haben die eine Ahnung! Was wollt ihr eigentlich, kriegt eure Rente, und wenn ihr morgens aufsteht, habt ihr schon das Geld im Sack. Wir müssen jeden Tag rein ins feindliche Leben, euch geht's doch besser als uns. Nun bin ich Mitglied im Club 28. Ich verneinte das anfangs, ich wäre zwar im Kegelverein und noch in einer anderen Rentnergang, aber im Club 28 wäre ich nicht. „Sehen sie das nicht so eng. Vielleicht kommt ihre Rente von der LVA oder BfA schon am 27. des Monats oder erst am 29. Jedenfalls sind sie als Mitglied vom Club 28 erfasst." Nun bin ich also Mitglied. Und wichtig ist, dass die monatliche Gage kommt. Und der Club ist angestrebter Club mit relativ hoher Dividende. Gestern sagte einer im Fernsehen, er sei Privatier. Ich habe keine Ahnung, ob er auch in meinem Club ist. Rentner ist ein schöner Job,

vorausgesetzt, man guckt nicht so intensiv in den Spiegel,

vorausgesetzt, man kommt noch jeden Tag, wenn auch mit Ach und Krach, alleine aus dem Bett,

vorausgesetzt, man hat das viele Geld für die umfangreichen Einreibungen und Pflaster, für die Pillen und Tropfen, *vorausgesetzt*, man findet immer einen Zuhörer wie dreckig es einem im Moment geht und wie schön das früher alles war, *vorausgesetzt*, man hat noch alle Tassen im Schrank, in zweifacher Hinsicht, *vorausgesetzt*, man ist immer ein bisschen flüssig, um für die Nachfolgegeneration interessant zu bleiben...

Und das alles vorausgesetzt, ist das kein schlechter Job. Mitglied im Club lohnt sich.

Jedenfalls besser als jung und arbeitslos. Nicht alle Rentner denken so, leider, und die Jungen denken: Müssen die alle so alt werden? Aber beide haben etwas gemeinsam, sie haben niemals Zeit. Was die Arbeitslosen zu bewältigen haben, weiß ich nicht so genau. Manche leben von der Hand in den Mund und haben das Glück, ein Clubmitglied in der Familie zu haben, dass sie kräftig melken können. Andere fahren dreimal im Jahr in den Urlaub. Die Rentner der untergegangenen DDR waren ein Wirtschaftsfaktor. Sie waren die Stütze der Familie, sie waren Kundschafter und Organisatoren, sie kannten die Wareneingänge und stellten sich nach Ersatzteilen an und nach Kinderschuhen, sie holten sommers wie winters die Apfelsinen und das Knäckebrot aus der Hauptstadt, den Schweizerkäse und die Paprikaschoten, sie unterschrieben den Entschuldigungszettel und die Fünf in Mathe, sie warteten auf den Klempner und die Kohlenlieferung. Ist das Pensum kleiner geworden? Die Frage wird nie geklärt

werden. Jedenfalls wird keiner schneller, mit nichts wird man mehr fertig. Was für ein Glück, wenn das Aussehen im Vordergrund steht und nicht der Stock, die Krankenkasse und die Hilflosigkeit das Dasein bestimmten. Von einem Tag auf den anderen muss man sich von liebgewordenen Gewohnheiten trennen und verabschieden. Man soll... zwar könnte man... aber es wäre besser, man täte es nicht... Gewissensfragen, und so zwängt man seine Erlebnisbereiche immer mehr ein. Sie tendieren zwischen Kamillentee, Haferflocken und Rheumawäsche. Opferbereitschaft für die Enkel, die ganz dringend ein Auto brauchen und die Abzahlungen bis weit ins nächste Jahrhundert vorschlagen.

Kognak, Zigaretten und Kaffee waren früher auch nicht gesund, jetzt sind sie ein Abenteuer, sie sind die lässlichen Sünden vergangener Zeiten.

Und wie halten wir das mit dem Outfit? Sie wissen nicht, was das ist? Dann sind sie wirklich alt. Sogar ich habe begriffen, dass alte abgewetzte Strickjacken, die keiner mehr tragen will, zu mir ebenso wenig passen wie der unmoderne schreckliche Hut. Eine freche Baskenmütze signalisiert, die Alte ist noch gar nicht so alt, wie sie ist. Und mit der kessen Mütze und Jeans sitze ich mit anderen Clubmitgliedern im Bus und höre, was die alle für tolle Krankheiten haben, wo es überall zwickt und zwackt, und eigentlich wollten sie lieber zu Hause bleiben. Man lernt die Beschwerden der anderen kennen und was das alles kostet. Manche Beschwerden sind meine eigenen, alle haben eigentlich die gleichen. Sie wollen das Alter überlisten, ja, überlisten, denn freiwillig wird keiner alt. Älter werden wollen alle, aber keiner will alt sein.

Und dann passierte es plötzlich, die erste Attacke von Senilität. Ein Bier hatte ich getrunken, ein klitzekleines, 0,3 Liter. Das Essen war so scharf gewesen, der Tag so lang. Und nun stand ich in der kleinen Hotelhalle und wusste nicht weiter. Ich fand mein Zimmer nicht. Die Nummer 128 fehlte.

Zweimal war ich mit dem Fahrstuhl rauf und runter gefahren, einmal sogar bis in den dritten Stock. Vielleicht funktionierte der Lift nicht, auf die Technik ist auch nicht immer Verlass. Ich war ausgestiegen, die Gänge langgegangen, Nummer 128 fehlte. Drei Nächte hatte ich schon darin geschlafen, ich könnte es beschwören. Meine Koffer waren auch darin, meine vielen Pillen vor allen Dingen, die vielen Einreibungen und all die vorbeugenden Medikamente der letzten zehn Jahre. Man konnte ja allerhand kriegen, besonders weit weg von zu Hause, da kriegte man meistens was. Die Tuben, Fläschchen und Tablettenröhrchen waren gar nicht in den Kulturbeutel gegangen. Ein mittlerer Einkaufsbeutel konnte sie gerade noch fassen. Rein prophylaktisch war ich auf alles vorbereitet. Meine Güte,

wo war das jetzt alles? In Nummer 128, aber das Zimmer war weg.

Angst erfasste mich. War ich durch die ständige Hitze debil, oder hatte ich durch die Höhenlage hier in der Schweiz gelitten, oder war es das klitzekleine Bier, oder alles zusammen? Vor dem Essen war ich noch ganz dagewesen, und nun so abrupt. Unten stieg ich wieder aus. Ängstlich um mich guckend, entdeckte ich den jüngsten Mitfahrer aus dem Bus, Vorruheständler. Mich erfasste ein unendliches Vertrauen zu dem Mann, der könnte 128 sicher finden. Vor vielen Jahren hatte ich mich mal verlaufen, fremde Leute gaben mich damals bei Mama ab. „Ich wohne am Briefkasten", war die große Hilfe gewesen. So fühlte ich mich wieder. Der Mann fand das Zimmer sofort. Das Hotel hatte zwei unterschiedliche Fahrstühle, natürlich war ich in meiner Aufregung mit dem falschen gefahren. Die anderen Tage hatte es ja auch geklappt.

Am Frühstückstisch beobachtete ich einen rüstigen Rentner, der längere Zeit versuchte, Orangensaft in sein Glas zu gießen. Fasziniert guckte er in sein Glas, aber es wurde nicht voll. Unten auf der Tischdecke war schon eine ziemliche Pfütze. Und er goss und goss. Beistand leistend ging ich zu ihm hin, und was sah ich? „Sie müssen das Glas vielleicht erst mal umdrehen. Sie haben es sozusagen linksherum." Voller Andacht hatte er den Saft auf den Boden des Glases gegossen, aber eben von außen. „Ich hab doch meine Brille vergessen." Wo soll das noch alles hinführen. Aber als Clubmitglied steht einem das zu. Und nun mit der Rentenerhöhung doch erst recht. Ein Hoch auf alle Dinosaurier und auf ihre Prozente! Und plötzlich ist man siebzig und nach einem kurzen Augenaufschlag achtzig. Wenn sich so ein Festtag nähert, lässt man in stillen Stunden das bisherige Leben an sich vorbeiziehen.

War es ein schönes und bequemes Leben? Ein erfülltes Leben? War ich glücklich? Habe ich Glück verteilt? Was war falsch, was war richtig? War ich zufrieden, bin ich es noch? Hatte ich den richtigen Partner? Hätte ich einen anderen Beruf ergreifen sollen?

Eine Menge Fragen, die man sich stellt und die man nur selber beantworten kann, und auch begründen. Und wahrscheinlich sind die Antworten aller runden Geburtstage nicht unbedingt identisch.

70, 80 Jahre, viel oder wenig?!

So lese ich in Kontaktanzeigen: Sich jungfühlender 40-jähriger sucht... Gemessen an solchen umwerfenden Einschätzungen sind sieben Jahrzehnte ein methusalemisches Alter, man staunt nun, bei sich noch äußere Anzeichen von Gefühlen und inneren Wallungen zu entdecken und wahrnehmen zu können. Man muss uns aus historischen und ethnologischen Gründen schützen und bei Laune halten. In den USA entwickelt man momentan ein Verjüngungspräparat, um unsereinen faltenfrei und rheumalos ein angenehmes

Leben bis 140 Jahren zu ermöglichen. Diese Rentnerschwemme würde keine noch so gute Regierung mit ihrer Rentenkasse überstehen, und die auf ihr Erbe wartende Nachfolgegeneration wird vor Wut vorher in's Gras beißen.

Rückblickend überlege ich, so einer wäre beispielsweise 1880 geboren, der arme Kerl, der kennt doch keinen mehr. Was da auch rein technisch auf uns zukommt. Ich verstehe heutzutage auch schon oft nur Bahnhof. Da lese ich von breitwandvernetzten Echtzeit-Produktionsketten, von audiovisuellen Formaten und versuche mir computergenerierte virtuelle Sequenzen vorzustellen, mit CPU und HP und silbernen Scheiben.

Ich bin stolz auf mich, dass ich die Straßenverkehrsordnung begriffen habe, die ja viele, und zwar die mit den silbernen Scheiben und den computergesteuerten Sequenzen überhaupt nicht kennen, weil sie vollauf mit den breitbandvernetzten Echtzeit-Produktionsketten beschäftigt sind. Ich habe meinen hausfraulichen Tatendrang an der Waschwanne und dem Waschbrett, am Kochkessel mit der Kernseife und einer schrecklichen Wringmaschine abreagieren müssen, weit ab von irgendwelchen Sequenzen. Einer musste das ja machen. Heute haben sie Schwierigkeiten, den richtigen Knopf zu drücken. Meine philosophischen Betrachtungen habe ich bis in dieses Jahrtausend geschleppt. Es war früher beileibe nicht alles besser, aber es war eben anders.

Zum steten Gedenken

Was hätte alles aus mir werden können! Eine Mischung aus Albert Schweitzer, Florence Nightingale, Papst Pius XII., ein Stück vom Alten Fritzen und ein bisschen was von der Führerin der NS-Frauenschaft. Eine geballte Ladung von Weisheit, geschickter Lebensführung, politischer Interessen und christlicher Nächstenliebe, verbunden mit den besten Wünschen für meine Zukunft stand gereimt und in Prosa in meinem Poesiealbum.

Auf mein ständiges Drängeln hin hatte man es mir zusammen mit „Trotzköpfchen", einem Lesebuch für aufmüpfige Mädchen, zu meinem zehnten Geburtstag geschenkt. Unter erschwerten Bedingungen entwarf ich eine Werteskala, wer sich in dem Buch verewigen durfte, nicht etwa konnte. Es war eine hohe Auszeichnung für die Auserwählten, ohne orthographische Fehler und ohne Linienblatt einer Mitschülerin Kalenderweisheiten in's heiß ersehnte Poesiealbum zu schreiben. Für eine Zehnjährige war es zu der Zeit damals das wertvollste Buch, noch dazu mit Goldschnitt, mit wertvollem Textileinband und einer Lederschnalle zum Verschließen. Man hatte sich nicht lumpen lassen. Trotzköpfchen unterhielt mich nur kurzfristig, das Album beschäftigte mich wochenlang, jahrelang, mal schubweise, um manchmal ganz in der Versenkung zu verschwinden.

Das Album, kurz Posi genannt, war meistens das Geburtstagsgeschenk für ein in die Jahre gekommenes Schulmädchen. „Hurra, ich habe ein Posi bekommen!", war der Ausdruck von Glückseligkeit und elterlicherseits die Anerkennung von einer gewissen Reife. Diese Reife bestand in der Hoffnung: Da lass mal nicht jeden reinschreiben!

Meine Mutter, als Stifterin des Posi, eröffnete den Reigen mit der philosophischen Betrachtung:

Das halte fest, bei hellem Sonnenschein, ist's leicht, getrosten Mut's zu sein.

Doch ob ein Menschenherz ist stark und groß, das zeigt sich erst bei einem schweren Los.

In einer halbstündigen Erklärung verdeutlichte sie mir an Beispielen aus der Verwandschaft und der Nachbarschaft diese Einstellung zum Leben.

Drei Tage später hob mein Vater nach einer ernsthaften Auseinandersetzung wegen der nicht gemachten Schulaufgaben den moralischen Zeigefinger und forderte.

So wie ein Volk seine Jugend erzieht, gestaltet es seine Zukunft.

Damit unterstrich er schwarz auf weiß im Posi sein Recht auf sein Recht, mir den richtigen Weg zu weisen.

Onkel Fritz, ein verkappter Sozi, klärte ihn anschließend auf, dass das die Maxime von Adolf, dem Allerersten sei. Er fordere seine Jugend immer zu Gehorsam und Gleichschritt auf. „Na, was haste denn dagegen? Ordnung hat noch nie geschadet!" Und im Handumdrehen war durch die ersten beschriebenen Seiten ein Familienknatsch im Gange. Onkel Fritz führte mich auf den unpolitischen Pfad der Tugend zurück und meinte: Tue Gutes und verlange keine Dankbarkeit dafür. Und das malte er in wunderbarer Schönschrift, ich war stolz, solch einen Onkel zu haben und erzählte allen, er wäre ein großer Künstler und male seine Bilder alle selber. Sogar Rothenburg ob der Tauber hänge über seinem Sofa. Das konnte niemand weiter aufweisen und machte ziemlichen Eindruck.

Nicht auf meinen Vater. „Der wird es nie zu was bringen, man kann nicht immer seinen sozialen Tag haben. Der beste Dank ist der hier", und damit zeigte er auf ein auf dem Tisch liegendes Geldstück. „Ein bisschen Geschäftssinn könnte dir später nicht schaden."

Onkel, Omas, Opas und Tanten prophezeiten mir bei einem sittlichen Lebenswandel und dem Einhalten der Gebote eine spätere Heiligsprechung. Die Lehrer erwarteten mehr politische Entscheidungskraft. Ich wankte zwischen Friedrich dem Großen, Gneisenau und Bismarck. Und auch Goethe und Schiller perlten mit ihren Weisheiten nicht von mir ab. Doch ein unerschöpfliches Füllhorn von höchster Stelle prasselte auf mein unbedarftes Haupt. Stückchenweise

schrieb man mir die Reden von Herrn Hitler in mein geliebtes Posi. Und natürlich verlangte man von mir, dass ich vor dem vaterländischen Verdienstorden die Marschrichtung zu einem echten deutschen Mädchen einzuhalten habe.
Deutsch sein heißt gut sein,
treu sein und echt.
Kämpfen für Freiheit,
Wahrheit und Recht.
Deutsch sein heißt stark sein,
zähe und hart,
gilt's zu beschützen
die echt deutsche Art.

Um die Meinung der schulischen Erziehungsberechtigten zu erfahren und sie zu schriftlichen Fixierungen zu ermuntern, setzte man sein niedlichstes Gesicht auf, klemmte sein Posi unter den Arm, machte einen Knicks, soweit man den noch konnte und stammelte höflich so ungefähr:

„Würden Sie so freundlich sein und hier was reinschreiben? Für eine Erinnerung, wenn ich nicht mehr an der Schule bin. Ich würde mich sehr freuen."

Für ein zehnjähriges Mädchen eine Mutprobe, etwa wie für einen Jungen Radiergummi zu klauen.

Bei meinem niedlichen zehnjährigen Gesicht klappte das aber. Man hoffte natürlich, der Angesprochene möge sich nicht gerade an die letzte verhauene Klassenarbeit erinnern. Mein Chemielehrer ließ mich durch Friedrich den Großen wissen, dass er sich daran erinnere:

Auch die glücklichsten angeborenen Anlagen müssen durch ein gründliches Studium und lange Erfahrung vervollkommnet werden.

Und das schrieb er in wunderbarer Sütterlinschrift mit der Feder, mit schwarzer Tinte. Überhaupt waren die Handschriften der Lehrer der reinste Augenschmaus, jeder Buchstabe ein optischer Genuss. Jeder Vers ein Gemälde. "Hat der schön geschrieben!"

Der Musiklehrer hatte die Buchstaben gleichsam auf die Seite geküsst, der Zeichenlehrer teilte mir seine Meinung zur aktuellen Tagespolitik in schönster Kunstschrift mehrfarbig mit.

Aber der Verstand einer Hundertjährigen war gefragt. Doch die Hunderjährige in spe entwarf einen Plan für leichtere Gereimtheiten. Wer war jetzt dran? Meine Busenfreundin hatte mich eine alte Zicke genannt und rutschte auf der Liste ganz nach hinten. Die Rangordnung richtete sich außerdem danach, von wem man eventuelle Beigaben zu erwarten hatte. Die Beigaben, das waren die Stammbuchbilder, süße kleine Putten, richtige schöne Rauscheengel auf dicken Wolken. Je nach Beliebtheitsgrad wurden die ins Posi geklebt, aber durch den Krieg waren sie knapp und nur den wichtigsten Freundinnen zugedacht. So eine Art Nomenklatura. Und Hildchen hatte ein ganzes Buch voll. Zwischenzeitlich stieß ich auf Waltraud. Die große Unbekannte aus einer unbekannten Schule. Mir imponierte ihre

Ausdauer im über-die-Tümpel-Springen auf der Jagd nach Kaulquappen. Als wir beide diese Sprungtechnik beherrschten, bot ich ihr mein Posi an. Sie begann den jungfräulichen Reigen, ganz ohne Stammbuchbilder, ganz ohne den blassesten Schimmer, wie man sich darin verewigt, ganz ohne Hilfe von zu Hause, aber zum ersten Mal vollkommen freiwillig für eine schriftliche Meinungsäußerung. Und das sah so aus:

Siehst du das Pfeilchen im Mose sitzern, bescheiden und reihn, nich wie die stolltze Roose die imer bewundert wil sein.

Zum Andenken an deiner Freundin Waltraud.

Das war die sogenannte schwere Literatur. Ich begriff plötzlich den Sinn einer Deutschstunde, zwar sprang ich den ganzen Sommer hindurch mit Waltraud über die Tümpel, aber dabei plagten mich grammatische und orthographische Bauchschmerzen. Und das Posi lag auf Eis, bis meine Mutter sich dafür interessierte, weil das leidenschaftlich gewünschte Geburtstagsgeschenk mit keiner Silbe mehr erwähnt wurde. „Wer ist denn das? Wo hast du denn die kennengelernt?" Und in langen Gesprächen, die hauptsächlich sie führte, verlangte sie von mir den Sinn für's Höhere ab. „Damit kommst du nicht weiter. Was willst du denn mal werden? Wo willst du denn mal hin? Der Mensch muss immer nach oben streben. Mit solchen Freundinnen wird das nichts!" Schon lange gärte in mir der

Wunsch, nach Holland auszuwandern. Und in diesem Zusammenhang teilte ich ihr das mit. Fassungslos hörte meine Mutter meine Argumente.

Hildchen, meine Busenfreundin, hatte sich wegen der alten Zicke noch immer nicht eintragen dürfen, aber sie hatte mir erzählt, sie hätten jetzt eine Untermieterin, eine Holländerin, eine Schauspielerin mit einem wunderbar braunen Teint. Hildchen und ich waren ausgesprochene Bleichgesichter. Neidisch auf dieses gesunde Aussehen piesackten wir Frau van der Molen solange, bis sie uns ihr Geheimnis verriet. Uns behandelte man nur mit Nivea-Creme, in Holland gab es diese Wundercreme, da wollten wir beide hin. Beflügelt wurde dieser Auswanderungswunsch durch die Gewissheit, dass es dort nicht nur Lakritze-Schnecken gab, sondern Lakritze in allen möglichen Formen und Größen.

Hildchen robbte sich an die fällige Eintragung heran, und in einem Achtzeiler bewies sie mir ihre moralische Stärke:

Mach Gehorsam dir zu eigen,
folge gern der Eltern Wort.
Lerne reden, lerne schweigen,
aber stets am rechten Ort.
Gegen Ältere sei bescheiden,
gegen Jüngere freundlich hold,
alles Böse lerne meiden!
Glaube, das ist mehr als Gold.
Für ein späteres Erinnern, Hilde

Hildchen hatte die beste Schrift in der Klasse, sie hob sich auch ganz besonders wohltuend von Waltraud's Krakeln ab. Die gespreizte Unterschrift kam sicher ebenso wie der Vers auf das Konto der Mutter. Denn durch mich und meine wilden Völkerballspiele brachte Hildchen besonders dreckige Turnhemden nach Hause.

Nachträglich wurde die Interpunktion korrigiert, einige Komma weggestrichen, anderswo eingesetzt. Wer nun gar mit dem Semikolon arbeiten konnte, wurde sofort des Abschreibens überführt. Wer wusste denn schon etwas vom Semikolon.

Befiel dem Herrn deine Wege
und hoffe auf ihn;
er wird's wohl machen.
Zur freundlichen Erinnerung...

Ein Ferienkind vom Dorf vertiefte mit ländlichem Charme meine Glaubenstreue:

Schiffe ruhig weiter,
bis der Mast auch bricht,
Gott ist dein Begleiter.
Er verlässt dich nicht.

Erst viele Jahre später begriff ich die Heiterkeitsausbrüche nach dem Spruch. Für mich war wichtig, da wurde sauber drin geschrieben und ein schönes Stammbuchbild eingeklebt. Politik und Kirche hatten keinen Einfluss auf mich. Viele andere sahen das auch so. Immer wieder tauchten die beliebten Verse auf:

Rosen, Tulpen, Nelken,
alle Blumen welken,
Marmor, Stahl und Eisen bricht,

aber unsere Freundschaft nicht...
Unter der Mütze ein bißchen Grütze ist gar viel nütze, aber ein fröhliches Herz unter der Weste ist doch das Beste...
Willst Du dich mit Ämtern schmücken, klage nicht, wenn sie Dich drücken...
Die Zeit des friedlichen Schülerlebens ging just in dem Augenblick zu Ende, als die markigen Sprüche aus dem politischen Füllhorn besser nicht geschrieben worden wären.

Die entnazifizierte Generation milderte durch gefühlvolle Eintragungen die beschriebenen Seiten ab. Das Posi wurde geläutert:

Der Kummer, der nicht spricht, raunt bis zum Herzen, bis es bricht...

Hat das Herr Schakespeare nicht wunderbar formuliert? Allerdings ist mir erst nach ganz langem Überlegen eingefallen, wer da an gebrochenem Herzen sterben wollte. Und wie sah der aus?

Erika beendete das Posi auf der letzten Seite:

Wenn du einst nach vielen Jahren dieses Büchlein nimmst zur Hand, denke daran wie froh wir waren in der kleinen Schülerbank.
Zur ewigen Erinnerung...
Zur freundlichen Erinnerung...
Zum steten Gedenken...
Für ein späteres Erinnern...

Schade wäre es gewesen, wenn sich niemand hätte einschreiben dürfen.

Eins jagt das andere...

Es ist wie bei dem Hund, der sich in den Schwanz beißt. Kaum sind die Ostereier weg, belauern uns die Weihnachtsmänner, nur ganz kurz unterbrochen von Last-Minute-Angeboten in die Karibik. Das ganze Jahr dieser gnadenlose Tanz um unseren Geldbeutel. Und leben will man schließlich auch, und die Miete und der Sommerschlussverkauf. Was da alles auf einen zukommt, wenn jede Saison mit Schnäppchen lockt, was sag ich, jede Woche, jeden Tag. Wir leben eigentlich nur noch in „Aktion". Das stärkt den Charakter.

Aber irgendwann muss man den Anfang machen und es in die Reihe kriegen, sein Leben ändern. Angesprochen auf meine erhöhten Cholesterinwerte und das nicht mehr zu übersehende Übergewicht, hörte ich vom Doktor nur: Was halten sie vom Abnehmen? Diese Möglichkeit hatte ich ganz heimlich für mich auch schon in's Auge gefasst, dachte aber, fragst'e erst vorher noch einen Experten. Nach der Ostereierorgie denke ich angestrengt darüber nach. Nougateier sind nicht so direkt mein Fall, und einige Zahnhälse schicken nach dem süßen Zeug Sondermeldungen in's Gehirn. Meine Leidenschaft sind mehr die Würstchen, die herzhaften Bouletten, die man als Zwischenmahlzeit essen soll. Aber bis die Freilandsaison im Mai beginnt und man freiwillig das Hemd auszieht, muss ich in den alten Badeanzug passen. Es ist ein älteres Modell mit enormen Dehn- und Streckmöglichkeiten. Einen gewissen Vorteil haben ausgeleierte Sachen, es passt alles rein. Sollte durch körperbewusstes Verhalten wie ermüdendes Wandern und kreuzgesundes Essen eine sichtbare Minderung der Rettungsringe festzustellen sein, könnte man über eine Neuanschaffung nachdenken. Vielleicht nicht gerade mit hohem Beinausschnitt, lieber mit einem Pareo, mit dem man um die fülligen Hüften wedelt.

Die Figur halten, die Figur halten, raunt es in den Ohren. Nichts naschen, jetzt beim Sonnen ist Selters angebracht, ist das Gesündeste. Das weiß der vorne an seinem Kiosk auch und nimmt den Preis wie für Champagner. Das Portemonnaie wird schneller schlank als ich. Mein erhitztes Gemüt kühlt sich durch weihnachtliche Gedanken ab. Schenk-Ideen. Suchen Sie etwas Besonderes? - Wir machen Ihre Wünsche wahr. - Ihre Freunde werden Sie beneiden. - Fast geschenkt. - Greifen Sie gleich zu. - In limitierter Auflage. - Nur solange der Vorrat reicht. - Jetzt bestellen, später bezahlen.

Wie immer ist nach drei Tagen der Sommer vorbei, die Sonne weg, ich denke über die Karibik nach. Das wäre ein Superlolli für mich zu Weihnachten. Aber was kriegen die anderen? Ja, das Geschenke-verteilen ist eine harte akribische Arbeit, auch ungerecht. Ziehe ich die Spendierhosen an und plündere mein eigenes Bankkonto? Wie dann später nach den Feiertagen wohl der Kontoauszug aussieht. Es gibt nur soviel, dass ich nach dem Fest nicht selber auf dem Trockenen sitze und eine Weile auf Pump leben muss. Bei aller Großzügigkeit muss ich an das Wohlergehen meiner Finanzen denken. „Ein geiziger Zeitgenosse ist ein unangenehmer Mitmensch aber ein angenehmer Vorfahre", sagt die Volksweisheit. Soll das für mich gelten? Also ran an den Speck und abgehoben. Geldpräsente zeugen von Fantasielosigkeit, macht aber bei den Beschenkten die größte Freude. Man müsste sich nur einfallen lassen, wie man die Scheinchen fantasievoll überreicht. Im Portemonnaie, im Sparbuch oder zu Engelchen gefaltet auf einem Pfefferkuchen drapiert. Oder Zehn-Cent-Stücke im Marmeladenglas mit einer wunderbaren Schleife drumrum.

Natürlich kann man auch kreativ arbeiten, das schont den Geldbeutel, wird aber als spießig und weltfremd nicht so geschätzt. Und es strapaziert die Nackenmuskeln so sehr, dass wir nach eingehender ärztlicher Untersuchung einige Massagen vom Hausarzt erhoffen. Je nach Größe der Familie fangen wir zu Ostern an, Socken zu stricken, schön geringelt,

Hacken und Spitzen auch verschiedenfarbig. Das setzt voraus, man findet das Strickheft mit der Anleitung für die Hacken und die Fersen. Wer kann das denn noch aus dem Kopf nach so vielen Jahren absoluter Stricksocken-Abstinenz. Halleluja, fröhliches Fest. Gesunde Feiertage.

Wer bekommt schon was geschenkt, was er sich wünscht. Hausfrauen werden mit Staubsauger samt Filtertüten, an denen der inflationäre Preis dranhängt, erfreut. Oder mit einer Mikrowelle, von der alle anderen auch was haben. Großmütter hält man im allgemeinen für wärmebedürftige und schon vom Leben zurückgestellte anspruchslose Wesen, deren höchster Wunsch warme Filzlatschen und wollene Unterhosen sind. Männer, gleich welchen Alters, brauchen den hundertsten Schlips, selbst wenn sie nie einen umbinden, oder aber für die Familienkutsche einen Verbandskasten, der sowieso erneuert werden muss, wegen der Kontrolle. Väter haben da zusätzlich noch die Idee mit der elektrischen Eisenbahn, die jetzt fällig wäre. Schon immer wollten sie eine haben, jetzt könne der Kleine schon krabbeln, da wäre es an der Zeit.

Es ist abzuwarten, ob die Idee mit dem guten Zweck greift. Ich habe mehrheitlich Lotterielose mit Anwartschaft auf ein Traumhaus oder für wenigstens einen Tausender verschenkt. Nachdem im folgenden Jahr kein Jubelschrei zu hören war, ist auch das verpufft.

Wir schenken uns dieses Jahr überhaupt nichts, ist die allgemeine Losung. Und dann sitzt man wie bedeppert da, wenn alle doch eine Kleinigkeit auspacken wie einen süßen flüssigen Spassmacher oder die 27. Flasche Duschgel. Verweigern wir eben den Konsumterror und beschränken uns auf die frommen Worte des Evangeliums, das uns am Heiligen Abend so salbungsvoll im Ohr klingt. Das walte Hugo, nein, lieber der liebe Gott.

Nicht auszudenken, das Fest würde von Staatswegen abgeschafft, die Feierei ausfallen. Das käme einem Weltuntergang nahe, einer Krise, die selbst durch einen noch so günstig platzierten Winterschlussverkauf nicht wieder auszumerzen wäre. Selbst die DDR, die mit christlichen Feiertagen nichts am Hut hatte und lieber jeden Monat rote Nelken an hochzulebende Helden der Arbeit verteilen ließ, erlebte durch diesen Geschenktermin nostalgische Höhenflüge und wurde selbst den letzten Ladenhüter los. Wenn am 24. Dezember kurz vor Ladenschluss die Ewigunentschlossenen und nicht Wissen-was-Schenker schließlich vom schlechten Gewissen geplagt irgendwas ergriffen und erst an der Kasse überlegten, wer das wohl brauchte. Bereitschaft zur Seelenmesse war jedenfalls zu erkennen. Heute in unserer Überflussgesellschaft kommen solche Torschlusspaniker immer noch zum Zuge. Den Handel freut es, auch am 24. ist noch eine Menge Ramsch da.

Jeder will sein Licht leuchten lassen und nicht nur eins. Im September halten wir uns noch zurück, jetzt knabbern wir Spekulatius und pflücken die ersten Pflaumen, im Oktober verdauen wir Printen und Weihnachtsstollen, ab November konzentrieren wir uns endlich auf die dunklen Tage und Nächte und verhelfen den Elektrizitätswerken zu ungeahnten Einnahmen. Leute, die mitunter Schwierigkeiten mit der zu bezahlenden Stromrechnung haben, illuminieren Haus, Hof, Keller und Garten. Oben, unten, rechts und links glimmen hunderte kleine Lämpchen. Kein Baum wird vergessen und Neugierige wissen endlich, was sich bei dem Nachbarn in der Wohnung abspielt. In den sonst jalousiegeschützten Fenstern geben Sterne und Schwibbögen den Blick frei, man zeigt, was man hat. Marterinstrumente zeigen technischen Fortschritt: zack an, zack aus, zack an, zack aus, zack an, zack aus, mehrfarbig. Auch wenn wir uns schon nicht immer auf eine weiße Weihnacht verlassen können, leuchten wird sie immer. Lichterketten ohne Ende, das alles muss vorbereitet werden. Beutelweise werden Teelichter nach Hause geschleppt, Kerzenhalter haben Hochkonjunktur. Sie erhellen unsere Behausung, jedes Engelchen lacht bei Kerzenschein. Das diffuse Licht bereitet unsere vom Tanz um das Goldene Kalb versaute Seelen auf das große „Fressen" vor. Wer keinen Drall zu Gardinen und Christkindeln oder Kaffeekannenwärmern mit Weihnachtsmännern hat, beglückt jede Kommode, jeden Tisch mit handgestickten oder billigen Weihnachtsdecken im Mehrfarbendruck. Keine Wand wird übersehen, überall hängt, baumelt oder steht was. Es ist so richtig schön kuschelig und enthebt uns der nervigen Staubwischerei. Man kommt nirgends ran. Über Wochen hält das an, untermalt mit herzerwärmender Musik, „Kling, Glöckchen, klingelingeling."

Eine Woche vor dem Finale pfeifen wir zum Angriff, aus ist es mit der Gemütlichkeit. Man schwärmt aus, in verschiedenen Abteilungen und in verschiedene Richtungen. Frauen in den Supermarkt, die männlichen Familienmitglieder strömen in den Wald. Die Geschlechter kennen ihre Aufgaben. Und dann steht der Baum im Eimer auf dem Balkon und die Küche muss wegen Überfüllung geschlossen werden, es passt nichts mehr rein. Gänsebraten, Grünkohl, Apfelsinennetze, rote und grüne Äpfel, Zucker und Mehltüten, Mandeln und die letzte Palette mit Pfefferkuchen, die eigentlich keiner mehr verlangen wird. Aber besser ist, man hat so etwas da. Und dann wird gebacken und ausgestochen und glasiert, alles klebt, aber es duftet herrlich und bringt die Magensäfte in Aufruhr. Schnell noch in die Badewanne, wenn wir`s schaffen zum Frisör und endlich das Halali. Hell genug ist es, der Weihnachtsmann wird zu uns finden. Fröhliche Weihnachten, alle Jahre wieder.

Oder doch nicht? Nichts wie weg von dem schrecklichen Jahrmarkt, dem Rummel mit Apfel, Nuss und Mandelkern, hinaus in die Ferne. Ob man mit Sonnenöl auf dem Bauch statt Gänsebraten im Bauch in der Karibik glücklicher ist? Können wir nicht zu Hause eigene Maßstäbe finden für unser ganz persönliches Wohlbefinden? Freude auf Erden und den Menschen ein Wohlgefallen.

C'est la Vie - so ist das Leben

Die LPG hatte eine gute Ernte eingefahren und die Besten erhielten sechs Theaterkarten, sie sollten „in Kultur machen", die restlichen Prämierten versammelten sich bei zünftiger Blasmusik, Tschinderassabum und Freibier im Dorfkrug. Nicht alle erkannten die Reihenfolge als vorteilhaft an, sie hätten es lieber umgekehrt gehabt. Aber, so sagten sich die Kartenbesitzer, so kämen sie wenigstens mal am Abend in die Großstadt und würden das „Sündenbabel" kennen lernen. Doch das Schicksal hatte etwas anderes, Besonderes mit ihnen vor. Durch widrige Umstände kamen sie eine Stunde zu spät zur Vorstellung, spaltbreit öffnete man ihnen die Saaltür und bat sie im Gang auf die nächste Pause zu warten.

Stehend verfolgten sie das Geschehen auf der Bühne: „Sag an, Fremder, was führt euch her zu dieser späten Stund? Bringt Kunde Ihr, die Wege wären wieder frei von Häschern? Man komme mir nicht mit der Klage, die ich allerorts höre, unsicher seien die Wege heutzutage. Seid mir gegrüßt und eilt Euch doch zu sagen uns den Grund, und ist es wohlgefällig mir, so will ich Euch vergeben."

Die eben Eingetretenen bezogen das auf sich. Der lange Monolog traf sie mitten in's Herz und ging an ihre Ehre. Der Mutigste aus der Schar antwortete dem oben auf der Bühne mit dem Pathos eines ehrlichen Landmannes. Seine gesamte Leibesfülle schwang in der Stimme mit, die ohne Mikrofon den Saal durchdonnerte: „Wir kommen aus „Immergut" und wir sind die Abgesandten der LPG „Fröhlicher Landmann". Und sehen Sie Kollege, gerade als wir losfahren wollten, brüllte die Kuh Berta so komisch, keiner war da, bloß wir. Und Erna, was meine Frau is, sagte noch: Ausgerechnet heute, wo wir mal was vorhaben, muss die dumme Kuh ihr Kalb kriegen." Nun ging das nicht vor und nicht zurück, nun mussten wir auch noch den Doktor anrufen und auf den warten. Und das dauert alles, und dann wieder umziehen und Erna macht denn ein Jedöns mit ihre Locken und das sie nu vielleicht nach Stall riecht in dem feinen Theater. Und dann sprang der Tra-

bant nicht an, auch das noch, sagte Erna. Er hat uns noch nie verlassen, ausgerechnet heute spielt der verrückt, sagte Erna. Aber sie wollte unbedingt hierher. Nu grade, jetzt erst recht. Draußen steht unser Trecker, da haben wir uns allemann reingequetscht. Der schafft bloß 25, da können die Bullen keinen Stempel geben. Höchstens kriegen wir einen Strafzettel, weil man vor'm Theater keinen Trecker nicht abstellen darf."
Sie nannten das Kalb Othello, denn es war männlichen Geschlechts.

Das Gartenfest der Sparte „Zur fröhlichen Scholle" war am Sonntagnachmittag mit Kaffee und Kuchen und schwingendem Tanzbein schon in vollem Gange. Mit vielen Kümmeln, Körnern und kühlen Blonden mit Schaum obendrauf lockerte die Stimmung immer mehr auf. Die Tombola entwickelte noch einmal den Familiensinn: Was haben wir gewonnen? Bei Müllers schlug das Glück voll zu. Etwas angesäuselt nahmen sie den Ersten Preis an den guten Anzug und später auf den weißen Plissèrock. So ein richtiges Schwein erfreut ja jedes Menschen Herz, da wird dem Schrebergärtner warm. Aber es war noch kein richtiges Schwein, es war erst auf dem Wege dahin, es war ein niedliches kleines Ferkel. Unruhig trabte es in seiner Holzlattenkiste und erhoffte sich Müllers Zuneigung. So direkte Euphorie brach bei ihnen nicht aus. Seit Wochen ernährten sie sich fast

zwangsweise von Hühnerfrikassee, waren endlich das Federvieh los, und nun das. Schon frozzelten die ander'n: Dein idealer Lebenszweck ist Borstenvieh und Schweinespeck...
Noch ein paar Kümmel und noch'n Korn, einer geht noch, einer geht noch rein, und ab in den Sack mit dem Ferkel und rauf auf's Fahrrad.
Mitten durch den Wald ging die Post ab, über Stock und Stein und über Wurzeln, die drohten, sie würden alles zu Fall bringen. Das ununterbrochene Rütteln, Schlenkern und Rumkurven hatte bald Erfolg. Vielleicht hatten sie auch in ihrem Tran den Sack nicht ordnungsgemäß zugebunden. Plötzlich ging er auf und unser Ferkelchen sprang fröhlich in die Kuscheln. Der Müller sprang selber wie ein entfesselter Keiler in die Schonung, nur die schöne Müllerin lag entkräftet auf dem weichen Moos und hütete die Räder.
Da kam ein Wanderer des Weges: „Na schönes Fräulein, darf ich's wagen? Kann ich helfen?" Heftig wehrte sie sich: „Nee, nee, lassen'se man. Ich ruh mich bloß aus. Meinem Mann ist der Sack geplatzt und nun rennt das arme Schwein allein im Wald rum."

Erschossen und verschwitzt steckte Irmchen den elektronischen Schlüssel in den Spalt, Simsalabim, der Sesam öffnete sich. Bloß schnell die Schuhe aus, die Beine hoch und langgelegt. „Gerda, das war ein wunderbarer Tag, aber das ist jetzt der Höhepunkt." Sie starrte an die Zimmerdecke und druselte ein bisschen ein. Ein verführerischer Duft von Erdbeeren schwängerte um Irmchens Nase. „Guck mal, die haben uns hier etwas Frisches auf den Nachttisch gestellt. Ist doch richtig nett, wie man hier verwöhnt wird. Koste mal, heute erst gepflückt." Stück für Stück wanderte in den Mund, sie schmatzten genüsslich und leckten sich die Finger ab. Und dachten an nichts Böses. Das Zimmer Standardausführung, austauschbar, zwei Betten, zwei Nachttische, ein Schrank. Die Reise war sehr billig gewesen, gerademalso hatten sie sich die leisten können. Was brauchten sie mehr.

Ein Schrei riss Irmchen aus ihren Erdbeerträumen in's harte Leben zurück: „Irmchen, da der Koffer, das ist nicht unserer. Du, wir sind im falschen Zimmer, lass uns schnell abhauen." Wie von wilden Hunden gehetzt, sprangen beide hoch, verließen das Schlachtfeld, das zerwühlte Bett und die fast leere Erdbeerschale. Tür zu und weg. „Mit Hoteldieben machen die hier in der Türkei kurzen Prozess, da fackeln die nicht lange. Die glauben uns nicht, dass wir uns in der Etage geirrt haben, das nehmen die uns nicht ab. Die

sperren uns ein bei Wasser und Brot, und wer weiß noch alles. Wahrscheinlich passen hier mehrere Schlüssel. Denen trau ich alles zu."

Und nun saßen sie wie zwei arme Sünder auf der Anklagebank im Foyer und überlegten, ob sie sich reuig der Anklage stellen sollten. Erst mal sehen, was das für welche sind. Ein englischer Maßanzug und eine kettenschwingende Lady verhinderten ihren Entschluss zur Reue. „Die verstehen uns sowieso nicht, die stinken doch geradezu nach Dollar oder Pfund, oder womit die hier bezahlen. Die verschmerzen die Erdbeeren. Schade nur, ich hätte gar zu gerne jetzt in dem Zimmer Mäuschen gespielt."

Oh Gerda, oh Irmchen, wenn das rauskommt, dann gnade euch Allah.

Ein Autor liest nach vielen Jahren sein aus dem Russischen übersetztes Buch. Er ordnet die Ereignisse, er kann sich an das meiste erinnern, nur eine Stelle geht ihm nicht aus dem Kopf. Da stand:
Er schlug ihm in die Serviette, dass sich die Textilien in die Luft erhoben. Und er überlegte, was er wohl damit gemeint hatte. Das gewiss nicht. Plötzlich wusste er es wieder: Er knallte ihm eine vor den Latz, dass die Fetzen flogen.

Ausschuss oder Ausschluss

Endlich mal einer, der das Maul aufreißt und die Kröte ausspuckt, keine Kommission braucht und den anderen selber auf den Zahn fühlt. Und sportlich ist er auch noch. Der Mann sitzt nicht als Ehrengast bei Fussballspielen, wo es um die Wurst, um die Weltwurst sogar, um Sein oder Nichtsein geht. Nein, da auf der Ehrentribüne sitzt er nicht. Mit der Gefahr im Nacken springt er selber aus höchster Höhe und landet auch noch punktgenau. Leider macht er auf dem politischen Parkett eine schmerzhafte Bauchlandung und traf punktgenau den Nerv der F.D.P.. Böse für die F.D.P., sie will ihn loswerden und einfach rausschmeißen.

Die krisengeschüttelte Partei, stets das Zünglein an der Waage, mit Genscher, dem besten Außenminister aller Zeiten, hatte mit ihren 18 Prozent den Mund reichlich vollgenommen, nun ist der Absturz sonnenklar. Alles durch Möllemann, den sportlichen, treffsicheren Querdenker. Wie konnte er auch zwei Tage vor der Wahl die Katze aus dem Sack lassen und solchen Flyer herausgeben und ihn unter die Leute bringen. Ohne Kommission, ohne Absprache mit den liberalen Parteimitgliedern.

Herr Möllemann, selbst ich habe gelernt, nach bestandener Prüfung kann man auf die Pauker eindreschen. Hinterher, hinterher. Nun haben sie den Salat, nun ist alles im Eimer.

Ich weiß nun aber, was ein Flyer ist. Täglich finde ich solche Faltblätter in meinem Briefkasten. Sie versprechen großen Gewinn, freie Fahrt für Gläubige aller Altersklassen, preiswerte Hosen und Pullover, nur schnell antworten muss ich, das ist Voraussetzung. Eine Weile passiert nichts, bis der nächste Flyer mitteilt, wegen der starken Nachfrage sei es mit den billigen Hosen nichts, wegen der starken Nachfrage, in vier bis sechs Wochen eventuell.

Das ist ungefähr so wie mit dem verfrühten Möllemann-Flugblatt und dem bitteren Nachruf: Leider haben wir die 18 Prozent nicht geschafft. Wegen Möllemann. Wir müssen uns erst wieder aufrappeln, um den Schaden zu beheben.

Gar zu gerne hätte ich die Mitteilung vom Jürgen mal gelesen, Münster ist weit weg von Brandenburg. Hier haben die Parteien ihre eigenen Querelen, das Tuch der Unschuld bedeckt sie. Sie starteten den Versuch, uns vor der Wahl gemeinerweise hinter's Licht zu führen. Jetzt können sie sich an nichts erinnern. Sie schmieren sich gegenseitig aus, wer an der Misere schuld ist. Dem Möllemann saßen die eigenen Leute im Genick.

Die PDS schiebt dem Gysi alles in die Schuhe, der hatte sich vorsichtigerweise schon vorher abgenabelt. Aber er gibt wenigstens einen amüsanten, fröhlichen Talk-Meister ab, man hört ihm gerne zu was er alles aus dem Hut zieht. Welten liegen zwischen ihm und dem verhetzten, arroganten und selbstherrlichen Herren, na sie wissen schon wen, dessen Sendungen die Fernsehanstalt in die roten Zahlen bei der Quotenberechnung stürzen wird. Nachdem Möllemann aus dem Verkehr gezogen worden war, saß er im Bundestag ganz hinten, fast auf Tuchfühlung mit unsern zwei PDS-Abgeordneten. Ich möchte nicht Mitglied einer Partei werden, denn einmal Parteimitglied gewesen zu sein, kann einem ein Leben lang an der Jacke hängen. Unser Opa verlor deswegen 1945 seinen Beamtenstatus bei der Post und statt die abgesoffenen Telefonkabel trocken zu legen, sägte er drei Jahre lang auf dem Holplatz Bretter für die Ruhmreiche Armee, für Kisten. Mein Vater, mehr tot als lebendig der Gefangenschaft entronnen, durfte die Kisten fachgerecht zusammennageln und kannte den Inhalt. Klaviere nach Moskau. Tante Wally schrubbte monatelang mit der Zahnbürste die vollgeschissenen Klosetts in den Offizierskasinos, weil sie bei der NS-Frauenschaft die Beiträge kassiert hatte. Mich hat man bei der ersten Säuberung der Einheitspartei nicht vergessen. Nicht mit Blumen, nur mit übler Nachrede hat man mich aus dem Kreise der linientreuen Genossen entfernt, in der Hoffnung, nicht noch mehr in das Elend der Parteilosigkeit mitzureißen. Das widerspricht jeder menschlichen Vernunft, das zu wiederholen, obwohl in der Wieder-

holung sich der wahre Meister erst entwickeln soll.

Aber der Möllemann gefiel mir, man konnte ihn auch gut angucken. Und zuhören, wenn auch mit Vorbehalt, wie bei allen Politikern. Er war allen eine Nasenlänge voraus. Brauchte nie ein Blatt, nahm auch selten eins vor den Mund. So ein richtiger Vollprofi, unbequem, aber mutig. Der hätte vielleicht doch etwas verändert und nicht nur palavert. Seit der Wiedervereinigung sind wir ein souveräner Rechtsstaat, brauchen weder nach Moskaus noch Washingtons Pfeife zu tanzen und dürfen uns auch eine eigene Meinung über Israel und seine bei uns lebenden Glaubensbrüder bilden, ohne gleich Antisemit geschimpft zu werden.

Meine eigene Querdenkerei hat mir auch nicht nur Freunde eingebracht. Zu allen Zeiten hatte ich es schwer, mich anzupassen. Die dachten meistens ganz anders als ich, in den Zeitungen, im Fernsehen, bei irgendwelchen Schulungen. Manchmal dachte ich, die erzählen von einem völlig fremden, weit entferntem Land. Parteidisziplin heißt noch immer die Formel, die Linie ist so vorgegeben. Andere Parteien sind natürlich auch mit solchen Querdenkern gesegnet. Und eigenartiger Weise sind mir die alle sympathisch, egal, ob es das Schlitzohr Geisler ist oder der verstorbene Wehner. Solche Menschen rütteln zwar an den Grundfesten der Parteistatuten, sie geben aber zu denken, mehr als die, die mit dem Kopf alles abnicken.

Elisabeth die Dritte

Elisabeth die Erste hatte Cromwell, und sie ließ Maria Stuard umbringen. Elisabeth die Zweite hat Prinz Philipp und nicht wenig Ärger mit ihrer Verwandtschaft.

Elisabeth die Dritte ist eine Allerweltsperson, sie hat den lieben Gott und zu dem betet sie in mehreren Sprachen, wenn's denn sein müsste. Lieber Gott, mach mich fromm, dass ich in den Himmel komm... Und weil der liebe Gott bei der Erschaffung der weiblichen Reize bei ihr sehr sparsam umgegangen ist, verteilte er bei ihr sehr großzügig Habgier, Neid und Intoleranz. Sie war eine Nachbarin, wie sie sich keiner wünschte. Sie war eine Schlange, falsch und hinterlistig, gemein und immer auf der Lauer, einem anderen was an's Zeug zu flicken. Oder ihm ein's auszuwischen. Wer sie nicht kannte, hielt sie für eine Person ohne Fehl und Tadel, hielt sie für fromm und gottgefällig, bis er sie kennenlernte.

Selbst die kirchlichen Würdenträger versuchten ihr aus dem Wege zu gehen und machten um die Betschwester einen großen Bogen. Und deswegen wandte sie sich ohne größere Umschweife gleich an den lieben Gott persönlich. „Der liebe Gott und ich", wochenlang hatte sie für jede Lebenslage ein passendes Gebet, und sonntags ging sie in die Kirche und beurteilte die Predigt vom Pastor. Sie besuchte den Gottesdienst keinesfalls, um einen neuen Hut auszuführen, der ihre war von einer nicht zu bestimmenden Mode, nein, sie kontrollierte, wer durch gottungefällige Modenschauen die Andacht zu stören suchte. Das Gestühl der Kirche ließ eine unmittelbare Begutachtung der Kleider nicht zu, und so postierte sie sich in aller Herrgottsfrühe vor dem Kirchentor und ließ die Schar der Kirchgänger an sich vorbeidefilieren.

Als Letzte verließ sie ihren Beobachtungsposten, schlurfte vor in die erste Reihe, und jetzt endlich hielt die arme Seele stille Zwiesprache mit dem lieben Gott. Sie kannte jedoch keinen Müssiggang und keinen Leerlauf. Die Ohren immer auf Empfang gestellt, setzte das kleinste unchristliche Geräusch ihre Halswirbel in Bewegung. Was war hinter ihr passiert? Laut und vornehmlich schickte sie ihre Gesänge durch das Kirchenschiff. Glaubte man anfangs, die Orgel sei defekt, hatte man sich schließlich an Elisabeths Hilferuf gewöhnt. Der Pfarrer predigte ihr viel zu weltlich und ging selten auf ihre Gottessehnsucht ein. Sie hielt sich für ein Kind der unbefleckten Empfängnis, und so wurde sie von allen geliebt, jeder hatte Berührungsängste. Mit Ausdauer und Akribie verfolgte sie den Lebenslauf ihrer Mitmenschen, brachte ihr Wissen unter die Leute, ausgeschmückt mit phantasievollen Zutaten, war überall dabei wie die Zeitung mit den großen

Buchstaben. Sie wusste, wer mit wem im Heu war, und sie kannte den Schuldenberg von Müllers: Die arme Frau und so`n Suffkopp.

Die Neugier kannte keine Grenzen, ihre Stielaugen durchbohrten fast die Gardien, im Winter hauchte sie im unbeheizten Schlafzimmer Löcher in die Eisblumen, um nichts zu verpassen. Nichts entging ihr. Also war sie immer auf dem laufenden. Ihre hellseherischen Fähigkeiten erkannten noch nicht geschehene Dinge: Das hätte ich Ihnen vorher sagen können, das habe ich schon lange gewusst.

Eine Beerdigung durfte sie nicht verpassen, wer hat wie geweint, wie lange und wer war alles dabei. Flugs griff sie zur Harke und Gießkanne und beobachtete werkelnd die Trauerzeremonie. Was für ein Unglück, dass hierzulande die orientalischen Klageweiber fehlten und es nicht üblich war, sich über den Sarg zu werfen. Aber dank preußischer Disziplin hielten sich die Trauernden mit Geschrei und Tränen zurück. "Die sind froh, dass der gestorben ist und sie ihn los sind.¨

Sie selbst hielt sich zu Lebzeiten ihrer Verwandten mit ihrer Liebe bescheiden und voller Demut im Hintergrund. Sie wartete auf die große Ausschüttung vom Sparbuch, wurde bitter enttäuscht und zerschnitt voll Hingabe sämtliche ererbten Hüllen des Verblichenen, steckte die Fetzen wutentbrannt in den Rot-Kreuz-Sack, damit dort auch Freude aufkam. „Du sollst nicht begehren deines Nächsten Hab und Gut oder alles was sein ist.¨ Es hat sich unter diesen Bedingungen keiner gefunden, Elisabeth die Vierte zu zeugen und damit stirbt ihre Ahnenreihe aus. Ist auch gut so, in der Preislage sind eine Menge unter anderem Namen auch zu finden. Sie müssen auch keiner bestimmten Religion oder irgendeiner Partei oder einer Landsmannschaft oder einem Land angehören. Es sind keine Menschen wie Du und Ich, sie sind im Innern hässlich, sind unleidlich, ewig unzufrieden, unsozial und selten kann sie einer ausstehen. Zum Glück kenne ich viele liebenswerte andere Muster, die auf der Welt rumlaufen. Gott sei Dank!

Sammeln und Jagen mit und ohne Pfand

Sammler und Jäger waren unsere Vorfahren, die alten Germanen, schon immer. Was sammelten sie schon groß? Himbeeren und Pilze, und Feuerholz wie wir, wenn wir im Urlaub am Lagerfeuer sitzen.

Unsere Umweltminister verlangen ganz andere Entscheidungen von uns. Wir sammeln heute nicht für unsere eigenen Interessen, wir sammeln für das Allgemeinwohl, damit wir im Dreck nicht umkommen. Natürlich gibt es den Sammler mit Niveau, der zu Höherem strebt, eine Menge Geld investiert und, wie er meint, sich im stillen Kämmerlein bildet. Ich denke an die ruhigen Beamten mit den Briefmarken und an die Numismatiker. Ob die eigentlich im Sinne des Wortes noch Sammler genannt werden können, lasse man mal dahingestellt. Ihre Briefkästen quellen über von den Katalogen einschlägiger Firmen, wie bei unsereinem die von Neckermann, Quelle und dem Goldenen Schnitt. Alle wollen sie uns was Gutes tun.

Manche sammeln Ansichtskarten oder pornografische Aufnahmen von früher, die heutzutage am Zeitungskiosk in aller Öffentlichkeit angeboten werden. Alles das wird gesammelt aus reiner Leidenschaft. Wir aber werden aufgefordert, Müll zu sammeln, und nicht nur zu sammeln. Nein, sortieren sollen wir ihn auch noch.

Ich kenne einen Mann, der ist Weltmeister im Müllsortieren. Siegfried hat eine kleine Wohnung, aber ein weites Feld zum Sortieren. Man hat keine Ahnung, was in zwei Zimmer mit Bad und Küche alles aufgehoben, sortiert und untergebracht werden kann. Abgesehen von ungewaschenen Socken und Hemden mit fehlenden Knöpfen.

Ich hingegen bin ein Allerweltstyp von Sammler. Meine größte Leidenschaft ist das Sammeln alter Blusen, Pullover und Hosen, um ihnen im Garten den Rest ehemaliger Schönheit zu nehmen. So was ist nicht klein zu kriegen, man müsste schon Gewalt anwenden oder Farbe drüber gießen. Und so häufen sich die Sachen. Verschiedene Male habe ich versucht, Geld zu sammeln, nein, nicht mit der Büchse wie bei „Brot für die Welt" oder ähnlicher carikativer Einrichtungen, ich meine so auf dem Sparbuch oder als moderner Mensch in Aktien. Dazu muss man Talent haben, widerstandsfähig sein gegen jede Versuchung. Und der Blick in mein Portemonnaie bestätigt es mir jede Woche, talentlos, das Geld ist immer weg. Dank der ständigen Unterweisung vom Umweltminister und dem mir jährlich zugeschickten Abfallkalender vom Abfallzweckverband habe ich den Begriff allmählich verinnerlicht und somit begriffen. Leidenschaft wird mich dabei nie übermannen, immer gemach, gemach, es ist mehr Ordnungsliebe und eventueller Platzmangel. Keine Käseschachtel zu den leeren Schnapsflaschen, kein Papier zu den leeren Zahnpastatuben. Aber hoch und heilig kann ich bei meiner Mentalität versprechen, jeden Eid will ich vorher schon ablegen, nur unter Androhung drastischer Strafen würde ich ein Etikett von der eleganten Weinflasche abweichen, um es nachher in die Tüte mit Knüllpapier zu versenken. Der Abfallzweckverband, also der Verein, der das Geld für die erzwungene Sammelei kassiert, holt in gewissen Abständen, sagen wir alle zwei Wochen, im Wechsel mal den einen Behälter, mal die andere Tonne ab. Und wenn ich will, entsorgt mir die Firma auch meine Möbel. Nun habe ich das Problem, dass ich meine Einrichtung pfleglich behandle, so mit Essigwasser und Möbelpolitur und aus meinem Bekanntenkreis keine Schlägertypen am Wochenende die Wirtschaft auseinandernehmen. Das reduziert natürlich meinen Bedarf, meinen mir zustehenden Anteil der Entsorgung. Es gilt wie bei der Krankenkasse die Solidargemeinschaft.

Aber für Siegfriedchen ist die strikte Trennung von Weinflasche und Etikett eine Lebensaufgabe, ein Ehrenkodex. Der Umweltminister konnte ihm keinen größeren Gefallen tun. Leider fühlt er sich für leidenschaftslose Sammelunwillige verantwortlich und ist auf dem besten Wege, ein Wanderprediger in Sachen „Mülltonneninhalt" zu werden. Sein ganzes Streben ist die Rettung der Welt vor vermischten und doch wiederverwertbaren Abfällen. Mit dem Drall zu sammeln und zu sortieren. Die Küchentür wird blockiert von unendlich vielen Marmeladengläsern, die teilweise schon mit Spinnweben überzogen ihrem neuerlichen Verwendungszweck zugeführt werden sollten. In schlaflosen Nächten brütet er über ihre Auferstehung. Den Banausen von den Glascontainern gegenüber hat er ein gesundes Misstrauen. Zur Beruhigung fällt ihm eine ziemlich weit weg wohnende Kollegin ein, die mit einem Imker verheiratet ist. Freundlich, aber verhältnismäßig leidenschaftslos nimmt sie ihm die Gläser ab. Die Auswahl ist heutzutage beschränkt.

Das war nicht immer so. Vor der Wende lohnte es sich für manchen, sich auf der Müllkippe das Geld für Zigaretten und Schnaps zu sammeln. Handwagenweise karrten sie leere Flaschen zum Altstoffhandel, der 5 bis 20 Pfennige je Flasche dafür ausspuckte. Als einer bei solcher Müllaktion eine alte Kaffeemaschine fand mit 300 Mark drinnen, suchten nun auch andere Leute, die auf die Schnapsflaschen nicht angewiesen waren. Nun schleppten sie den Trödel nach Hause, welchen die unwissenden Erben in ihrem Frust über das fehlende Sparbuch der Oma unvorsichtigerweise weggeschmissen hatten. Alte Nachttöpfe, Waschbecken und Wagenräder wurden zu Schauobjekten in den Vorgärten. Ich fand bei solcher Exkursion einen vollkommen neuen Kochtopf, noch mit Preis dran. 13,26 Mark, so einfach auf den Müll. Tagelang hat mich das beschäftigt.

Zur Silberhochzeit entdeckte ich bei dem Jubelpaar inmitten edler Ledersessel das Fragment einer Sitzmöglichkeit. Sie konnten sich nicht entschließen, nach 25 Jahren Treue das erste Möbelstück ihrer jungen Ehe auszurangieren. Auf der salopp darüber geschlagenen Decke lag ein Zettel: „Aller Anfang ist schwer, gefunden am Tor zur Müllkippe. Er war damals schon nicht neu und war sicher der Sitz des Wächters."

Heute wird der Eingang, d.h. die Einfahrt streng bewacht, hohe Zäune sorgen für Ordnung. Jetzt heißt die Kippe dafür Deponie, und als Deponie wird sie bewacht, keiner darf da rauf, und niemand hat da etwas zu suchen. Und so locker alte Farbeimer, Motorenöl und nicht ganz „Koschere" Erde entsorgen, das ist jetzt alles Sondermüll.

Wie einfach war das mal, wie teuer ist das jetzt. Ordnung muss sein, sie ist das halbe Leben. Immer wieder werden wir durch Giftskandale wachgerüttelt und zu sachgemäßer Entsorgung angeregt.

In helle Aufregung versetzte uns vor einiger Zeit die Nachricht, für bestimmte Einwegflaschen Pfand zu zahlen. Jeder dachte, der Handel wird's schon richten, das schaffen die Grünen nie. Sei Januar 2003 erlebten wir das tägliche Chaos in den Supermärkten. Der einzelne Markt wusste natürlich, wie er und was er berechnen soll, aber König Kunde hatte bisdahin keine Ahnung, wie vielfältig diese Pfandgeschichte sein kann und wie sie sich womöglich noch ausweiten könnte. Ein längeres Studium ist erforderlich, so eine Art Einkaufsabitur. Ich persönlich entwickle mich allmählich in meinem Portemonnaie zum Messi, das ist der Oberbegriff für krankhafte Sammelei, die Pfandmarken hab ich dabei, aber die Flaschen ruhen im Keller. SERO, der gute alte Altstoffhandel, fällt mir ein. War der Keller nicht mehr betretbar, warteten wir auf die sammelnden Schulkinder. Alles ohne aufgebauschte Bürokratie, es ging. Aber der grüne Pfeil an den Kreuzungen wird ja auch nur bedingt anerkannt, warum sollten andere kluge Gedanken ausgewertet werden.

Müll engt uns ein. Er blockiert Keller, Schränke und auch unser Herz. Drei Schränke voll nichtsanzuziehen, das ist unser Problem. Auch von Freunden, die keine sind, sollten wir uns trennen. Echte Freunde sind allerdings ihr Pfand wert.

Das Wochenende mit einem Säulenheiligen

Mein Innenleben stürzte zeitweise ins Bodenlose, fing sich wieder und stieg anschließend in fruchtbare Höhen. So ein Wochenende im Wechsel von panischem Schrecken und fröhlicher Erwartung hielte ich auf Dauer einfach nicht mehr aus. Vor allem nicht mein Blutdruck. Unbedingt wollte ich ins Kino, der Film Good bye Lenin brannte mir ins Gehirn. Gleich am Anfang wollte ich mir meine Meinung bilden, sie mir nicht von ganz Schlauen auseinanderposamentieren lassen, meinen eigenen Maßstab anlegen, ehe die Kritik sie zerpflückte. Und natürlich war ich neugierig, was sie mir da vorlegten. Am Vormittag lud mich der Hausbesitzerverein zu wichtigen Fragen meines Einfamilienhauses ein. Abends erhoffte ich geistige Nahrung von Günter Jauch und den Millionärsanwärtern, zwischendurch noch Pfannkuchen backen, denn es war Faschingszeit und Besuch hatte sich angemeldet, und das alles musste ich mit Lenins Verabschiedung, der Demontage seines Denkmals auf dem Berliner „Leninplatz", unter einen Hut bringen.

Schreck gleich in der Morgenstunde, der Tag fing gut an. Die Bleirohre in der Wasserleitung müssen raus aus dem Haus. Ein langes Informationsblatt klärt mich und die anderen Häuslebesitzer über das Gift in den bleihaltigen Rohren auf. Laut Gesetz können die Behörden sofort mit der Überprüfung beginnen. Ich lese auch noch die Jahreszahl 2013, mein Blutdruck sinkt gleich, warum sollen die ausgerechnet bei mir beginnen. Und wer weiß, was 2013 los ist.

Auf alle Fälle ist Geld im Spiel, genauso wie ein Haufen Dreck und Ärger mit den Handwerkern. Ich höre auch noch was von einem 350 prozentigen Hebesatz der Grundsteuer. Der Bescheid ginge mir in den nächsten Tagen von der Stadt zu. Verstanden habe ich zunächst so viel, die Stadt braucht Geld, die Kassen sind wie überall leer. Warte ich den Bescheid ab, ehe ich mich über die Details aufrege. Viel schlimmer sind die dran, die ihre Häuser unvorsichtigerweise in solchen Straßen haben, mit denen sich die Stadt schmücken will und die frischasphaltierten Rennstrecken zur Freude der Anlieger auch noch mit Parkbuchten ausbaut. Löhnen sollen die Hausbesitzer. „Nehmsen Kredit auf!", kriegen sie zu hören, nicht von dem Hausbesitzerverein, so ganz von oben kommen die Vorschläge, das ist jetzt so üblich. Ganz still bin ich geworden und habe von meiner schlaglöchrigen Sackgasse erst gar nicht angefangen.

Inzwischen war mein Hefeteig zu Hause ins Unermessliche gewachsen. Die Pfannkuchen verloren vollkommen die Façon. Mein Ärger über die in Aussicht gestellten Abgaben lässt die Dinger fast alle auseinandergehen. Das Pflaumenmus quillt an allen Ecken heraus wie meine Ohnmacht über die nicht eingeplanten Ausgaben.

Ein Lichtblick: Lenin sind wir los. Was will der mir zum Abschied noch mitteilen?

Wann war ich eigentlich das letzte Mal im Kino? Damals war's. Sie spielten „Papillon", das Sträflingsdrama mit Steve Mac Queen und Dustin Hofmann auf einer Insel in Französisch Guyana, da wo der Pfeffer wächst und heute die europäischen Raketen abgeschossen werden, Kourou. Das Kinoerlebnis ist über 30 Jahre her. Hinter uns platzte mitten in der Vorstellung einem eine Tüte mit westlich verseuchten Goldfischlis. Sie kullerten alle in die vordere Reihe, und der Tütenbesitzer versuchte durch Geschurre einige zu retten. Kommentare wie: Was such'ste denn da unten rum, da findste nischt, und auf den Film bezogen: Mensch, hamse den mit Ketchup bejossen und mir fehlt der zu Hause, wie die damit rumaasen - das bereicherte das Programm zusätzlich. Und drei Kulturfilme von den Helden der Arbeit und endlich nach dem „Augenzeugen" der langersehnte Film.

Das alles fiel mir wieder ein. Der gute Steve lebt nicht mehr, Dustin Hofmann ist auch nicht jünger geworden und die altehrwürdigen Lichtspielhäuser müssen wohl den Ansprüchen der Neuzeit nicht mehr genügt haben. Trotz Krise baute man ein Filmtheater mit drei Sälen. Das

wollte ich mir nach der Pleite mit den Pfannkuchen ansehen. Und mir so richtig zu Gemüte führen, in welcher fortschrittlichen Welt ich jetzt leben durfte. Schon zu Hause war mir klar, dass nicht nur Lenin das Zeitliche gesegnet hatte, sondern auch die Eintrittspreise von 1,25 Mark der Vergangenheit angehörten. Doch die Neugier war groß, alle wollten wissen, wie die Geschichte von Lenins Abschied auf der Leinwand vonstatten ging. Schon eine Stunde vor Beginn waren die Karten bis auf die erste Reihe ausverkauft. Also Rasiersitz, ganz vorne. Mir tat schon vor der Veranstaltung das Genick weh.

Aber ich habe vorgegriffen, zum Cinema gehört auch ein Parkhaus und in einer Art Premiere steuerte ich da hinein, in der stillen, aber schweißtreibenden Hoffnung, später auch wieder rauszufinden. Meine Fahrkünste reichten als Provinzbiene normalerweise für den Straßenrand. Auch zum Großstadtmenschen muss man geboren sein und das eine Weile üben.

Der angenehme Duft von frischem Popkorn schwängerte durch das Foyer des Theaters. Eimerweise trugen es die Filmsüchtigen mit in den Saal, um einer bevorstehenden Hungersnot zu begegnen. Sei ruhig, bleibe ruhig, mein Kind, sagte ich mir, du hast zu Hause deine verunglückten Pfannkuchen, die muss nachher schließlich auch einer essen. Ein plötzliches Gedränge verkündet, der Saal Nr. 1

ist bereit zum Empfang. Was für eine beeindruckende Atmosphäre für meine 30-jährige Kino-Enthaltsamkeit. Keine engen düsteren Treppen, keine harten Klappsitze. Nur schlecht konnte ich mir vorstellen, wie hier in solchen heiligen Hallen Mord und Totschlag und andere Verbrechen vorgeführt werden. Auch in der ersten Reihe ruhte man in rotem Plüsch, mit und ohne Popkorn, breit und ausladend fast wie zu Hause im Fernsehsessel, auch die Beine kriegten keinen Krampf. So viel Bewegungsfreiheit hatte ich selbst nicht im Friedrichstadtpalast und auch nicht im ICC in Berlin. Vorgewarnt durch andere Veranstaltungen, schleppe ich meist ein Kissen mit, um meine Kleinwüchsigkeit von 1,57 Meter auszugleichen. War gar nicht nötig. Ein sicher artverwandter Architekt hatte den genialen Einfall mit stark abfallendem Gestühl durchsetzen können. Nirgends störte die breite Schulter des Vordermannes oder die aufgeplusterte Frisur der Vorderfrau. Und alles vornehm gedämpft, kein Laut war zu hören. Mit dem Glockenschlag 17 Uhr richtete einer seinen Ballermann mit ohrenbetäubenden Getöse auf mich und machte mir klar, dass es mit meiner inneren Einkehr ein Ende habe. Bei der Ankündigung „Demnächst in diesem Theater" sparte man wiederum nicht mit Ketchup, das regte im Moment keinen mehr auf, den hatten wir ja nun reichlich und nach dem dritten Weltuntergang fing ganz leise der Untergang der

heldenhaften Epoche an. Da schwebte der Erhabene ein, ergriffen verfolgte ich den Niedergang des Künders der klassenlosen Gesellschaft, dem Gründer der KPdSU. Leise, ganz leise setzten sie den Koloss ab. In meinen verwegensten Träumen wäre mir das nicht eingefallen. Was dazu führte wissen wir in groben Zügen, und wir wehren uns dagegen, uns auszumalen, was alles hätte passieren können. Ist nicht, Glück gehabt!

Das Drama der filmischen Familie beruht in der Kunst, der dem Tode geweihten Mutter nicht den Dolchstoß zu versetzen, ihre ganze Lebensenergie für eine von der Geschichte abgehakten Sache eingesetzt zu haben.

Ich schwöre, jeder der Zuschauer konnte sich mit den Ereignissen nach der Wende identifizieren, die Erwachsenen jedenfalls. Heiterkeitsausbrüche bei der Anfertigung von Eingaben an Produktionsbetriebe, an den Handel, Heiterkeit beim vom ehemaligen Klassenfeind falsch vorgeführten Pioniergruß. Verständnis bei den fehlenden Spreewaldgurken, allseits bekannt und emotional stark mitfühlend. Aber ein Film zum Auf-die-Schenkel-klopfen war es nicht. Viele hingen ihren Gedanken nach, jeder auf seine Weise, jeder nach seiner augenblicklichen Situation. Und manch einer wird sich gefragt haben, ob sie nicht schon wieder betrogen und belogen werden. Abenteurer kamen ins Land und zeigten, wie man Vertrauensseligkeit zum eigenen Vorteil ausnutzt. Politiker versprechen alles mögliche, je nachdem ob es gebraucht wird, leiden an chronischer Gedächtnisschwäche, regieren trotzdem, lassen ganz nebenbei Millionen verschwinden. Die Hauptdarsteller unserer untergegangenen Republik erfreuen sich bester Gesundheit, sitzen schön warm und schreiben ihre Memoiren. Das alles muss man ohne Lohn und Brot verkraften. Besonders betroffen und abgewertet fühlt sich die Gruppe ehemaliger Verteiler. Ihre Privilegien sind weg. Saßen sie früher an der Quelle und entschieden über Badewannen und Zement, über Koks, Apfelsinen und Autos, um im Gegenzug dafür Dachpappe, Schnittblumen, Lederjacken oder eine jährliche Kur zu erhalten, alles weggebrochen. Und die Trinkgelder erst, meist höher als das legale Einkommen. Und wie angenehm, durch besonderes Entgegenkommen zu einer großen komfortablen Wohnung zu kommen. Da sehnt man sich nach der guten alten Zeit zurück. Freundschaften auf Dauer sind durch den Austausch von Gütern selten entstanden. Die heute so vermisste menschliche Wärme ist bei einigen geblieben. Man geht über den Wochenmarkt, macht mit den früheren Kollegen ein Schwätzchen und freut sich, dass er noch lebt. Man denkt an fröhliche Feste und hilft auch jetzt noch dem Nachbarn, meistens. Ganz so fröhlich war der Alltag von uns allen aber nicht. Lebensnotwendige Besorgungen komplizierten den

Feierabend, die laufende politische Beschallung, überall der rote Faden und die ewige Liebe zum großen Bruder. Doch was hält schon eine Ewigkeit? Nun ist die Liebe erloschen, nichts wird mehr geheuchelt, wir sind uns selbst am nächsten. Wir haben das beste versucht, aber es hat damals nichts gebracht. Das mag vielen durch den Kopf gegangen sein, in diesem Film, der uns in komödiantischer Weise vor Augen hielt, auch nicht ganz unschuldig am Niedergang von Industrie, Wirtschaft und Handel und Landwirtschaft zu sein. Haben wir nicht schnell genug alles über Bord werfen können, um auf jedem Gebiet so zu leben wie unsere Brüder und Schwestern jenseits der Elbe? Inzwischen sind wir schlauer geworden und trinken wieder Rotkäppchensekt, backen mit Kathi-Mehl und gießen Werderschen Ketchup über Nudeln aus Riesa. Manch Haushaltsgerät erlebt einen Höhenflug, mit dem die schön lackierten Wegwerfartikel der Wegwerfgesellschaft nicht konkurrieren können. Meinen Teppich sauge ich mit einem neuen Omega, aber den Trabi lehne ich ab, so sportlich bin ich nicht mehr.

Mach`s gut Wladimir Iljitsch, du hast es gut mit uns gemeint, aber deine Nachfolger haben dein Programm versaut. Sie brauchten den Gulag, Workuta und all die unzähligen Straflager. Wir aber brauchen das alles nicht. Good bye, Lenin!

Und nun rein ins abendliche Vergnügen. Gewalt ist nicht mehr gefragt sondern

Gehirn. Der Mann, der unseren Denkapparat in Bewegung bringt und der uns dreimal die Woche staunen lässt, was wir alles nicht wissen oder schon wieder vergessen haben oder noch nie wussten, ist Günter Jauch. Er hat für die Bildung der Deutschen schon mehr getan, als alle bisherigen Bildungsminister insgesamt. Man sollte ihn bei den nächsten Wahlen aufstellen. Für die CDU-CSU käme er wohl nicht in Frage. So in jahrelanger wilder Ehe mit seiner Thea, das geht nicht. Und vier Kinder hat er auch noch, davon zwei nicht aus eigener Produktion. Ein Vorschlag für alle Müßiggänger, die mit Zeit und Geld sonst weiter nichts anfangen können, als mit dem Ferrari die Luft zu verpesten und dann in der Sonne über ihr schweres Los zu grübeln.

Bei dem Ausfall seines Quotenrenners hätten manche Entzugserscheinungen. Meine allerhöchste Bewunderung gilt den Kandidaten, die sich überhaupt dahin trauen. Diese Blamage, wenn das schief geht. Man müsste wegziehen von zu Hause oder einen anderen Namen annehmen. Und wer dann das Rennen macht und auf den Stuhl kommt, alle Achtung. Doch dann so im Rampenlicht fängt das große Flattern an. Manch ein Schlaukopf ersäuft seinen Mut im Wasserglas. Andere räumen so ab, dass RTL anfängt zu weinen. Haben wir das zu Hause nicht alles gewusst?

Mit ein bisschen Mogeln und Meyers Lexikon war ich auch schon mal bei 64.000 Mark, aber mit reichlichen Jokern. Die Kreuzworträtselrater wissen sofort: Aba ist ein Umhang und keine schwedische Singegruppe, die Neubundesbürger erkennen den Machorka als Tabak und leiden noch heute an der Geschmackirritation, also eine Weinsorte ist es nicht. Die Bibelfesten haben eine sofortige Verbindung zum dritten Sohn Davids aufgenommen, der sich gegen sein Volk auflehnte und sich in Hebron zum König ausrufen ließ. Na, wer war's? Ich habe nachgelesen, Meyers wissen fast alles, Juda war's. Ich kannte nur den Judas mit den 30 Silberlingen.

Wirkliche Geistesgrößen mit fundiertem Wissen sind rar, sie werden angesichts der Pisa-Studie immer seltener zu finden sein. Ein Land, das nur auf Goldmedaillen aus ist und schreit: Hauptsache wir sind im Endspiel - und Rudi Völler ist der Größte! und dies als die Fragen aller Fragen sieht, findet sich im internationalen Wissenswettbewerb auf Platz 25 der Rangliste. Ich hätte auch meine Schwierigkeiten mit den so verwirrenden Textaufgaben, geb ich zu. Wer aber Lehrer ist und Delta nicht einordnen kann und dazu einen Joker braucht und wenn Studenten Dresden weit nach Polen verlegen, das stimmt schon bedenklich. Selten versagt einer bei der Frage, wann wer wo und bei wem als Schlagzeuger auf die Pauke haute und warum er seine eigene Band gründete. Es wurde noch nicht verlangt, warum Johannes Heesters seine filmische

Schwiegermutter Adele Sandrock nicht leiden konnte, aber das kommt sicher noch, wenn ältere Semester mehr vertreten sind. Lassen wir uns überraschen. Warum sind die jungen Leute auf so unwichtige Dinge fixiert. Sie erleben tagtäglich, wie man mit wenig Einsatz ans große Geld kommt. Jede Woche neue Gruppen, die mit Gequäke und Geschrei berühmt werden, volle Kassen machen. Wozu sollen die wirkliches Wissen erlernen. Erstens passen ihnen die Lehrer nicht, es wird danach entschieden, wer ihnen sympathisch ist, und die preußischen Tugenden wie Fleiß, Ausdauer, Zuverlässigkeit und Bescheidenheit fehlen oft. Es dreht sich hauptsächlich um Markenklamotten, Sex und Spaß am Leben. Die Werbung fährt voll darauf ab, und die Wirtschaft boomt auf diesem Sektor. Deutschland sucht den Superstar, und alle suchen mit. Kommentar überflüssig. Spaß muss sein, aber ein bisschen Grütze unter der Mütze ist auch was nütze. Seltene Vögel bringt die Sendung auch ans Licht. Da war mal einer, der konnte auf Anhieb viele Nationalhymnen in der Landessprache singen. Und er durfte bis zum Werbeblock ungehindert drauflosschmettern. Da kam wirklich Freude auf. Wenn auch der rote Faden früher durch die Klassenzimmer zog, gerechnet haben die Schüler besser, und lesen und schreiben konnten sie alle, wenn auch Namen wie Lenin, Gagarin und Mitschurin mitmischten, das sollten wir nicht vergessen.

Der Staatshaushalt muss ausgeglichen sein. Die öffentlichen Schulden müssen verringert werden. Die Arroganz der Behörden muss gemäßigt und kontrolliert werden... Die Leute sollen wieder lernen zu arbeiten, statt auf öffentliche Rechnung zu leben.
CICERO (106-43 v. Ch.)

Die Lehrerin: „Deine Rechenaufgabe, wo sich der Schnellzug München-Berlin und der Personenzug Berlin-München treffen, ist ja total falsch gelöst. Wie bist du denn darauf gekommen?" -
„Ich habe bei der Bahnauskunft angerufen!"

Völkerwanderung auf modern

In den Ferien schickte man mich nach Gämnitz, jedenfalls dessen Nähe auf ein gleiches Torf. Mein mütterlich ererbter Sprachschatz sollte vertieft, vielleicht auch noch erweitert werden. Gämnitz hieß damals noch Gämnitz, später wurden die Gämnitzer alle zu Gorl-Morx-Städtern, was die Dande Marde und der Ongel Gurt nicht mehr erlebten. Sie wanderten nach dem Schwarzwald aus, um sich in physischer und sprachlicher Hinsicht mit den Ureinwohnern dieser Gegend zu vermischen. Vorerst standen sie am Bahnhof: Ach, da gommt ja unsre Gleene, unsre gleene Tigge. Was soviel heißen sollte, dich kriegen wir hier an der frischen Luft schon hin. Nach zwei Wochen hatte ich den landesüblichen Dialekt angenommen, ging mit dem Görbschen zum Pägger nach Protschen, nicht nach Schrippen. Ich verinnerlichte die Hütsche, die Bärladschen, die Stürze und-horsche-mal-druff, aß Ärbern und begann jeden Satz mit Escha oder oija. (Fußbank, Hausschuhe, Topfdeckel, Kartoffeln.) Durch die Zungenbrecher: Räschen wär ma grieschen, oder meenste die huppen, - Gaiser Garl gonnde geene Gümmelgörner gauen, brachte ich es zu Hause in meiner Klasse zu einer gewissen Berühmtheit und sicherte mir die Hauptrolle im „Rumpelstilzchen". Die Rolle war ausbaufähig, das ließ ich mir nicht entgehen: Heude pagg isch, morschen prau isch, ibermorschen hol isch der Genigin ihr Gint. Ach wie kut, dass keener weeß, dass ich Rumbelstilzchen heeß.

Nach dem Bombenbeifall beschloss ich später zum Film zu gehen. So wie Hannelore Schroth oder Margot Hielscher. Der verhinderte Endsieg bewahrte das deutsche Publikum vor einer sächsischen Komödiantin. Jetzt hatte man andere Sorgen.

Die innerdeutsche Völkerwanderung brachte vor und nach der Mauer alles durcheinander. Tante Elsa stolperte in Hamburg in Stulpenstiefeln über den spitzen Stein. Ich fand das sehr vornehm, und so wurde ich zu einem begeisterten Ohnsorg-Theater-Anhänger. Meine neuen Verwandten im Rheinland versetzten mich ewig in Karnevalsstimmung, immer sah ich einen Rosenmontagszug um die Ecke biegen. Mein neuer Schwager entpuppte sich als großer Schweiger, ein echter Westfale hält sich zurück. Wie der wohl spricht, wenn er spricht? Mein Cousin babbelt in Stugard, hat sisch om offn Berch a Häusle gebaut, geht mitn Büble in Schul. In Frankfutt gießt mei annere Cousin grie Soß innet Kännsche, und eine Freundin füllt in Halberstadt die Würstchen in die Gläser, seitdem macht sie aus jedem A ein O, so ein halboffenes, wie es im Sprachführer steht. Alles, alles kann ich verstehen, sagen wir mal, ich weiß, was sie mir sagen wollten. Beim Komödienstadel kann ich nebenbei keine Socken stricken oder Rätsel raten, ganze Konzentration ist nötig, um halbwegs mitzukriegen, was da passiert. Im Winter werden laufend die Abfahrtsläufer und die Skispringer gefragt, wie sie zu ihren guten Zeiten kommen. Das werden sie von den Reportern in glattem Hochdeutsch gefragt, und die antworten in Suaheli. Kommen denn die Wintersportler auch schon wie die Fußballer aus den Entwicklungsländern?

Hoch lebe der gekochte Ball

Semmelknödel, Geselchtes und Kraut! Schon beim Hinsehen wird mein Cholesterinspiegel blind, heftiger Speichelfluss setzt ein, Glückshormone überfluten meine Seele. Der innere Schweinehund kommt voll auf seine Kosten, die böse Eva in mir wird durch behagliches Grunzen befriedigt. Bewusste Ernährung schiebe ich weit weg.

Eigentlich bin ich kein Knödelfan, aber wenn schon Knödel, dann schon richtige, mit richtiger fetter Soße, die Galle soll sich mitfreuen und in die Hände klatschen. Aber auch nicht vier Wochen hintereinander, da streikt mein Kartoffeldressierter Magen. Auch bei drei Wochen Reis oder Pasta als Makkaroni, Tortellini oder wie man die Nudelform serviert, kriege ich Heimweh. Da nützt auch die tollste Soße nichts. Aber ab und zu lenke ich meine Schritte in die Hochburgen der Kloßkochkunst. Die Grüne Woche und die Touristenbörse weisen den Weg hin zu nostalgischem ungesunden Schlemmen.

Die Erfinder der Klöße müssen wohl gleich nach der Entdeckung der Kartoffel als Hauptnahrungsquelle dem Alten Fritz nicht so sehr vertraut haben, seit Jahrhunderten verwandeln sie die einfache Pellkartoffel zu hochkomplizierten Produkten. Von der Wiege an erleben die Kinder die hohe Kunst des Klößemachens. Emsige Hausfrauen investieren den ganzen Sonntagvormittag für die Kunststücke am häuslichen Herd. Die nimmermüden Kloßfetischistinnen schälen Unmengen Kartoffeln für ganze Heerscharen. Sie reiben, drücken durch Tücher oder ererbte Kartoffelpressen, seit Generationen im Besitz, schwefeln wegen der schönen Farbe, mischen einen knetbaren Teig, formen kreisrunde Bälle, lassen die in siedendem Wasser ziehen und füttern eben erwähnte Heerscharen, alles ballzählende Sippenmitglieder, ab. Na, wieviel hat jeder geschafft? Ein Sonntag ohne Manscherei ist kein Sonntag. Da können die bunten Beuteltüten von Maggi oder Knorr versprechen, was sie wollen. Nur kloßunwillige Versorgungsbeauftragte der Familie greifen da zu, noch dazu hier in unserer Gegend ganz ohne schlechtes Gewissen.

Kloß ist nicht gleich Kloß. Es gibt strenge Regeln. Nur Eingeweihte unterscheiden zwischen den Feinheiten von Kloß und Knödel. Und so wie ein Weintrinker beim ersten Schluck die Landschaft, die Hanglage, die Sorte und den Jahrgang schmeckt, so wissen die seit Jahrhunderten damit gefütterten Kloßesser: Das ist ein grüner Kloß, das ist ein halbseidener Kloß, das ist ein einfacher Kartoffelkloß, solche Knödel kocht man in Thüringen, solche in Bayern, solche in Sachsen und die sind aus Franken. Schwaben lehnen die Bälle wohl ab, die tragen die Bälle lieber auf dem Hut und ernähren sich von selbstgemachten Spätzle. Die Brandenburger fahren da überall hin und verkosten. So wie ich. Früher wollte ich meiner Familie auch was Gutes tun, nicht aus Langeweile. Am Sonntagvormittag, ich wollte zeigen, was ich in der Küche so drauf habe. In weiser Voraussicht setzte ich zeitgleich mit den sanft vor sichhinziehenden Klößen einen Topf Salzkartoffeln auf den Herd. Meistens haben wir die auch immer gebraucht, und am nächsten Tag gab es wegen der schlechten Zeiten vor der Fresswelle, eine sämige Kloßsuppe. Der Hunger trieb sie rein. Noch heute wundere ich mich, wie die anderen die Klöße zum Halten kriegen. Deswegen läuft mir bei richtigen Klößen das Wasser im Mund zusammen.

Eine gewisse Häme zog einmal in mein ansonsten friedliebendes Herz. In einem sündhaft teuren Restaurant servierte man meinem Nachbarn frisch geschlagene Bärlauchsuppe mit grillierten Seewolf (?), dann ein auf den Punkt gebratenes Rinderfilet mit Morcheln an Kartoffelknödel (Betonung liegt auf an) und zum Abschluss eine Quark-Mousse mit lauwar-mem Rhabarber. Mein Geschmack war das nicht. Mir stand der Sinn nach Kassler an Kartoffelknödel. Sie müssten die Speisekarte ändern, es war Kassler in Knödeln, alles zusammengelaufen. Hatte ich das zu Hause nicht auch schon mal gehabt? Knödel isst man lieber in Preisstufe drei. Vor Köchen, die den Tellerrand mit einem Pfützelchen Soße garnieren und mit einer Tortenspritze den Kartoffelbrei auftippen, sei gewarnt. Unsere Nachbarn haben nun aus der Not eine Tugend gemacht. Wenn sie nicht mehr wissen, was sie mit den alten Schrippen machen sollen, hat ja alles Geld gekostet, muss ja alles irgendwie weg, matschen sie die mit Eiern so richtig ein und kochen für die hungrigen Mäuler Semmelknödel. Lang wie ein Zaunpfahl, den schneiden sie mit einem Bindfaden und verteilen alles scheibchenweise. Mein Faden versagte dabei. Entweder war der faden zu schwach oder der Pfahl zu hart. So ess ich diese Knödel in Prag oder in Tirol. Dort staunen sie über unsere eingelegten Heringe mit Pellkartoffeln.

Allseits Guten Appetit!

Märchen, oder doch keins?

Es war einmal. Es war einmal eine stille kleine Siedlung am Rande der Stadt, aber noch nicht ganz draußen. Die Leute, die da wohnten, strichen ihre Häuser hübsch weiß an, bauten neue Fenster ein und reparierten gewissenhaft die Dachrinnen. Alle kannten den Aufruf: SCHÖNER UNSERE STÄDTE UND GEMEINDEN!

Die hübschen weißen Häuschen umrahmten einen großen Platz, der viel von einem Autofriedhof hatte, denn ausgediente Omnibusse und Lastwagen hatte man übereinander gestapelt, so dass sie weithin die Landschaft bereicherten.

Alle diese Schauobjekte gehörten dem Kraftverkehr, und sie dienten der Ersatzteilgewinnung. Der Kraftverkehr war ein volkseigener Betrieb, was so viel hieß: Hier kann jeder machen, was er will und auch besonders viel in der Gegend rumschmeißen.

Eines Tages wurde es in einer Ecke, wo die Häuser am weißesten waren, laut und lebendig. Man legte Platten aus und betonierte. Die Häuslebesitzer stiegen auf die Leitern und guckten über den Zaun. „Hier kommt ein Kohlenbahnhof hin", erfuhren sie. „Wir kippen hier jeden Tag Rohbraunkohle ab und bewegen die auch, damit sie sich nicht entzündet."

Die Leute mit den weißen Häusern und den reparierten Dachrinnen begriffen das nicht. Sie waren gerade mit allem fertig

und hofften, einen Preis für den Aufruf SCHÖNER UNSERE STÄDTE UND GEMEINDEN zu gewinnen. Nicht vielleicht den ersten, aber sie wollten wenigstens genannt werden. Sie sahen die täglichen schwarzen Wolken schon auf sich zukommen.

Just zu dieser Zeit sollten sie wieder mal den Zettel falten und in den schon von sechs Uhr in der Früh geöffneten Wahlkasten stecken. Sie schrieben und schrieben, dass sie das nicht täten, und wie mit Zauberhand verlegten die Plattenleger ihre Tätigkeit in eine andere Ecke des Platzes, wo die Leute nicht auf ihre Leitern gestiegen sind und über die Mauer geguckt hatten.

Jahre vergingen, eine neue Zeit sollte anbrechen, der Platz vom Kraftverkehr sollte nicht gerade zu blühenden Landschaften werden, aber man räumte erst einmal auf, die Stapelware verschwand, ebenso einige Bäume, was der neuernannte Umweltmann nicht wissen durfte, und die Firma bekam einen neuen Namen.

Der Platz war nach wie vor viereckig, war aber jetzt ein Kreisbetrieb. Dieser Kreisbetrieb holte die Technik, und mit dieser Technik und der Abrißbirne glich der besagte Platz bald einem Erdbebengebiet. Die angehäuften Schutthalden begruben unter sich die fast vierzigjährigen Abschmiergruben des vorigen Besitzers, des volkseigenen Kraftverkehrs. Diese Ölereien hatten früher schon den an der Mauer stehenden Kirschbäumen den Garaus gemacht. Die waren einfach eingegangen. Große, vielgefräßige Bagger bewegten nun den Schutt, räumten ihn in eine Ecke, hoben den mit Öl angereicherten Boden aus, kippten ihn über den Schutt, mischten alles in wochenlanger Kleinarbeit, und man hoffte mit weiterem Aushub durch eifriges Mischen einen einigermaßen jungfräulichen Boden herzustellen. Riesige Gebirge entstanden, je nach Jahreszeiten waren sandige Höhen oder verschneite Gletscher zu besichtigen. Die Zeitung brachte davon ein Bild, aber die Hügel wachsen noch immer und werden ständig bewegt. Ein Häuslebesitzer ließ sich von einem befreundeten Baggerfahrer eine Prise Mischung über den Zaun reichen, um ein Loch im Garten zu füllen. Da kam es raus, es stank wie Diesel, der Baggerfahrer nahm alles zurück. Neben der Abrißbirne, die mit ziemlichen Getöse die ehemals stolzen Errungenschaften zertöppte, hatten die anliegenden Gemärke sich auch an die erdbebenhaften Erschütterungen der Rüttelwalze zu gewöhnen. Die Gläser in den Schränken rutschten von einer Ecke in die andere, manche fielen raus, einige Häuser erhielten in ihrer Fassade Zeichnungen wie in einem Schnittmusterbogen. Tiefe Risse zerteilten die Häuser in Neubau und Altbau und Vorbau und Anbau, jedes für sich machte sich selbständig. Die Türen klemmten, und auch die Schubladen weigerten sich zu öffnen. So eine Rüttelwalze darf das, wurde den naiven Anliegern bedeutet. Dazu sind Rüttelwalzen eben da, dass sie rütteln, egal, was da im Weg steht, egal, ob an den Häusern die Hausecken beschädigt werden, der Putz abfällt und das Haus ein nicht gewolltes Gesicht erhält. Sicher wäre das über kurz oder lang sowieso der Fall gewesen.

Wenigstens stehen die neuen Garagen für die neuen Omnibusse, der Bürgermeister war auch schon da, aber eben nur vorne, die Gebirge und ihr Mischungsverhältnis kennt er nicht.

Der Märchenerzählerin geht so manches durch den Kopf. Früher die Geschichte mit dem verweigerten Wahlkasten. Heute muss man eine Rechtsschutzversicherung haben. Geld, Geld, Geld. Das regiert die Welt. Auch Redensarten und Sprichwörter zitiert sie öfter: Eine Krähe hackt der anderen kein Auge aus, was den Kreisbetrieb betrifft.

Der Stärkere hat immer Recht...

Eine Hand wäscht die andere...

Der Kleine ist immer der Dumme...

Alles wie gehabt, nur mit anderen Vorzeichen.

Aber Märchen haben immer einen guten Schluss, ein Ende, bei dem das Gute siegt. Die Hexe wird verbrannt, die böse Stiefmutter muss auf glühenden Kohlen tanzen, und Rumpelstilzchen zerreißt sich vor Wut. Da bin ich doch glatt gespannt, wie das bei den Leuten mit den weißen Häusern ausgeht.

Reisen erster Klasse

Nobel geht die Welt zugrunde. Lässig streifte ich die Schuhe ab und ließ mich in die Kissen fallen. Ja, so hatte ich mir das schon immer gewünscht, leben wie die Fürsten und auch reisen wie die. Meine Arme, durchtrainiert vom ewigen Schleppen schwerer Einkaufstaschen, erlebten bereits am Flughafen eine ungewohnte Ruhepause. Die Sorge um mein Gepäck wurde mir genommen, wie von Zauberhand regelte sich alles von selbst. Die Koffer waren vor uns da, sie standen schon im Zimmer. Unfassbar. Ich, sonst mein eigener Organisator, mir wurden diese Probleme so einfach aus der Hand genommen. Einfach so. Krankte da etwa mein Ego. War meine Selbständigkeit im Schwinden? I bewahre, mir ging es direkt gut.

Die Portiers, tressenbesetzt, rote Pelerine, schwarzer Zylinder, wie bei einem Maskenball, unheimlich dienstbeflissen. Das war es, was mir den Schock versetzte. Und nun sah ich von meinem seidenen Kissen aus durch das bis zur Erde reichende Erkerfenster auf das nächtliche Budapest. Die Donau, nicht in Blau, mehr im abendlicher Sonnenuntergangsstimmung. Ein Rundumzimmerblick signalisierte vornehme Eleganz, Seidenbetten, begehbarer Schrank mit Beleuchtung, exklusives Bad mit viel Marmor, Schreibtisch in Edelholz mit Briefpapier, Bütten, Fernseher und einem Haufen Dinge, die kein Mensch braucht, um eine Stadt zu besichtigen.

Und nun logierte ich für eine Woche in einem Nobelhotel mit fünf Sternen, nur noch die Koffer auspacken, fertig ist die Laube. Dann konnte das faule Leben anfangen. Zwanzig Jahre auf Zelt und Wohnwagen programmiert, nun dieser Luxus, da macht man sich schon seine Gedanken über das Geld und seine Vorzüge. Was für ein Aufstand früher, wenn wir irgendwo in einer unbekannten, meist noch unerforschten Gegend ankamen, den Wagen aufbockten, auf Wassersuche gingen und eine Wachskerze das umständliche Bettenbauen beleuchtete. Und heute kein Schleppen, kein Zurren an unwilligen Kofferrädern. Und alles so picobello. Kein Stäubchen, keine umgefallene Kiste mit Kartoffeln, keine geplatzte Mehltüte. Dabei war ich eigentlich nie unglücklich gewesen, so elementar glücklich wie einer, der überhaupt mal von zu Hause weg kommt und außerordentlich zufrieden ist.

So einer wohnt nun exklusiv im Fünfsternehotel. Ich genoss es, sagte mir aber immer wieder, reiß die Augen nicht so weit auf, mach den Mund immer hübsch zu, tu so, als wärst du schon mit einem goldenen Löffel auf die Welt gekommen. Beobachte die anderen, klau mit den Augen, wer weiß, wie die zu Hause wohnen, vielleicht auf Pump, haben die Reise wie ich geschenkt bekommen, zahlen die Möbel in Raten ab, vielleicht auch diese nicht ganz billige Reise. Tun bloß alle so vornehm. Alles Hochstapler? Zugegeben, ein Knicks vor der Königin von England, da hätte ich bestimmt meine Schwierigkeiten, auch bei der Anrede von Kirchenfürsten oder beim Hochadel käme ich in's Schleudern. Ganz zu schweigen, ich müsste bei der Bank um einen sechsstelligen Kredit bitten. Aber hier fürchtete ich mich nicht, hier würde ich nicht auf die Nase fallen, die hatten nur einige Taler mehr in der Tasche, das sollte mich nicht kratzen.

Der Lift ging bis in den neunten Stock. Wir logierten im Vierten. Ein Lichthof von unten nach oben, alles angestrahlt, alles in grün, sattgrün, kein verdorrtes Blättchen wie bei mir zu Hause im Blumenfenster. Dienstbare Geister sorgten mitten in der Nacht für dieses Biotop, alles ohne Lärm, nicht der kleinste Laut. Wie auf Flügeln gingen sie den Fusseln und dem Straßendreck zuleibe. Wem wurde das schon zu Hause geboten. Es war ein wunderbares Gefühl, so umsorgt zu werden, so ganz bequem dahinzuleben.

Aber ohne Regeln keine Stadtrundfahrt. Früh um sechs trieb uns der Wecker aus den seidenen Betten und erinnerte daran, zum Ausschlafen ist die Reise nicht gebucht worden. Schlafen konnten wir zu Hause billiger. Frühstück. Die Fettpölsterchen bekamen richtigen Nachschub.

Vergessen war das mit dünner Marmelade bestrichene Stüllchen, bei dem der Magen sich an bessere Zeiten erinnerte. Jetzt ging es ran wie Nettel an die Gänse. Unten im Atrium wurde der auf Sparflamme gehaltene Körper rebellisch. Beim Anblick des Büfetts machten die Speicheldrüsen mobil, die Augen trafen eine Vorauswahl. Das muss ich probieren, das da sieht ganz lecker aus, das kommt auch noch auf den Teller, und das da hinten lass ich mir auch nicht entgehen. Und um mich rum lauter Leidensgenossen, in weit geschnittenen Gewändern und mit verhaltenen gierigen Blicken. Mit saftigen, bestimmt nicht fettreduzierten Delikatessen. Fett als Geschmacksträger macht die Delikatessen erst zu Delikatessen. Ein Koch mit hoher Mütze schwang seine Pfanne mit gerührten und geschlagenen Eiern mit und ohne Kräuter und Gemüse. Es gab alles, bloß die Zeit war knapp. Ich schwelgte so richtig in der Sünde. Und die andern alle mit. Kein Müsli-Esser oder einer, der nach Light-Produkten schielte. Messer, Gabel und Löffel als Mordwerkzeuge. Stäbchen zur Selbstkasteiung fehlten.

Rechts sehen Sie, links sehen Sie, und ganz da vorne ist schon die Fischerbastei. Der faule satte Bauch ruhte in blauen Sitzen und sehnte sich nicht direkt nach einem Fußmarsch.

Besichtigungen, Konzerte, Rundfahrten hinterließen starke Eindrücke. Keiner war, ich muss es zu meiner Schande gestehen, so beeindruckend wie das laufende Essensangebot. Darunter Paprika in jeder Form, von scharf bis medium. Zur Silvesterparty ein ausgefallenes Sechs-Gänge-Menü, der Sekt floss in Strömen, alles inklusive, alle schleckten mit, alle soffen mit, keiner ließ was aus. So als hätten wir gerade eine Hungersnot überstanden. Ich selber war auch kein bisschen schlauer, bedauerte das begrenzte Aufnahmevermögen meines Magens. Dasselbe Spiel bei meiner nächsten Reise. Mit dem Postschiff um Norwegen herum. Fangfrischer Fisch, und noch dazu von der teuersten Sorte. Wer denkt da an eine Fischallergie. Schon morgens Gabelbissen, Heringsröllchen, Krabbensalat.

Da macht man doch mit! Es muss an der Seeluft gelegen haben, mir bekam alles. Essen ist ein wunderbares Vergnügen, eine herrliche Unterhaltung, ganz besonders mit dem schönen Rahmen eines eleganten Hotels oder einer außerordentlichen Seereise.

Was habe ich es zu Hause doch gut, ein nur mäßig gefüllter Kühlschrank verleitet mich nicht laufend, keiner sorgt sich um die Krümel unterm Tisch, und ich kann machen was ich will und wie ich will, es ist immer richtig. Ein seliges Gefühl, leben wie Gott in Frankreich, aber bitte nicht alle Tage.

Alle ran an die Scheuerlappen

Mal angenommen, von einem Tag auf den anderen sehen Sie aus wie ein Streuselkuchen, Sie blühen im Gesicht und anderswo, Sie niesen und sind nicht erkältet, Sie können nicht aus den Augen gucken, die sind entweder wechselseitig geschwollen oder ganz zu, Sie haben Quaddeln im Gesicht, es juckt einem so richtig das Fell. Ununterbrochen möchten Sie sich kratzen und machen das zu Hause auch. Dann wissen Sie, was die Glocke geschlagen hat. Was habe ich wieder gegessen, was ich lieber nicht hätte essen sollen. Waren es die Erdbeeren, waren es die Erdnüsse, war es der Hering? Habe ich das falsche Waschpulver

genommen, ist es die neue duftende Hautcreme? Oder der Pullover aus Synthetik? Viele erleben diesen Alptraum jährlich, und besonders im Frühjahr finden regelrechte Völkerwanderungen zum Hautarzt statt. Von dem holen sie sich ihre Aha-3-Tabletten, oder er verpasst ihnen eine Spritze. Im Frühling schieben sie die Verzierung ihres Gesichtes auf die erwachenden Haselnusssträucher oder auf die Primeln.

Voller Unruhe füllte ich mit hustenden, niesenden Leidensgenossen das Wartezimmer. Meine jährliche Spritze war fällig. Nur jetzt nicht vor allen Leuten kratzen! Eine Zeitung beschäftigte meine

Hände. Ich blätterte darin, und da fiel es mir wie Schuppen von den Augen.

Nicht die Primeln, nicht der synthetische Pulli waren schuld, und auch nicht die neue Hautcreme war mein Übel. Es war der Dreck, mit dem ich unbewusst lebte. Ganz gewöhnlicher Dreck hauste mit mir auf der Couch, in meinem Bett und in meinen Schränken. Riesige Ungeheuer sprangen mir aus der Zeitung entgegen, in tausendfacher Vergrößerung jagten sie mir Entsetzen und Schrecken ein. Mir juckte es noch mehr als vorher. Im Klo lass ich das alles noch angehen. Aber die Wissenschaft hat herausgefunden, und die müssen es ja besser wissen als unsereiner, dank unseres emsigen Putzfimmels und der intensiven Reinigungskonzentrate und der Geruchskiller, literweise ins Becken gekippt, ist das Klobecken steriler als beispielsweise der Kühlschrank. Wer wischt schon dreimal die Woche die Hinterwand der Vorratsbehälter ab. Natürlich vorne, wenn die Milch umgekippt ist oder der Salat sich ein bißchen aufgelöst hat. Eben nur vorne. Und nun lese ich von massenhaften Schimmelpilzen, von Bakterien, die ein munteres Leben in meiner Wurst führen und anschließend über mich herfallen. Das wusste ich natürlich vorher auch schon, aber nicht in so perversen Großaufnahmen. Nicht mit der besten Brille wäre mir das aufgefallen, und nicht gerade bei mir. Diese Großaufnahme, schockierend. Höchstes Lob zollt man von jeher Hausfrauen, die Tag für Tag den Fußboden wienern, in jede Ecke kriechen, für jede Ecke einen besonderen Lappen haben und auch ein extra Putzmittel. Bei denen blitzt es, kein Stäubchen ist zu finden, die gehen in ihrem Reinigungswahn vollkommen auf und treiben ihre nach Hause kommenden Männer in die nächste Kneipe. Bei denen riecht es immer nach Essigwasser und dem General mit Frühlingsduft. Bei der kann man vom Fußboden essen, heißt es. Wer will das aber? Ich habe dazu meine umfangreiche Tellersammlung und sitze gemütlich am Tisch. Doch jetzt geht es auch denen an den Kragen. Sollten diese Putzteufel jemals Zeit haben, eine aufklärende Zeitung zu lesen und solche Artikel zu verinnerlichen und zu beherzigen, werden sie keine Ruhe finden, bis sie alles umgekrempelt haben. Sie werden sofort die Betten auseinanderreißen, die Matratzen an die frische Luft schleppen, noch ehe das eigentliche Fest des Großreinemachens im Frühjahr beginnt. Jede Frau, die was auf sich hält, sorgt natürlich „zwischendurch" für weiße Gardinen, der Gilb muss raus, jeder soll sehen, bei der kann man getrost essen, es ist hell und sauber. In die Bettritzen guckt ja selten einer und auch nicht an die hintere Kühlschrankwand. Und das Klo ist porentief rein, es duftet nach Wald und Meeresbrise. Da ist uns nichts zu teuer. Was sein muss, muss sein.

Ich habe natürlich ein Problem, nämlich das, dass ich mich nicht ausgesprochen

dreckig fühle, aber nach diesen Großaufnahmen von meinen Mitbewohnern juckt es noch mehr als vorher.
Habe ich nun ein schlechtes Gewissen, habe ich keins?

Natürlich werde ich putzen. Hätte ich sowieso getan.

Nur nicht gleich morgen, da lass ich erst die Spritze wirken.

Persil bleibt Persil!

Seit kurzem bin ich verkabelt und erfahre nun rund um die Uhr, was mir bis jetzt fehlte, um glücklich zu sein. Unverkabelt war ich fast ein asozialer Zeitgenosse und hatte von nichts eine Ahnung. Endlich weiß ich jetzt, wo es langgeht. Etwas antiquiert kannte ich den Persilfritzen, von ganz früher die Clementine mit der porentiefen Reinheit für die große Wäsche und die Suppen aus dem Maggi-Kochstudio. Ich testete verschiedene Einreibungen gegen das Rheuma und nahm den richtigen Geschirrspüler nach Anweisung.

Bis jetzt. Am ersten Tag meiner Verkabelung surfte ich mal so auf die Schnelle, noch mit der Zahnbürste in der Hand, durch die vielen unbekannten Kanäle und bestaunte die große weite Welt, die mir ungeahnte Möglichkeiten bietet. Gegen Mittag sitze ich immer noch im Nachthemd vor dem Flimmerkasten. Mit einem Riesentopf Kaffee hocke ich vor dem Apparat und verfolge die Reinigung stark verkrusteter Bratpfannen. Und wenn ich mich beeile, könnten sie mir die Mittel schon morgen schicken, um auch in meinem Haushalt wieder alles glänzend zu machen. Auch die veralgte Terrasse wäre danach wieder wie frisch gemalert. Ist doch toll, der Reinigungsmann wischt einfach so drüber: Schwupp, schon ist das ganze Angebrannte weg, er braucht sich gar nicht anzustrengen. Welcher Aufstand deswegen in meiner Küche. Aber das soll anders werden, das habe ich nicht nötig: stundenlang zu scheuern. Eine Stunde brauche ich für die telefonische Bestellung. Glück hab ich gehabt, bei dem preiswerten Angebot von 49,95 DM greift doch jeder gleich zu. Der erste Fünfziger ist also weg, was tut man nicht alles für seine Hausfrauenehre.

Jetzt geht es ans Schmücken. Ringe, Ketten, Gürtel und Mieder, die den Bauch wegdrücken. Sagenhaft, wie das Höschen die Figur formt, wie schön die alle aussehen und wie das funktioniert. Den ganzen Sonntag beöle ich mich mit der sensationellen Reklame, das Essen fällt aus, ich bin satt von den schönen Bildern und den vielen Versprechungen.

Reklame der üblichen Art fördert die Phantasie. Auf den althergebrachten Sendern jedenfalls, nicht wie auf den für mich neuen Shopping-Kanälen. Meistens weiß ich bis zum Schluss nicht, was sie mir da verkaufen wollen. Ich bin eine, der man es direkt sagen muss: Gleich kommt der neue Nachbar von nebenan und pumpt sich eine Tasse Zucker und sie laden ihn zu einem Gläschen Wein ein. Doch die Gläser haben einen Film, das ist peinlich, und sie brauchen ein neues Abwaschmittel. Dann kommt der junge nette Nachbar auch wieder zum Weinkosten. Das verstehe ich gerade noch. Aber was wollen sie mir jetzt andrehen?

Spannung, man muss das richtig auf sich einwirken lassen und nicht dran denken, warum der in dem abgebrochenen Liebesfilm die Hand zu rechten Zeit aus dem Ausschnitt der Dame zog. Das wird seinen Grund gehabt haben.

Der Stimme nach soll ich was Unanständiges bestellen. Für Margarine oder zum Abwaschen vibriert keiner so mit der Stimme. So könnte man für Dessous werben oder für ein aufregendes Parfüm. Eine sinnliche Gazelle schwebt mit offener Bluse und wehendem Rock über einen Berg, leichten Schrittes erzählt sie ihre Botschaft in Englisch. Eine erotische männliche Stimme hintermalt die Szenerie. Ein vibrierendes Auf und Ab. Was verkünden sie mir. Ich weiß es noch immer nicht. Das wissen wahrscheinlich nur die Eingeweihten, die sich sowieso schon damit beglücken, damit einschmieren oder dran riechen, die Insider.

Solche alten Semester wie ich eins bin machen sich Gedanken um das richtige Waschmittel oder womit man das Gebiss zum Halten kriegt. Ihre Badschränke sind vollgestopft mit Einreibungen und Tropfen und Pillen, nachdem sie vorher ihren Doktor und ihren Apotheker gefragt haben.

Solche Konsumenten erleben einen seelischen Höhenflug bei der Nachricht über ein neues Rheumamittel, zu vergleichen mit den Depressionen ewig Fettleibiger bei der Ansicht mager gewordener Leidensgenossen.

Reklame ist auch gut für das Kurzzeitgedächtnis. Nach dem gesunden Malzkaffee auf der grünen Wiese und dem Tiger im Tank brauchen wir den Anschluss an den Liebesfilm. Wir müssen uns Gedanken machen, warum der Galan in dem für uns ungeeigneten Augenblick die Hand aus dem Ausschnitt der Dame zog. Wie wird das weitergehen. Und jeder schimpft nach Temperament, manche auf die, die laut meckern und den Film vermiesen. Aber schön sind die Leute ja, da kann man nichts dagegen sagen. Und jung sind sie auch. Und die Alten sind so angenehm alt, mit denen möchte man gerne ein Schwätzchen machen. Das sind nicht solche Querköpfe, Streithammel und Meckertanten, wie ich eine Menge kenne. Die nehmen dreimal täglich Doppelherz und kennen keine müden Beine. Aber es ist nicht nur das Fernsehen. Diese Postwurfsendungen, mit mir nicht, schwöre ich jedesmal. Für 19,90 DM fahren sie mich quer durch die Bundesrepublik und abends bin ich wieder zu Hause. Ich darf nur nicht den Rucksack für die vielen Geschenke vergessen. Von Nachttischlampen über den Gartengrill bis zum Tischstaubsauger und zur Küchenmaschine, wahlweise in pink oder bordeaux ist für 19,90 DM alles inklusive. Da kommt man doch ins Grübeln. Mit mir nicht!

Aber der angekündigte Gewinn eines Rasenmähers im Wert von 229 DM macht mich unsicher, denn ich brauche gerade einen. Und ganz gegen meinen Willen öffne ich das Couvert und guck nach, was ich dafür machen soll. Natürlich, so direkt nichts, der Gewinn ist nicht abhängig von einer Bestellung. Aber als hätte ich ein schlechtes Gewissen, blättere ich wie selbstverständlich in dem Prospekt. Einiges könnt ich schon gebrauchen. Aber denkste. Rechtzeitig fällt mir ein, dass die Geschenke vom vorigen Jahr noch immer nicht eingetroffen sind. Und die ersten 999 Besteller bekommen einen Werkzeugkasten oder einen Sonnenschirm oder ein Jahresabonnement. Ich bin immer erst der 1000ste, wenn ich bei der Firma beschäftigt wäre, würde ich meine ganze Verwandschaft in Gang bringen bevor die Kataloge in die weite Welt geschickt werden. So ist es.

Und die alten Leutchen, die nicht bis Mitternacht die unmoralischen Werbeangebote verfolgen, keine vollbusige Lolita anrufen, denen bleibt frühmorgens die Beilage in der Heimatzeitung, und den ganzen Tag sind sie dabei, die billigen Würstchen für die Kartoffelsuppe und die schon bratfertigen grünen Heringe zu besorgen. Sie laufen, laufen und laufen oder bringen andere auf Trab bis zur abendliche Reklame über Haftpulver und Herztropfen.

Ich denke heute als „Neudeutscher", der ich es ja noch nicht so lange bin, an die Zeit, als wir mit verklärtem Gesicht den Frühjahrsputz mit dem „General" erlebten, wir beneideten die Seifenschönheiten von LUX und hatten auch keinen Deo-Roller für den Achtstundentag. Wie hatten es die im Westen gut, und denen sagte man auch, was sie tun müssten, um es noch besser zu haben.

Und nun haben wir alles satt. Wir haben die Goldkante an der Gardine, Nudel-up steht im Kühlschrank, jede Menge Kaffee in allen Sorten und Preislagen und Toilettenpapier zwei- und dreilagig in verschiedene Mustern. Getränke im Sommer zu besorgen ist nur noch eine Geldfrage und keine Lebensaufgabe. Und Hering in Tomatensoße will keiner mehr essen. Bananen?

Die Kinder wälzen sich in Pommes mit Majo. Dafür brauchen sie keine Reklame und dafür gehen die heute auf die Barrikaden, nicht für Bananen.

Schenk mir doch ein kleines bisschen Liebe

Grauenhaft, diese Einsamkeit. Einkaufen, für wen? Kochen, für wen? Auch meine guten Tischsitten geraten in Vergessenheit. Ich lese beim Essen und wunder mich über meine bekleckerten Blusen. Neulich habe ich ein Steak in der Pfanne so lange gekostet, bis es alle war. Wo soll das hinführen!

Ich halte das für ein Märchen, morgens beim Frühstück eine Kerze anzuzünden. So ganz alleine. Früher hatten wir keine Zeit dazu, da ging alles Hopp-Hopp. Und jetzt, in völliger Einsamkeit, fehlt mir die romantische Stimmung, da fange ich höchstens an zu heulen. Lieber ohne Kerze, lieber mit Zeitung.

Der Familienstand Witwe ist weit verbreitet. Wenn man dazugehört, denkt man, es gibt nur noch Witwen. Und die meisten suchen, wenn sie es auch nicht zugeben, ein Opfer, das sie belagern, besitzen, und später beherrschen möchten.

Wo man auch hinkommt, ob im Turnverein, in der Volkssolidarität, im Bund der Beamten, in der Singegruppe, Witwen im Pulk, in Verband, gebündelt und ab und zu auch einzeln.

Wie die Perlen aufgefädelt sind sie der Schmuck jeder Talk-Show. Feingemacht und aufgedonnert, wie ein Christbaum mit Schmuck behängt, machen sie auf sich aufmerksam. Da muss doch einer drauf reinfallen. Da kriegt es einer mit der Angst zu tun. Die verwitweten Männer und auch die Witwen ohne Schmuck werfen gleich die Flinte ins Korn. Und dabei dann die Fernsehkamera in Großaufnahme, wie gemein. Die meisten sind in einem Alter, wo man sich nicht direkt unter die Lampe setzen sollte, nur bloß nicht unter die Höhensonne, das ist was für die Konkurrentinnen.

Die Zeitung muss her. Jede Woche studiere ich spaßeshalber beim Frühstück die Annoncen. Was die sich alles so gegenseitig bieten! Versprechungen von Reichtum und Edelmut und Einsatzbereitschaft und Verständnis. Und natürlich Haus und Hof und Garten. Verwaiste Autos bieten wagenlosen aber gepflegten Herren unendliche Möglichkeiten der Entfaltung. So scheinen die Witwen einen unheimlichen Drang nach allem zu haben, was Spaß macht. Seriös natürlich, und der andere wird sich auf keinen Fall langweilen. Sie lassen auch durchblicken, durch ein bisschen Fensterputzen, wenn man sie nur ließe, könnte auch mehr drin sein. Was ist das, das Mehr? Das Mehr entdecke ich auch bei den suchenden Herren. Sie wollen eine Frau glücklich machen, sie versprechen Theater, Radtouren, wandern über Stock und Stein, denn die Herren der Schöpfung sind noch alle rüstig. Sie bieten Kreuzfahrten an, sind ganz wild auf Lateinamerikanische Tänze, sind kerngesund, und keiner erwähnt die sagenhafte Lindenstraße, bei der sie jede

Woche sanft entschlummern. Auch nicht die laufenden Volksmusiksendungen. Sie sind alle sportlich, wenn auch nur sitzend bei Fußballübertragungen. Und Nägel können sie auch einschlagen, handwerklich nicht ungeschickt, keine zwei linken Hände, heißt es.

Und wenn alles akzeptiert wird, kann's ein bisschen mehr sein. Da muss man doch zugreifen. Aber man fragt sich auch, wieso muss der eine Annonce aufgeben, der müsste doch weggehen wie warme Semmeln.

Es war doch noch was! Aber was? Angebot und Nachfrage bestimmen den Preis. Und da es mehr Witwen als Witwer gibt und auch noch eine Menge Frauen dazukommen, die noch nie verheiratet waren oder geschieden sind, herrscht eine gnadenlose Verdrängungspolitik. Man bietet wie bei der Börse oder einer Auktion. Ein Kuhhandel, ein Pferdemarkt. Fehlt nur noch, dass man das Maul aufmachen muss, um seine Zähne zu zeigen. Wegen der zukünftigen Ausgaben für den eventuellen Bewerber.

Müllers haben einen Hund

Wer mit der Zeit geht, braucht einen Hund zum Vorzeigen. Müllers haben jetzt alles, ein Haus, einen Swimmingpool, Whiskygläser aus Kristall, ein Sofa mit Chince, ein Auto, es fehlte bloß noch ein Hund, ein vierbeiniger Zeitvertreiber mit Marke für das Hundesteueramt. Da er zu einer echten Rasse gehört, hat er natürlich eine Marke.

Das lassen sich Müllers nicht nehmen, eine Promenadenmischung, halb Dackel und ein Stückchen Terrier wäre nicht in Frage gekommen. Fido hat es nicht nötig, ohne Marke durch die Gegend zu streifen und markenlos fremde Hühner zu scheuchen. Er trägt Marke und Leine, wird ausgeführt und hat überall einen Ehrenplatz. Im Auto, auf der neuen Couch, am Fußende vom Bett. Nur den Korb in der Ecke übersieht er, da soll Herrchen rein. Frauchen darf keine Schokolade mehr essen, die kriegt jetzt Fido. Die Familie gönnt ihm die besten Happen, alle sind entzückt: Nein, was für ein goldiges Kerlchen! Er gehört zu den Hunden, die schon in der Literatur erwähnt werden, als des Pudels Kern.

Auch strickt er seine Tracht selber, zwei rechts, zwei links mit Schlingen, und alle vier Wochen fährt die ganze Familie mit Fido im Auto 50 km hin und 50 km zurück und lässt Fidos Selbstgestricktes wieder auftrennen. Einige Maschen bleiben stehen, je nach Wunsch ein Büschel am Schwanz, an allen vier Pfötchen, als Weste und als Höschen. Zum Dank für seine fleißige Strickerei werden seine Nägel pedikürt und er darf feingemacht wieder unter die Leute oder aus dem Fenster gucken. Frauchen legt ihm ein Kissen aufs Fensterbrett und umschlingt ihn von hinten wie eine Liane, und so vereint betrachten sie das große Weltgeschehen in unserer Stadt. Manchmal schließt Fido Freundschaft mit einem vorbeitrippelnden Hundefräulein und beendet die angeregte Unterhaltung erst lange nach deren Verschwinden um die nächste Ecke. Aber sonst ist er schweigsam. Nur morgens um sechs Uhr erwacht sein Sendungsbewusstsein für zehn Minuten und die ganze Nachbarschaft weiß dann, das Fidochen hat ausgeschlafen. Ein vielfaches Echo kommt von allen Höfen der Umgegend, wo andere niedliche Vierbeiner zur gleichen Zeit ihr Sendungsbewusstsein entdecken. Nun gibt es hässliche Zeitgenossen, die in solchen Fällen den Hundebesitzern hässliche Wörter an den Kopf werfen. Sie reden von Kötern, Tölen, von Kläffern, vom dämlichen Vieh, von ruhestörendem Lärm und kramen auch sonst allerlei Unsinniges hervor, was sie den entzückenden Waldis, Bambis, Cäsars und Kittys anhängen möchten. Davon stimmt natürlich kein Wort. Unser Briefträger erzählt öfter mal solche Märchen von zerrissenen Hosenbeinen. Meine Nachbarin hält es für ungerecht, dass die Hunde ihr Geschäft mitten auf dem Bürgersteig erledigen können, wo sich die Leute aufregen, es wäre eine Schweinerei, wenn sie Klein-Susi mal im Rinnstein abhält, da-

mit es nicht in die Hosen geht. „Ja, Frau Schmidt, hängen Sie Klein-Susi eine Steuermarke um den Hals, dann darf sie das auch auf jedem Weg, und alle anderen treten rein und freuen sich darüber, besonders nachher zu Hause auf dem Teppich, wenn sie's merken."
Ich kann mir noch keinen Hund leisten, weil mir noch die Kristallwhiskygläser fehlen und ich auch nur eine alte Couch besitze, auf der sowieso kein Hund sitzen will. Aber natürlich habe ich es mit verletztem Stolz abgelehnt, den großen Haufen von Schröders Bonzo als Morgengabe vor meiner Garage anzunehmen. Ich brauche noch keine Almosen, und so habe ich das Geschenk auf eine Schippe geladen und Schröders zurückgebracht. Auch Herr Krüger war gerade da, der Herrn Schröder klar machte, er würde seinen Kieshaufen selber mit Wasser feucht halten und auf Bonzos Mithilfe verzichten.
Sonntags, wenn die lieben Eltern sich wohlverdient beim Fernsehen mal ausruhen müssen, schicken sie mit Vorliebe ihren Nachwuchs auf die Straße, wo sie mit Pistolengeknall und Fußballgedonner die ruhesuchenden Sonntagsgärtner mit Geschrei aus der Hängematte scheuchen. Ein ganz besonders lieber Bubi hat sich ein neues Spielchen ausgedacht. Er borgt sich einen ausgesprochenen Kläffer aus einem anderem Stadtviertel aus, spitzt ihn bis zur Weißglut an und jagt dann zwei Straßen rauf und runter, auf und ab, hin

und her, mit dem Hassan an der Leine. Alle anderen antworten ihm in unvergleichlichen Tönen. Bubis Vater wurde glücklicherweise mehrmals aus seinem Fernsehschlummer gerissen und nach mehreren vergeblichen Verwarnungen kam er wutschnaubend in Latschen aus der Wohnung, schmiss einen Pantoffel nach dem Köter und ließ den anderen auf Bubis Hosenboden tanzen. Ob das nun das Richtige war und er Recht hatte oder nicht, ich war begeistert von diesem Höhepunkt und der anschließenden Ruhe. Und ruhig ist es ja, bis auf nachmittags um vier. Da kommt Herr Fitzner nach Hause, ein Elektriker mit dem berühmten Hundezwinger „Edler von Jaulsdorf". Alle Edlen von Jaulsdorf freuen sich nun mächtig und geben dem auch in voller Lautstärke Ausdruck, zur vollen Freude aller Anwohner. Ein überdimensionales Hundewahlprogramm wird ausgestrahlt, einer kann es immer besser als der andere.

Aber sonst ist alles ruhig, bis es abends dunkel wird. In 50 Meter Luftlinie entfernt wohnt ein riesengroßer Bello, der vom Abend bis zum Morgen die Umgebung durch meisterliche Kostproben seiner Unterhaltungskunst beglückt. Ausgeprägte Musikalität ist zwar angeboren, wird aber erst durch richtige Pflege zur höchsten Vollendung gebracht, Bega-

bung besitzt er unendlich. Nur bedarf es eines verständnisvollen Unterrichts, um das Konzert mehr in piano pianissimo und nicht so sehr in forte erklingen zu lassen.

Mich hat das Tun und Lassen von Bello tief beunruhigt, da ich nachts auch schlecht schlafen kann und mir dann manches durch den Kopf geht. Warum Bello seine Partituren ausgerechnet nachts übt und mit solcher Ausdauer und Beständigkeit? Meine Recherchen haben ergeben, Bello grault sich, es sind Klagelieder, er grault sich, weil sein Herrchen ihn abends aussperrt.

Aber sonst ist alles ruhig. Bis morgens unser kleiner neuer Nachbar Fido am Fliederstrauch den neuen Tag mit Gekläff ankündigt.

Uns ist eine Katze zugelaufen, der wir einige Tröpfchen Milch und ein Scheibchen Leberwurst zukommen lassen. Im März kommt manchmal ihr Freund, der schwarze Stanislaus zu Besuch in unseren Garten. Ihre Liebesbeteuerungen gehen auch nicht gerade leise über die Bühne. Anlässlich solcher Katzenopern entledigen sich die Nachbarn ihrer überflüssigen Blumentöpfe und gucken mich schief an. Nun weiß ich nicht, gucken sie nun so schief, weil ich keinen Hund habe oder weil meine Katze solchen Radau macht oder weil sie das nur manchmal macht.

Im Turnverein der Ungenormten

Gisela hatte sich den Hals verrenkt. Und als nach vier Wochen die Halskrause abkam, meldete sie sich im Turnverein an. Sie wollte nicht einrosten. Auf dem Formular stand: Osteoporose-Selbsthilfegruppe. Sie ließ sich das Wort auf der Zunge zergehen. Sie übte und stellte fest, das war so schwer, als wenn man mit einer neuen Zahnprothese Hühnerschenkel abknabbern sollte. Osteoporose wurde einst im altdeutschen als Witwenbuckel bezeichnet. Die Welt liebte zwar altdeutsche Möbel in dunkler Eiche aber keine Witwenbuckel.

Gisela war nun eine Osteoporoseturnerin, und eines Tages kam ein Osteoporoseturner dazu. Ihm hatte die Gruppe zu verdanken, dass eine spanische Wand aufgestellt wurde. Er sollte keineswegs von den vielen weiblichen Mitturnerinnen, die meisten schon kurz vor dem Verfallsdatum, irritiert werden.

Bis auf die eben überstandene Halskrause war Gisela zu Haus quicklebendig. Sie stieg die siebenstufige Leiter hinauf, um die lange Gardine anzuknipsen, sie kroch mit dem ausgewrungenen Scheuerlappen in alle Ecken, wedelte die Spinnweben von der Decke, bohnerte den Hausflur, fegte im Winter den Schnee von der Straße und schleppte die Taschen mit Milch und Mohrrüben nach Hause. Bis auf ihre Vorliebe für Würstchen und Bouletten lebte sie eigentlich ganz gesund.

Sowie sie jedoch die Sportarena betrat, ergriff sie eine gewisse Hilflosigkeit. Und jedesmal war sie überrascht, dass das Gehirn die Nachricht, jetzt das linke Bein zu schwingen und das rechte Bein, aber mit durchgedrücktem Knie, ruhig zu stellen, weiter gab, dass das unten beim Bein auch ankam. Mitunter zwar verspätet und dass das Bein heftig wackelnd, sich gegen diese Nachricht wehrte. Auf Anweisung der Regie durfte sie sich an der Wand festhalten. Andere Teilnehmerinnen ergriffen sofort die Gelegenheit, sich auf die gleiche Weise wieder ihre Balance zu verschaffen.

Vor Giselas Wand wurde die Halle zur Dekoration durch eine Säule mit Spiegel unterbrochen. Von oben bis unten nur Spiegel. Vor Schreck vergaß Gisela das Bein zu schwingen. Sie schwang nicht das rechte Bein und auch nicht das linke. Krampfhaft überlegte sie, wer ihr da gegenüberstand.

Selbst in ihrer Jugendzeit wäre sie nie ein Glücksfall für den Friedrichstadtpalast gewesen. Dort war schon immer Voraussetzung, so lange Beine zu haben, wie sie selber groß war. Inzwischen war sie gewachsen, aber hauptsächlich in der Mitte. Und der lange Spiegel zeigte ihr das rücksichtslos, der kannte kein Pardon. Monatelang hatte sie die Waage für die Gewichtskontrolle vor sich selber unter dem Badezimmerschrank versteckt. Der

Kleiderschrank quoll über, die Stange bog sich und sie konnte herauszotteln, was sie wollte, es kniff, und meistens versagte der Reißverschluss, es ging nichts zu. Und wie wohl fühlte sie sich in dem Sportdress, den manche Jogginganzug nennen, den sie als sportlichen Hausanzug für die bequeme Feierabend-Gestaltung vor dem Fernseher sich hatte schicken lassen. Mit Dehnbund stand im Katalog, und der Bauch nutzte das schamlos aus, genau wie die Taille.

Das Spiegelbild nagte an ihrem Selbstwertgefühl. Sie pfiff auf den Slogan: Dicke sind gemütlich. Und auch Cäsars Einstellung: Lasst Dicke um mich sein, hielt sie nicht mehr für zeitgemäß. Sie wollte nur noch Mohrrüben knabbern und die Würstchen weglassen, jedenfalls manchmal. Irgend wann und irgendwo musste man ja schließlich anfangen.

Nach den Gleichgewichtsübungen wackelte sie den anderen hinterher. Ihr verletzter Stolz suchte nach Gegenwerten. Sie suchte infamerweise nach den Fettpolstern der Osteoporoseleidenden. Und sie fand reichlich Nahrung. Aufatmend registrierte sie weite T-Shirts, die die füllige Oberweite etwas vertuschen sollten, und hautenge Leggings, die bezeugten, dass die Besitzerinnen keine Anhängerinnen einer Diät waren.

Turnerinnen mit begnadeten Körpermaßen gab es auch, aber sie waren in der Minderheit und gingen bei dem Angebot der Wohlstandsmassen ein bisschen unter. Und Gisela entdeckte die Vielfalt menschlicher Formen.

Der Liebe Gott besaß in der Erschaffung viel Phantasie. Er beschränkte sich nicht nur auf lange Dürre und auf kurze Dicke. Es gab Mischungen aller Art, schwerlastig nach oben und nach unten, und bei einigen fragte sie sich, wie sie überhaupt das Gleichgewicht halten konnten.

Und Gisela mitten drin. Und sie fühlte sich unter den ungenormten Frauen pudelwohl, war sie doch eine von denen, die nur unter erschwerten Bedingungen eine Hose per Katalog bestellen konnten.

Und sie turnten und turnten und turnten, hatten Freude dran, auch wenn sie am Spiegel vorbeigingen. Und sie schwangen erst das rechte Bein, dann das linke, lagen auf der Matte und streckten dann alle Viere von sich. Endlich war dann das Schleifen wie in der früheren Armee vorbei, und doch freute sich auf die nächste Woche.

Lass doch det Kind die Bouletten

Das moderne Kind lebt von Pommes mit Ketchup und von Cornflakes. Es schüttet Cola in sich rein, Milch nur in höchster Bedrängnis und dann mit Tropengold Instant, was sich von alleine auflöst. Umrühren mit dem Löffel, fertig. Der moderne Erwachsene schlägt anspruchsvoller zu. Er bongt Döner und bei seiner multikulturellen Veranlagung manchmal Gyros, Hamburger oder Hot-Dogs. Dazu Bier oder Limo aus der Büchse. Fertig. Kein Abwasch, Fettpapier bereichert die Umgebung der Imbissbude, mit den Büchsen spielt man in näherer und weiterer Umgebung Fußball. Und damit sich die paar Büchsen nicht graulen, kommen täglich ein paar neue hinzu. Wohin auch mit dem Abfall? Vor einigen Jahren noch stellte man sich die leeren Dosen als Westtrophäe oben auf den Küchenschrank, sie waren Sammelobjekte, man tauschte. Heute werden sie rücksichtslos von den Autos überrollt, nicht bloß von Mercedes und Golf, nein, auch von Trabbis und Wartburgs. Vor einigen Jahren kannte hier auch kein Mensch Döner Kebab. Der Hauptausstoß einer Imbissbude waren Bockwurst mit Mostrich, nicht zu vergessen die sagenhafte Currywurst. Wartete man am Bahnhof Schöneweide in Berlin auf den Zug, zog es einen magisch auf die Straße, wo so eine Bude stand. Aber wehe, man nahm eine spätere Bahn, dann gab es nur noch Grilletta. Die Frage, woraus Grilletten bestanden, die sogenannten Ingredienzien, hatte bisher in jedem Quiz des Deutschen Fernsehfunks gefehlt. Das Geheimnis haben die Hersteller mit ins volkseigene Fleischkombinatsgrab genommen. Was zu trinken auch noch? Im Sommer labbrigen Tee, im Winter kaltes Bier im Becher. Für eine Mark Pfand konnte man den Becher mitnehmen und sich vom Stand entfernen. Nirgends lag eine Büchse rum, nicht weil wir so unendlich ordentlich waren - mangels Masse.

Ich habe nie eine Grilletta probiert und auch noch keinen Döner. Meine Familie hat mich mal beim Essen gefilmt, als ich so gedankenverloren in eine lieblich duftende Schmalzstulle biss. Wochenlang habe ich daraufhin aufgepasst, wer mir beim Essen gegenübersaß. Ich wollte keinen verschrecken. Und nun setzen sie sich mal mit einem Döner in der Hand vor den Spiegel. Kannibalisch, was? Animalisch, was? Das Brot von diesem Döner ist allerdings gesünder für die Zähne, sagen wir mal schonender als das, was zu Curry- oder Bockwurst und Grilletta geliefert wurde. Mit beiden Händen zusammengehalten, zerbröselt es erst im Mund. Das Bockwurstbrötchen eignete sich bloß für geriebene Semmel, oder man musste es eintunken, sonst biss man sich die Kronen raus. Und da lese ich jetzt öfter in der Zeitung: Wir wollen unsre alten Schrippen wieder haben, wir wollen unsre alten Schrippen wieder haben, aber die von der HO, sind sie auch noch so klein, wir zahl'n och'n Sechser für diesen Stein. Sehnsucht nach Konsumschrippen? In welcher begnadeten Gegend so manche lebten.

> *Der kleine Junge kommt am Sonntagmittag mit einem Eis nach Hause. Fragt die Mutter: „Woher hast du denn das Eis?" - „Du hast mir doch einen Euro gegeben." - „Der war doch für die Kirche." - „Ja, aber da war der Eintritt frei!"*

Doppelt genäht hält besser

Manchmal hat man den Eindruck, man müsste alles doppelt machen, nicht in dem Sinn, dasselbe zweimal zu machen, sondern dasselbe in einer anderen Variante zu produzieren. Das muss man natürlich an einigen Beispielen erläutern. Da heiraten zwei Menschen, das geht eine Weile gut, bis sie merken, es wäre besser gewesen, sie hätten nicht geheiratet. Sie lassen sich scheiden und beim zweiten Mal haben sie den richtigen Fisch an der Angel. Die jungen Leute heiraten deswegen heute oft ins Unreine, dass heißt gar nicht, sie verweigern die standesamtliche Eintragung in das Heiratsregister. Sie sparen die teure Scheidung und suchen später einen neuen Partner. Um den Richtigen zu finden, muss man nicht an Liz Taylor denken, die einige ihrer Männer sogar zweimal heiratete und dann immer noch nicht den richtigen hatte. Wenn ich mit dem Zählen mitgekommen bin, waren es derer sieben. Das könnte sich ein normaler Sterblicher finanziell gar nicht erlau-

ben. Aber vieles wird bei der Zweitauflage besser. Unser Opa hat in den 30er Jahren ein Haus gebaut. Was war das für die damalige Zeit schön und teuer, bei einem Einheitswert von 12000 Mark. Und als wir es dann in Regie übernahmen, fingen wir erst einmal an, die Mängel zu registrieren. Sparsam waren unsere Vorfahren, sie bauten nicht einen Zentimeter zu weit in den Garten, wir hätten das gerne ein bisschen großzügiger gehabt. Und dann eine 15er Birne im Kellereingang, keine elektrische Leitung in die Kellerräume. Man hatte da nachts nichts drin zu suchen, und wenn, dann ging die Mutter mit dem Talglicht runter. Man rechnete mit dem Pfennig. Die Nachfahren taten großkotzig, es kam nicht so drauf an. Was kostet die Welt! Wir wollen nicht so auf die heutige Generation schimpfen, besser waren wir auch nicht. Und im Garten, an jeder Ecke ein Strauch, den man abernten konnte, nicht ein Grashalm, schon gar nicht mehrere, die man Rasen nennen konnte. Alles war bewirtschaftet, überall Bohnen, Erdbeeren und Kohlköpfe.

Nun hatten wir das Haus am Halse, das soll nicht abwertend gemeint sein, aber wir wollten etwas draus machen, etwas Neuzeitliches. Es sollte den Wert steigern, auffallen und nach Möglichkeit das Portemonnaie nicht belasten. Also musste man vieles alleine machen, überall waren genügend Fehlerquellen. Und da komme ich auf den Anfang der Geschichte zurück. Ein zweites Haus, von uns um- oder ausgebaut, würde ganz anders aussehen als unser jetziges. Natürlich sind wir bei der heutigen Wohnsituation und den verwickelten Vermögensverhältnissen froh, dass wir nicht zu den Leuten gehören, wo plötzlich einer auftaucht und sagt: Das ist mein Haus, hauen Sie ab!

Mir gehört hier alles, aber es sind eine ganze Reihe von Fehlern eingebaut worden, die in einem zweiten Haus nicht drin wären, wahrscheinlich wären es da andere. Mein lieber Mann arbeitete furchtbar gern mit dem Zollstock, und da ich dafür nichts übrig hatte, weil ich mich schon öfter vermessen hatte, überließ ich ihm diesen verantwortungsvollen Posten. So kam es, dass das Fensterbrett für das Blumenfenster einen Zentimeter zu kurz war und mit einer dicken Fuge ausgeglichen werden musste. Die zwei Fenster in einem anderen Raum stimmten in der Höhe nicht überein, das merkten wir erst, als wir die Gardinen anmachten. Mein Mann

fand das nicht so gravierend, die Gardinen würden das schon überspielen. Im Sommer stellten wir fest, die Terrasse wäre an der falschen Seite, und eigentlich wäre das Haus auf der falschen Seite der Straße, denn alles läge immer im Schatten. So etwas müsste alles vorher beizeiten richtig entschieden werden. Und deswegen hat man das Gefühl, beim zweiten Mal etwas besser zu machen.

Manche denken dabei an ihre Kinder. Da kann man auch eine Menge verkehrt machen. Nur hierbei ist das so, man hat sie zeitlebens, ob sie einem passen oder nicht. Es gibt kein Zurückschicken und auch keinen Umtausch. Manche fabrizieren jahrelang dieselben Modelle, die können nur ein Muster, aber alle sind gut, andere sind so variabel, dass man mitunter die Vaterschaft anzweifeln könnte, vielleicht wären die in der Wiederholung besser, man weiß das nicht. Nun haben wir vor dreißig Jahren ein Erbbegräbnis auf dem Friedhof gekauft. Das würde ich kein zweites Mal nehmen. Vor lauter Blättern und Wurzeln findet man da nicht mehr seine verstorbenen Lieben. Doch da sie nun alle drin liegen, muss ich zusehen, wie ich das bewältige.

Ein zweites Mal heiraten würde ich allerdings nicht, und keine Probe auf 's Exempel machen. Was ich hatte, weiß ich, doch wer garantiert mir die doppelte Freude meiner bisherigen Erfahrungen? Aber natürlich beschäftigt es mich schon, die Freude am Leben noch zu vordoppeln.

Wer hat welchen Film gedreht

Ohne hinzusehen weiß ich, es beginnt ein italienischer Film. Die Lautstärke sagt es mir. Unmengen von Kindern rotten sich nicht nur auf der Straße zusammen, sie töten auch in der kleinen Küche der im Unterrock kochenden Mama den letzten Nerv. Die Mama hat immer einen Unterrock an, obwohl das Land überquillt von weltbekannten Modefritzen. Aber sie kocht und putzt im Unterrock. Nicht in so einem deutschen mit angeschnittenen Trägern, dem sogenannten Vollachselhemdenschnitt, der italienische Unterrock hat selbstverständlich Spaghettiträger. Ob nun Fahrräder geklaut werden oder Münzen in einen Brunnen geworfen werden, oder ob man einen Maffiosi verfolgt, die Geräuschkulisse bilden Kinder, um die Filmmusik kommen die umhin. Und das ist gut so, denn die Tontechnik scheint in allen Ländern noch selig in der letzten Generation zu weilen. Was die Kinder betrifft, ist man auf dem Laufenden, der Papst predigte hier keinen tauben Ohren, nachts war man schon recht fleißig. Und mit einem nicht zu bremsenden Redestrom kämpft Mama gegen oder für Mandolinen und Mondschein.

Der deutsche Film schwelgt in Chippendale und Wolkenstores. Man liebt es weich und warm, aber mit Stil. Mit viel Stil. Bei Stil stören Kinder. Lieber hat man ein Hausmädchen. Bei Stil steht man am Piano, Sekt trinkend, nein, man trinkt Champagner. Teure kostbare, langstielige Rosen stellt die Gastgeberin in riesige Vasen, einer Blumenliebhaberin dreht sich das Herz um, denn die Rosen müssen ohne Wasser ums Überleben kämpfen. Und Lieschen Müller im Parkett ist glücklich über den friedlichen Ausgang des Dramas. Sie kriegen sich immer, die Armen und die Reichen, im Film ist das eben so. Auf dem Heimweg überdenkt sie das „Stück aus dem Leben", Angesichts ihrer ungeheizten Dachstube bereitet der Film-Fritze unterschwellig den Klassenkampf vor, der weiß das nur noch nicht.

Ein amerikanischer Streifen erfordert viel Sitzefleisch. Der Tisch vor dem Fernseher wird vollgestellt mit Proviant, schon nach dem endlosen Vorspann sind die ersten hungrig. Bei Salzstangengeknabber und Erdnussaufheben wissen wir, wer mitspielt und dass die sogar einen Direktor der Photographie haben.

Um was es so richtig geht, erfährt man oft erst am Schluss, ganz zufällig. Nach der anschließenden Diskussion scheint jeder einen anderen Film gesehen zu haben. Die Verfolgungsjagden finden hauptsächlich in engen Einbahnstraßen statt, wo den Plakatklebern die Leitern unter dem Hintern weggerissen werden und die nun wie die Klammeraffen oben in der Luft hängen. Keiner lässt sich die Uraltkamelle entgehen. Der Gummimensch Fred Astair zeigt wie man seine

Beine elektrisieren kann. Und höchstes Lob ernten die Westernhelden, wenn sie angeschossen, ohne Wasser und Brot drei Tage durch die Prärie reiten bis nach Dutch City, um mit letzter Kraft den Colt ganz locker aus der Hüfte zu ziehen und erst nach Errettung des Städtchens tot umfallen. John Wayne machte damit Millionen. Das waren noch Kerle. Und wegen so ein bisschen Husten füllen sich bei uns die Wartezimmer.

Den Vogel schießen die Amerikaner mit ihren Kulturschinken ab. Der amerikanische Bürgerkrieg ist uns besser bekannt als unsere eigene Geschichte. Wir kennen höchstens noch den Alten Fritzen und Otto Gebühr. Der hat auch nie Skarlett O' Hara im Arm gehabt und nicht so im Winde verweht geküsst wie Clark Gable. Tränen... Taschentücher...

Mord und Totschlag ist keine Erfindung der Neuzeit. Schon im Altertum haben sie sich reihenweise umgebracht. Und sind

Schönster Filmkuss aller Zeiten (1939) Vivien Leigh (1913-1967) und Clark Gable (1901-1960) im Sezessionskrieg zwischen Glück und Tränen.

trotzdem sauber überall angekommen, wo sie hinwollten. Jahrelang latschten sie in Sackleinewand und Jesuslatschen durch die Wüste. Alles ohne Kompass, Cola und Rettungswagen.

Diese Strapazen hielte heutzutage kein anderer mehr durch, schon gar nicht für seine Religion, auch nicht für das richtige Parteibuch.

Die Politiker würden wie die Kirchenfürsten hübsch zu Hause bleiben, und man kommt eigentlich dabei ins Grübeln, wie anspruchsvoll alle geworden sind und was die beispielsweise bei einer Auto-Rallye alles benötigen.

Den Pater Ralph klammern wir mal aus. Unübertroffen schlummert er in unserem Herzen, wochenlang leiden wir und überlegen, diesem Glauben beizutreten. Da würden die Dornenvögel auf so einer „Ponderosa" überhaupt nicht stören.

Weit davon ab ist der französische Film. Da gibt es die prämierten Filme von Chabrol, das sind die Filme mit Anspruch, d.h. mit Erklärer. Und jeder erklärt den Film anders, jeder denkt anders um die Ecke. „Was will der Film uns sagen", droht man den Zuschauern. Das sind die Geschichten für Intellektuelle.

Die Pikanteren zeigen sie erst nach Mitternacht. Eine Frau steht am Herd, eingewickelt in eine schlampige, uralte und viel zu große Strickjacke. Ein Erbstück, schon lange vor der Zeit von Dior und dem mit dem Zopf. Die Füße stecken in hohen Hackenschuhen, sonst hat sie nicht viel an, jedenfalls ist unter der Jacke nichts zu sehen. Sie rührt und rührt in einem Topf ein bisschen herum. Eigentlich ist es egal, was sie rührt, denn gleich wird der Herr des Hauses kommen und ihr die Leviten lesen. Dafür gibt es immer Gründe, im täglichen Leben ebenso wie im Kino. Entweder hat sie das Fahrrad an sein kostbares Auto gelehnt, oder sie hat eine wichtige Rechnung vergessen rechtzeitig zu bezahlen, oder das Schlüsselbund mit allen Ersatzschlüsseln ist nicht zu finden. Davor hat sie Angst, sie will ihn milde stimmen. Verführung pur. Schnell setzt sie noch eine scharfe Baskenmütze quer über das linke Auge, übt mit dem rechten Auge einen lasziven Blick, so auf halb-acht von unten, eine Zigarette klebt im Mundwinkel, nicht so direkt, die Zigarette klebt, auch wenn sie spricht. Die Zigarette fällt nie ab. Französinnen können das, wahrscheinlich muss man als Französin auf die Welt. Ich habe das probiert. Mir fiel sie immer in die Suppe. Ich übte das schachtelweise mit Club und Duett, keine klebte, auch nicht die billigeren wie F 6 oder Juwel 72. Da dämmerte es mir, die deutsche

Frau eignet sich am besten für den Heimatfilm im Dirndl-Kleid, mit Silberwald und Reh, mit Wilddieb und Wasserfall, als Försterliesel oder Schwarzwaldmädel als... Es gibt da noch eine Menge Möglichkeiten

Nun braucht ja jeder Film sein Sahnehäubchen, sonst geht keiner ins Kino. In einem amerikanischen Spielfilm gehört ein deutscher Soldatentrottel ebenso dazu wie ein verbrecherisches Subjekt in deutscher Uniform in einem sowjetischen Kriegsfilm. Hätten wir alle den russischen Filmen geglaubt, dann hätten wir unseren Kindern erzählen müssen, die Rote Armee wäre zur Befreiung Deutschlands nur mit barmherzigen Samaritern eingezogen. Leider wissen ein paar Leute, dass es nicht so war. Solche glorifizierenden Filme waren früher oft Pflichtfilme.

Heute können wir auf den Knopf drücken und den Sender ausstellen.

Ein Reporter fragt den Filmstar: „Wieviel Ehemänner hatten Sie eigentlich?" - „Die eigenen oder so im allgemeinen?"

Angebrannt

Meine Mutter wurde nicht müde, die Geschichte zu erzählen von einer neuen Mieterin, der die Wäsche im Waschkessel angebrannt war. Wäsche anbrennen lassen! Wo gab es denn so was! Das ganze Haus stank nach angebrannter Wäsche. Auf mich machte das keinen großen Eindruck. Ich durfte mal Pudding kochen und der mit meiner angebrannten Milch schmeckte mir besonders gut. Was heißt hier schon angebrannt! Reine Geschmackssache.

Erwachsen war ich doch noch perfekt geworden, meine Familie forderte das. Der Sommer bestand eigentlich nur aus Einwecken und Marmeladekochen.

Ein wunderbares Aroma erfüllte meine Küche. Der Duft ausgesteinter Sauerkirschen kitzelte den Gaumen. Marmelade sollte das werden, eins zu eins mit Zucker. Das ergab meistens so vier Gläser. Ich dachte an ein frisches Brötchen mit frischer Marmelade, selbstgekocht.

Es klingelte. Horst stand mit einem großen Beutel Ringelblumen vor der Tür. Bereitwillig klärte ich ihn im Garten über die Heilkraft der Ringelblumensalbe auf, und vor allem wie man sie macht. Ich demonstrierte die Heilkraft aus der Apotheke Gottes so lange, bis wir dachten, die Luft hätte sich verändert, sie war herber geworden, sie zeigte sich recht aromatisch, fast unangenehm. „Brennt bei dir was an?"

Die Marmelade war nicht mehr zu retten, sie war eine innige Verbindung mit dem neuen Topf eingegangen. Kratzen und scheuern war vergeblich. Aufkochen mit Seifenpulver half, schon löste sich die unterste Schicht der ehemaligen Marmelade.

Wieder klingelte es, diesmal war es das Telefon. „Ganz schnell Fernsehen einstellen, Erwin mit der Handtasche ist in Meisers Talkshow."

Erwin wohnte in der Mauerstraße, er war der einzige Transvestit in unserer Kleinstadt. Vielleicht gab es noch mehr, aber die fielen nicht so auf. Erwin kannte jeder. Und der war jetzt im Fernsehen und zog vom Leder. Er zog mit anderen eine halbe Stunde, nur von der Reklame unterbrochen. Der zweite Werbeblock erinnerte an den Marmeladentopf, der war nun nicht mehr zu retten. Jetzt roch es nach angebranntem Seifenpulver. Der Topf war fast verglüht, er schimmerte in den Regenbogenfarben und wanderte sofort in die Mülltonne. Das war eine teure Marmelade. Rechnet man den Preis für ein Kilo ausgesteinter Schattenmorellen, den Kilopreis für den Gelierzucker und den Preis für den ladenneuen Topf, kommt ein hübsches Sümmchen zusammen. Da steht man da und guckt fassungslos in angebranntes Seifenpulver. Was hätte nicht alles passieren können. Ganze Häuser sind auf die Weise schon abgebrannt. Noch mal Glück gehabt. Wo jetzt überall die Häuser brennen, was machen die in Bosnien, in Rußland oder in Israel. Über meine Marmelade komme ich zur großen Weltpolitik, ich denke über den Tellerrand. Nicht lange, aber ich denke daran, und ich bin glücklich, dass hier keiner die Häuser anzündet, bloß weil ihm meine Nase nicht passt oder weil ich nicht in seiner Partei bin, oder weil er denkt, er müsse für meine Rente aufkommen, oder ich nehme ihm seinen Arbeitsplatz weg. Oder ich habe nicht das Gardemaß von der Schiffer, oder mein Auto steht oft auf seinem Parkplatz. Könnte doch alles sein. Leute, die Jahrhunderte oder wenigstens Jahrzehnte in aller Ruhe nebeneinander wohnten, miteinander Feste feierten, schlagen sich die Köpfe ein, plötzlich, weil es anderen nicht passte. Und sie schlagen und schlagen, überall. Da muss man froh sein, wenn einem bloß die Marmelade anbrennt.

Die Bonbonkocher

Was man nicht hat, danach sehnt man sich. Zucker war knapp während des Krieges, er wurde auf Lebensmittelkarten zugeteilt, und im Handumdrehen waren alle süßsüchtig. Aber woher nehmen und nicht stehlen!

In den meisten Familien fanden jedoch kriminelle Handlungen statt. Vorbei waren die Zeiten der grünen Maiblätter mit Waldmeistergeschmack, es fehlten die roten Himbeerbonbon, wo man jede einzelne Bubbel erfühlte, bei den sauren Stachelbeeren züngelte man nach einem heftigen Lutschakt durch die Fäden, es gab keine Hustenbonbon mit Anisaroma und auch keine Pfefferminzecken, die sogenannten Lebenswecker. Jetzt waren die großen Bonbongläser im Tante-Emma-Laden für alle Zeiten ausgeräumt. Früher verkaufte Tante Emma Bonbonbruch, eine Tüte für'n Sechser. Goldene Zeiten, jetzt gab's gar nichts, nicht mal Bruch. Nur noch Erinnerungen und dieser ständige Jieper!

Der bloße Gedanke brachte einen auf kriminelle Abwege. Do it your self gab's auch schon und bedeutete: Geh'n wir mal ran an Mutters Zuckertüte. Die anfangs ahnungslose Verwalterin dieser Droge hatte die noch nicht unter Verschluss, was sich später grundlegend ändern sollte. Noch kam man ran. Man wartete auf einen günstigen Moment und schätzte die Zeit ein, die man zur Verfügung hatte, um nach den Anweisungen und Erfahrungen seiner Mitschüler zum Bonbonkocher zu werden.

Das Bonbonkocherteam bestand meistens aus zwei Mann, einer beobachtete die Haustür und übte dabei, die Zuckertüte sorgfältig zu knicken. Jeder Verdacht sollte wegfallen, nichts sollte die ahnungslose Mutter auf den Gedanken bringen, da sei einer dran gewesen. Der zweite Mann arbeitete vor Ort, er bediente die Pfanne. Er schüttete den Zucker rein, nein, er ließ ihn rieseln und rührte und rührte bei kleinster Flamme, bis der Zucker seine Gestalt veränderte und sich verflüssigte. Ganz Versierte tippten nun aus einem Aromafläschen ein paar Tröpfchen in die Masse. Aber nur ganz Mutige, die meisten hatten dazu keine Zeit und brauchten auch keine weitere Verfeinerung. Nach dieser chemischen Umwandlung versuchte man das ganze auf Butterbrotpapier zu balancieren. Wenn man Pergamentpapier hatte, konnte man ohne weiteres das Ergebnis an die Mitwirkenden verteilen. Dann hatte man Glück. Jeder setzte sich hin und lutschte vergnüglich an seinem Bonbon, der breitgelaufen auf dem Papier klebte. Es klebten auch die Finger, ebenso die Münder, weit über den Mund hinaus. Manchmal landete das auf einem Teller, in der Hoffnung, man könnte das mit Messer oder anderen spitzen Instrumenten stückweise abblättern, aber denkste, da tat sich selten etwas. Man musste den Bonbon vom Teller ablutschen. Das gab Ärger und Verwicklungen, und wehe, wenn Mama zu früh nach Hause kam. Wohin mit den Indizien? Die Pfanne kam unter den Küchenschrank, die gestraffte Tüte in die Speisekammer und alle hofften, es solle

ja niemand merken. Das war die Ära der Malzbonbon. Es gab noch eine andere Ära, das war die der Schokolade. Auch hier rührte man, aber in kaltem Zustand. Die Kunst des Genusses entwickelte sich erst bei dem Genießer nach bestandener Prozedur. Ohne Vorkenntnisse mischte man auf gut Glück Zucker mit Kakao, im sogenannten Kaltverfahren, das Mischungsverhältnis spielte keine Rolle und erforderte noch keine Berechnung wie später beim Betonherstellen im Verhältnis eins zu fünf oder ähnlich. Die Kunst bestand darin, die eingeführte und sich eingebildete Schokolade nicht wieder herzugeben. Mit einem Löffel voll Pulver erlebte man höchste Gaumenfreuden, der zweite Löffel gelang einem auch noch, aber spätestens beim dritten sperrte sich der Rachenraum gegen eine weitere Aufnahme, man nieste, was das Zeug hielt, die Mischung versuchte aus der Nase und dem Mund wieder herauszukommen. Die erste physische Belastung war geboren. Aus-Ende. Und freitags, nach dem Großreinemachen, kam das jüngste Gericht auf einen zu, wenn die Schüsseln und Töpfe der Versuchsstation unter dem Küchenschrank hervorgeholt wurden. Die Angeklagten hatten sich zu verantworten, und auf längere Zeit wurden Pudding und Rote Grütze gesperrt und entzogen. Aber die Mutter hielt das nicht lange durch, es kam immer wieder zu Rückfällen. So war das im Krieg.

Nun war der Krieg vorbei, und allmählich lernten wir in der eigenen Küche den Zucker zu karamellisieren und vielen Süßspeisen damit eine raffinierte Note zu geben. Viele Leckermäuler kennen noch die karamellisierten Äpfel vom Weihnachtsmarkt. Aber die Leckermäuler mussten noch viele Jahre auf Schokolade warten. Eine grässlich fettige Schokoladenimitation wurde als VITALADE angeboten. Etwas später erfand man für Süßsüchtige aus dubiosen Ersatzstoffen die SCHLAGER-SÜSSTAFEL. Kein Mensch außer der Schokoladenfirma ZETTI wusste, was da drin war. Aber sie wurde gerne gekauft, kostete 80 Pfennige (Ost) und rundete jede Woche im Konsum den Einkauf ab. Es gab nichts Besseres auf dem Sektor, man war sowieso

an die Geschmacksverirrungen der Lebensmittelbranche gewöhnt. Im Deli-Laden lachte das Herz bei Ferrero-Küsschen und Sprengelschokolade, aber das Herz blutete bei den Preisen.

Nach der Wende 1990 stürzten wir über sämtliche Angebote der westlichen Hersteller her, probierten alles aus, wurden auch nicht schlank davon, haben unsere eigene Geschmacksnote entdeckt und geben lieber ein paar Groschen mehr aus, um endlich den Gaumen zu befriedigen. Und was sehe ich im Regal des Supermarktes? Die Schlagersüsstafel wird wieder produziert, und die Leute müssen sie ja wohl kaufen. Sonst rechnet es sich für die Firma nicht. Auch die wunderbaren Nugat-Rollen im gehämmerten Schokoladenpapier packte ich ein. Alle Sorten hatte ich in den vergangenen Jahren ausprobiert, alles Blindgänger, viel zu süß. Man kann sich auch an so etwas gewöhnen wie an ein Paar alte Latschen. Mein größter Wunsch wäre die Entdeckung der früheren Maiblätter, der Himbeerbonbons und der sauren Stachelbeeren, dafür muss man jetzt bis nach Polen fahren.

Wir haben jetzt statt der Einheitspartei die Einheitsbonbons. Doch Süßigkeiten sind die Bausteine von Zahnarztvillen.

Das Fest der alten Tapete

Um in das neue Jahr zu kommen, gibt es zwei Möglichkeiten. Entweder man lädt Gäste ein oder man lässt sich einladen. Die zweite Möglichkeit wird von den meisten bevorzugt, weil man völlig ausgeruht nur auf die Wohnungsklingel der Gastgeber drücken muss, und schon ist das Fest in vollem Gange. Im neuen Jahr hat man nur noch den eigenen schwerfälligen Körper nach Hause zu transportieren, für alles andere wie den Abwasch, das Konfetti und die Papierschlangen, das Einsammeln der leeren Flaschen und der vollen Aschenbecher und das Polieren der vielen Gläser sind ja andere verantwortlich. Schließlich sind das ihre Sachen. Wir waren eingeladen.

Manchmal kommen die auf die Idee, im nächsten Jahr den Spieß umzudrehen und unsere Wohnung zu demolieren.

Ein zweitesmal kann einem das nicht passieren, dann weicht man aus und geht sicherheitshalber auf einen Tanzsaal oder in eine Kneipe und jeder zahlt seinen Senf selber.

Wir hatten schon alles ausprobiert, aber der Weisheit letzten Schluss noch nicht gefunden. Man könnte vielleicht der auf einen Tag festgelegten Fröhlichkeit entgehen und sie auf einen anderen Tag verlegen. Als hätte der Deibel seine Hand im Spiel, vorgehabt hatten wir das wiederholt, geschafft haben wir das nie.

Pünktlich um Mitternacht knallte der Sektkorken, man guckte, wie die Nachbarn ihr schönes Geld verballerten und langweilte sich mit den abgespielten Silvesterpartys. Und dann, husch, husch ins Körbchen.

Ein Wasserrohrbruch regte mich an, die Silvesterfete vorzuverlegen, genau zwischen Weihnachten und Neujahr, eine vollkommen unorthodoxe Zeit für Feste mit zu erwartender Lautstärke. Und so hungrig und aufnahmefähig für Gebratenes und Gesottenes ist in diesen Tagen auch niemand.

Unsere Tapete war so richtig hin. Von oben bis unten glänzende Wasserbahnen, vermischt mit dem Kalk der Decken. Und wir waren dran mit Feiern.

Das schaffen wir doch nie, bis Silvester zu renovieren!

„Wir laden nicht in die saubere Wohnung ein, nein, jetzt, wir feiern das Fest der alten Tapete."

Rundschreiben:

An alle...an alle...an alle!!!

Große Sause am Freitagabend. Einlass nur in Uraltklamotten. Baby-Doll-Kleider, Röhrenhosen. Kleine Änderungen nur in Notfällen gestattet. Mädels, wir wissen, dass wir schön sind. Zwängt Euch in die nostalgischen Gewänder und besiegt Eure Eitelkeit.

Silvester bleibt das Lokal geschlossen...

Sollten sie doch kommen! Sie sollten ruhig sehen, wie der Mensch so lebt mit abblätternder Leimfarbe und bekleckerter Tapete. Wir liefern das speckige Umfeld und sie das Zubehör.

Der Umbau begann am Donnerstag. Das Esszimmer empfing uns in gähnender Leere. Die hellen Flecke der Bilder ersparten die Beleuchtung. Einsam hing eine 25 Watt-Birne von der Decke herab. Umso mehr wirkte der Teppich, einziges Mobiliar. Sämtliche Sofakissen vermittelten einen orientalischen Eindruck. Der lange Tapetentisch strahlte den Charme eines Eisschrankes aus. Er war das Buffet, darauf standen in nostalgischer Schwelge Einzelstücke aus dem Keller, die schon jahrelang auf einen Polterabend warteten.

Meine Güte, jetzt wurde mir erst bewusst, wie viel Porzellan man in einer Ehe zertöppern kann. Alles von meiner Hand, denn wer wusch außer mir ab. Teller mit rosa Blümchen, mit kariertem Design und ganz ohne, nur mit Goldrand. Manches schon etwas angeknabbert.

Was sollte man aber nun anziehen? Das war die Gretchenfrage. Die Stange im Kleiderschrank brach fast unter der Mode von vorgestern. In einem Schub fand sich ein winziger Fetzen schwarzen Stoffes mit Zwillingsträgern, da hatte ich erstaunlicherweise mal reingepasst. Wie so ein Ding im Schrank einlaufen konnte! Als es neu war, klebte es schon wie eine zweite Haut an mir. Jetzt war es tatsächlich ein Etuikleid. Man konnte es nur mit dem Schuhanzieher anziehen. Mit Alfreds

Hilfe ging der Reißverschluss zu. Es war ein Stehkleid, sitzen und hocken musste man erst lernen.

Alfreds karierte Hosen erweiterten wir mit einem Gummiband, wie es die Schwangeren machen. Sie hatte dem Zug der Zeit nach Fülle und Wohlstandsbauch nicht standgehalten. Die Hosenbeine umspannten die Waden wie Wurstpelle und unterstrichen seine markanten Beine. Die Schuhe passten noch, die extrem langen Spitzen erinnerten bei Schuhgröße 44 an ein auslaufendes Segelboot oder so.

Es klingelte. Draußen stand ein mir fast fremdes Ehepaar mit der Eleganz von 1960. Wir schrieben das Jahr 1984. Wie sich die Welt verändern kann.

„Wolle mer se reilasse?"

Ein Geschoss sauste in den Korridor, wie eine Rakete mit sieben Knöpfen bestückt, bereit bei der kleinsten Erschütterung wie Handgranaten freie Bahn für den Busen zu schaffen. Edithas Busen drohte die Knöpfe abzusprengen. Man hatte Angst, sie würde jeden Moment platzen.

Die Oberaufsicht über die explodierende Rakete hatte Werner, er trug seine Verantwortung im Sportdress, als verdächtiger Olympionike. Er hatte 1950 der Ehrentribüne beim Deutschlandtreffen seine Aufwartung gemacht. Damals mit Freiübungen in Berlin. Und endlich konnte er bei der Gelegenheit seine alten bequemen Trainingshosen an den Mann bringen und zeigen, welchen Dehnungsbereich alte Hosen aus reiner Zellwolle, oder war es Baumwolle, haben. Der Mann war fein raus, sofort setzte er sich mit gekreuzten Beinen auf unseren orientalischen Teppich.

Eine lange Dürre, eine fast biblische Gestalt, betrat die Arena. Sie war bereits in der Bibel erwähnt worden: Eine lange Dürre wird kommen. Ingrid war gerade von einer Kur zurück. Sie trug ihren Faltenrock mit Hosenträgern. Besonders dick war sie nie gewesen, aber die Kur hatte ihr den Rest gegeben. Neidvoll beobachtete ich das lockere Spiel des Stoffes um ihre Hüften, die konnte sich wenigstens setzen und essen. Da drückte nichts, da zwängte nichts ein. Dass Fettpolster so ungerecht verteilt waren.

Benno, ein Mann im Maßhalten, der Anzug saß noch tadellos, er sah aus wie ein feingemachtes LPG-Mitglied auf einer Brigadefahrt nach Schloß Pillnitz mit anschließendem Tanz bei Kaffee und Kuchen. An Fred perlte jede Vergangenheit ab. Er kleidete sich schon immer betont englisch, zeitlos, und da er vom Schicksal besonders begnadet war, hatte er seit Unzeiten seine Figur nicht verändert. Er konnte essen, was er wollte, er nahm nicht zu. War er beim Mittagessen, erkundigte er sich schon, welchen Kuchen man gebacken hatte. Vor ihm musste man auf der Hut sein. Allerdings ein angenehmer Gast angesichts eines vollen Tisches. Ihm musste man nie zureden, Diäten kannte er nur von seiner Frau. Und bei Erika setz-

te alles an. Sie gehörte zur Zunft der Schnüffler. „Ich brauch nur durch die Küche zu gehen und habe ein Kilo zugenommen." Heute versteckte sie ihre Rettungsringe unter einem Walle-Walle-Kleid, es sah recht neu aus, aber sie beteuerte, es schon gaaanz lange zu haben. Ihr Magen war durch Fred im Dauerstress. Rudolf trug das Jackett weit offen, hinten wie auch vorne. In der Taxe hatte der eigentlich gute Stoff, Vorkriegsware, wie er betonte, nachgegeben. Für Durchlüftung war gesorgt.

Auch Gretel ähnelte mehr einer Cervelatwurst kurz vor dem Anschnitt. Aber noch hielten die Nähte. Tapfer war sie in ein Modell ihrer Vergangenheit geschlüpft, besser gesagt: sie war mit Drehen und Wenden wie beim Twist in mehreren Abschnitten hineingezogen worden. Nun war sie drin, sie hatte bestimmt Angst vorm Essen.

Und was gab`s nun, um die vielen Fettpölsterchen noch aufzustocken? Nach Gänsebraten roch es nicht, Weihnachten war vorbei, der Magen lechzte nach elementaren Genüssen, er brauchte Pellkartoffeln und Hering, Sauerkrautsuppe, Sülze mit Bratkartoffeln, Götterspeise, Vanillesoße und Bratäpfel und bitte nischt ̈Fettjes ̈.

Und wie nun sitzen, sich hinsetzen, man hätte vorher einen Gymnastikkurs besuchen sollen. Am besten kam der Trainingsanzug zurande, eigentlich die gesamte Herrenriege. Ingrid bereitete das auch keine Schwierigkeiten, der Rest holte sich zur Versöhnung nach der Anklage die Fußbänke aus der Küche.

Nach einigen kleinen Spaßmachern lag man wie zu Cäsars Zeiten zu ebener Erde und wartete auf eine innere Eingebung, wie man die Langeweile nach der Sättigung vertreiben könnte. Die Flecke der Bilder luden förmlich dazu ein, einen neuen Picasso zu entdecken. Fred traute sich an den Rahmen, mit einem dicken Pinsel umfuhr er den ersten weißen Fleck. Es werde ein venezianischer Rahmen, meinte er, mit vielen Schnörkeln. Er fand ihn gut und brauchte Beifall.

Von dem Einfall angeregt, griff Erika zum Pinsel, sie sorgte als seine „Konkubine" für den Inhalt: Punkt, Punkt, Komma, Strich, fertig ist das Mondgesicht.

Der sportliche Werner angelte sich einige Meter Tapetenleiste und heftete sie um unseren ehemaligen Rembrandt. Editha, die eigene Figur vor Augen, entwarf üppige Wellenlinien mit zwei Pickeln obendrauf, Rubensbrüste.

In Erinnerung an das vergangene Fest der Liebe schwelgte Ingrid in Fett und Öl. Sie tunkte einen Pinsel in das auf dem Tapetentisch sich verflüssigte Gänseschmalz und dekorierte unser Matterhorn mit einem Teller. Ein dampfender Gänsebraten, leichte Wölkchen durch einen lockeren Pinselstrich hervorgerufen, man überlegte sofort, eventuell nochmal zu Silvester... na ja, es könnte doch vielleicht und so.

Was war denn das? Malte die doch eine Gans mit vier Beinen.

„In Anbetracht der starken Gänsekeulennachfrage werden die nicht umhin kommen, solche Exemplare zu entwickeln."

Die Flecke waren alle. Aber Benno war noch dran, und Alfred und ich. Benno schrieb das obligatorische „Erika ist doof" quer über die Tapete, wir als Gastgeber vervollständigten die moderne Kunst durch Strichmänneken, dann war unsere Fantasie erschöpft und die Tapete hatte ihre Schuldigkeit getan.

Und führe mich nicht in Versuchung

Denn deine Rezepte sind wunderbar,
in den Illustrierten als auch im Fernsehen,
ob bei Biolek oder Bocuse
Herr, o Herr,
verschone mich mit dem dreidimensionalen Duft,
vergib denen nicht, die daran herumtüfteln sollten
die Gerüche über das Fernsehen zu vermitteln.
Schon der einfache Duft von gebratenem Speck
lässt alle meine guten Vorsätze dahinschwinden.
Mein Wille geschieht dann nicht.
Gib uns wieder trocken Brot, dass wir im Schweiße
unseres Angesichts essen werden.
Und vergib uns unsere Schuld,
wenn wir auf die trockene Stulle Wurst, Butter, Käse
und ein kleines Stückchen Schinken legen möchten.
Vergib uns die Völlerei in den heimischen Fresstempeln
sowie der in den fremdländischen Sättigungsgefilden.
Gib uns die Kraft und die Herrlichkeit,
uns gesund zu fasten oder wenigstens nur die Hälfte in uns reinzustopfen.
Für heute, morgen und wenns geht bis in alle Ewigkeit.
Amen.

So oder ähnlich könnten die Gebete und Stoßseufzer im Frühling vor dem großen Spiegel im Schlafzimmer lauten. Im Frühling quellen die Rettungsringe unter der Bluse kriminell hervor, wenn man den Anorak auszieht und den Blick auf die ganze Herrlichkeit und Üppigkeit fällt. Wo ist der Alabasterkörper geblieben. Es gibt aber noch welche, ich fühle mich von denen in den Hochglanzmagazinen provoziert. Doch das Essen macht Spaß, es ist eins der wichtigsten Zwecke des Da-seins. Doch welche sind die anderen? Vor noch gar nicht so langer Zeit war Dicksein chic, zeigte es: Man hat genug zu essen. Heute kann sich nur einer einen fetten Wanst erlauben, der von Sozialfürsorge lebt. Dicke werden entlassen, gesucht werden nur Schlanke, Ranke und Dynamische.

Der Speck muss weg, es ist billiger, dünner zu werden, als sich laufend neue Fummel zu kaufen. Ich verabschiede mich von der Sahnetorte und kasteie mich mit Diäten. Mit Spargel liegen welche hinter mir, und welche mit Ananas, mit Kartoffeln, mit Tabletten, mit der Briefwage, mit der Dezimalwaage. In Form von Wellen und Ringen setzte sich das Fett um Taille und Hüfte und wurde zu echten Engpässen für den Reißverschluss. Diese Fehlentwicklung der Natur führte zu einem ständigen Kampf mit den täglichen Fressgelüsten. Wochenlanger Genuss mit trocken Brot, aber außer den sprichwörtlichen roten Backen, die das erzeugen sollten, tat sich um den Bauch herum recht wenig.

Und macht eine Diät eigentlich glücklich? Hungern macht keinen Spaß, Schlemmen macht Vergnügen, und so sind die Dicken im Vorteil. Vergnügt und fröhlich steuern sie bei jeder Gelegenheit das Büffet an und lassen es sich schmecken. Der halbverhungerte Teenager kommt nur in der Werbung vor, und auch die Männer halten sich im Bett lieber an einer Vollbusigen fest, sie hält warm, ist weich, schützt wie Mutter und ist kein wandelnder Kleiderständer. Trotzdem könnte man ab und zu mal joggen. Neulich versuchte ich es mit dem Fahrrad. Zwei Stunden über Stock und Stein, nichts ging mehr, und Kleidergröße 40 war auch noch weit entfernt. Zwei Spiegeleier mit Speck halfen gegen völlige Erschöpfung.

Dabei sehe ich die Abendnachrichten. Dieses Elend auf der Welt! Dieser Hunger! Es bleibt einem der Bissen im Hals stecken. Das kann man gar nicht mit ansehen. Nein, so hungern möchte ich nicht, so möchte ich nicht schlank werden. So nicht. Hierzulande braucht man jedoch Charakter, um schlank zu werden. Um das zu werden und das Idealgewicht zu erreichen, esse man so viel wie möglich von allem, was einem nicht schmeckt. Vielleicht gibt es dann die Traumfigur. Man muss den verführerischen Rezepten in den Illustrierten energisch widerstehen, um jede Würstchenbude einen großen Bogen machen und nirgends an einem Gefecht mit fünf Gängen teilnehmen. Auch darf man sich nicht von den kulinarischen Kochduellen im Fernsehen verleiten lassen. Dort vollziehen sich Wunder biblischen Ausmaßes, wenn findige Hausfrauen aus drei Salatblättern, einem Putenbrüstchen und einer Tafel Schokolade ein Dreigängemenü zelebrieren. Schon der Abwasch hielte mich vom Nachkochen ab.

Ich bilde mich mit dem Balsam für Ernährungsbewusste, ich weiß was Osteoporose ist, ich kenne die Cholesterinwerte, die guten und die schlechten und kenne auch die engsten Verwandten von denen, die Triglyceride. Meine Mutter wusste gar nicht, dass es die gibt und ist trotzdem 87 Jahre alt geworden. Sie wusch die Wäsche noch am Bach bei Eis und Schnee.

Wir aber braten, schmurgeln und mikrowellen und lesen anschließend, was man alles davon kriegen kann. Keiner glaubt es, bis er beim Doktor landet.

Früher sagte man : Das Essen ist der Sex

124

des Alters. Aber wieso gibt es so viele junge Dicke?

Pausenlos hat man ein schlechtes Gewissen, nach der Sahnetorte gleich ins Fitnisstudio

Und dann kam Helga zu Besuch. Eine junge Frau XXL, wenn es sich einrichten ließe noch ein bisschen größer. Ihr Taillenumfang fiel unter das Gesetz des Datenschutzes. Ihr Kurven wurden von einem auffallend charmanten Kleid umspielt. Kein Sack wie bei dieser Größe üblich, ein Mitbringsel aus Übersee. „Die Polizei hat mich zwar wie eine steckbrieflich gesuchte Mehrfachmörderin behandelt, als ich falsch abgebogen bin, aber das erste Kaufhaus hat mich vollkommen entschädigt", schwärmte Helga. XXL ganz vorne an, nicht wie bei uns in der hintersten Ecke, wo man sich schämt, nach einem mit Klatschmohn bedruckten Laken greift oder greifen muss, um seine Nacktheit zu verdecken. Und XXL in

solchen Mengen, ganz Amerika scheint danach mit Superdicken voll zu sein, die im Kino oder in der U-Bahn fast zwei Sitzplätze beanspruchen. Die vermessen die Plätze jetzt neu, quetschungsfrei. All die dicken Mamis haben Helga zu einer neuen Garderobe verholfen. Für sie hat sich die Reise gelohnt. Keine Sammeltasse mit der Aufschrift *Gruß aus San Francisko*, andere Werte hängen im Schrank.

Die Entdeckung eines neuen Gerichtes macht die Menschen glücklicher, als die Entdeckung eines neuen Sterns. Das dachte sich auch ein holländischer Fleischer, der es zur Abwechslung mal mit ausgefallenen exotischen Gaumenfreuden versucht. Nicht die Sache mit dem Wok, so ohne Fett, was die integrierten Vietnamesen uns an jeder Marktecke geruchsfreundlich vorschwenken. Und diese Gaumenfreuden sind auch weit entfernt vom türkischen Döner. Nach BSE und Schweinepest probieren wir, nein, sollen wir uns vom Ungeziefer ernähren. Die ersten Raumfahrer schickte man wochenlang zum Überlebenskampf in unwegsames Gelände und in den tiefsten Urwald, ohne Flinte und Botanisiertrommel, weit ab vom Schuss. Ob sie wollten oder nicht, lernten sie nach Würmern zu graben und Raupen zu sammeln und was sonst noch mit bloßen Händen für die Erhaltung unseres Lebens einzusetzen ist.

Und dieser Fleischer macht uns nun den Mund wässrig Beispielsweise mit Grashüpfern in Currysoße. Oder wahlweise in Schokoguß für die vielen Süßschnäbel. Er empfiehlt Gemüseplatten mit Mehlwürmern oder Maikäfer-Bouillon. Dieser exellente Feinschmecker nimmt für die nicht so Versierten unter uns Bestellungen entgegen und animiert mit Rezepten zum Selbermachen, so auch das Bananen-Wurmbrot.

Folgende Zutaten werden vermischt: Eine halbe Tasse Zucker, je eine halbe Tasse Backfett oder Butter, zwei zerquetschte Bananen, zwei Tassen Mehl, ein Schuss Wasser, ein Teelöffel Salz, eine halbe Tasse gehackte Nüsse, zwei Eier und eine halbe Tasse geröstete Mehlwürmer. Den Teig in eine gefettete Form füllen und bei 250 Grad eine Stunde backen. Da läuft einem das Wasser im Munde zusammen. Das wäre doch eine Alternative zu den ewigen Montagsnudeln in der Betriebskantine. Austesten und später den Preis festsetzen. Solche verwegenen Gedanken habe ich bei der Vorbereitung meiner Himbeermarmelade. Da ein Wurm und dort ein Wurm. Penible Genießer sollten Pflaumenmus, Konfitüre und Apfelsaft in eigener Küche herstellen oder lieber nicht so angestrengt darüber nachdenken.

Ganz ohne Fleisch liefert uns die Natur den Kürbis. Kürbiskochbücher glänzen mit Rezepten für die Gesundheit und zum Schlankwerden. Sie erzählen, was wir durch unsere gesundlebenden und in ihren Schrebergärten ertragsorientierten Vorfahren von Kindesbeinen an wussten und wogegen wir uns seit frühester Jugend erfolglos gewehrt haben: Kürbis ist gesund. Und billig war er obendrein. Jahrzehntelang haben uns die Altvorderen gegen unseren Willen damit gefüttert. Jetzt zur Zeit der Kürbiswelle mit den eigens produzierten Kochbüchern wird er durch seinen Preis zur Luxusware. Und er hat Gewicht, schon kleine Mengen strapazieren das Portemonnaie. Und erst die Kerne dieser Monster. Früher eine Art Bonbonersatz, werden sie heute in den Apotheken fast mit Gold aufgewogen für Leute mit schwacher Blase und Impotenz. Also Götterdämmerung für den Kürbis, ein Hoch auf die Schrebergärtner.

Dicke sind gemütlich, und essen macht Spaß! Auch Tiere leben über ihre Verhältnisse. Nachbars Paule ist so breit wie lang. Wohlgenährt schleicht er an die Futternäpfe anderer Katzen. Und ein Schwarzbär, so habe ich in der Zeitung gelesen, hat in seiner Fresssucht einen Bäckerladen in Toronto ausgefressen, Türen und Fenster demoliert und ein Festmahl mit Brot und Blaubeerkrapfen abgehalten.

Wir sind moderne Menschen, lieben unsere Waschmaschinen, den Computer, den Kühlschrank und können uns ein Leben ohne Auto und Telefon schwer vorstellen. Aber in der Barockzeit ging es den Dicken besser: Üppige Maße und üppige Busen mit goldenem Rahmen.

Frage: „Hast du schon gegessen?"
Antwort: „Schon oft."

„Wenn der Arzt sagt, du sollst dein Gewicht im Auge behalten, heißt das nicht, du sollst herumsitzen und deinen Bauch anstarren!"

Nehmen sie den Tee lieber mit Milch oder ohne?" „Ach am liebsten mit Schinken, ein paar Spiegeleiern und ein, zwei Cognacs hinterher."

Stammgast zum Wirt: „Was ist los? Ihre Frikadellen schmecken ja plötzlich richtig gut! Habt ihr einen neuen Koch?" - „Nein", erwidert der Wirt, „wir nehmen wieder das alte Rezept. Seit Brötchen über 25 Cent kosten, kommt wieder Fleisch rein."

„Ich möchte ein Kleid", sagt die Kundin, „aber bitte zwei Nummern zu groß." - „Aber warum denn das?" - „Damit mein Arzt nachher glaubt, ich hätte seine Diät eingehalten."

Die Mutter tröstend zu ihrem Töchterchen: „Nun weine doch nicht Evchen, nächste Woche ist Papi mit seiner Diät fertig, dann bekommst du dein Puppengeschirr zurück."

Was sagte Gott, als er das Ruhrgebiet erschaffen hatte? „Essen ist fertig!"

Sportlicher Gegenwert einiger Dickmacher

Lebensmittel	Sportlicher Aufwand
1 Kännchen Kaffee komplett	12 Min. angestrengte Gymnastik
1 Glas Vollbier, hell (0,25 l)	24 Min. Kegeln
2 Glas Sekt, süß	40 Min. Tischtennisspielen
1 Portion Schlagsahne	35 Min. Walzer tanzen
100 g Fruchtbonbons	40 Min. Dauerlauf (6 km)
1 Stück Obstkuchen mit Sahne	50 Min. Garten umgraben
200 g Marzipan	100 Min. Holz sägen mit der Handsäge
200 g Pralinen	100 Min. Rudern
150 g Walnüsse (Kerne)	60 Min. Bergsteigen (Hochgebirge)
2 Knacker	110 Min. angestrengtes Radfahren

Das ist bestimmt meine letzte Zigarette

Siehst du die Kreuze dort im Tal? Das sind die Raucher von Turf und Real. Wir qualmten wie die Weltmeister, griffen zur Juwel mit und ohne Filter, zur Club, und für den Besuch orderten wir die teure Duett. Sehnsüchtig verfolgten wir den Dauerläufer mit seinen durchlöcherten Schuhsohlen, der stets meilenweit für seine Camel ging. Die Zigarettenindustrie hatte ihre rechte Freude mit uns. Sie boomte im Osten ebenso wie im Westen. Eines Tages ließ uns nun der Gesundheitsminister für Gesamtdeutschland die frohe Botschaft verkünden, wer nicht raucht, lebt länger. Und damit das alle begriffen, fehlten jetzt in jeder Packung zwei Zigaretten, der Preis für die Schachtel war geblieben. Auf gut deutsch: Das Lungenfrühstück ist teurer geworden.

Nach dem Muttertag, dem Vatertag, dem Kindertag und dem Tag des Lärms erfreuen wir uns am Nichtrauchertag über fehlende Rauchschwaden in öffentlichen Gebäuden und anderswo. Behördlich allerdings nicht abgesichert, ohne Anweisung von „oben", sollten die Raucher in freiwilliger Askese die Qualmerei für 24 Stunden aufgeben und ein urgesundes Leben führen.

Nach dieser ersten Phase der Ankurbelung und der folgenden Phase der Drosselung setzt die Regierung wieder auf die Leidenschaft der Raucher. Der Gesundheitsminister hatte die Rechnung ohne den Finanzminister gemacht. Geld fehlt, das Staatssäckel ist leer und so manches Loch konnte mit der Tabakssteuer gestopft werden. Die Sondersteuer für Glimmstengel ist uns nun auferlegt worden. Wer hätte je gedacht, dass man mit diesem Laster den Staat retten müsste. Raucher an die Front! Qualmt für die Bundeswehr! Ran an die Friedenspfeife! Rettet die Rot-Grünen! Nun kann sich jeder seinen Reim drauf machen, seine Abstinenz wegen der in Aussicht gestellten Feindbewältigung wieder aufzunehmen und damit die Auslandseinsätze der Bundeswehr zu finanzieren.

Mit mir können sie jedenfalls nicht rechnen. Unter Einschränkung meiner Persönlichkeitsrechte und ziemlicher Kasteiung lebe ich in einer rauchfreien Zone, aber es war ein beschwerlicher Weg dahinzukommen.

Meine häusliche Regierung regelte das folgendermaßen: Entweder du rauchst oder du erzählst oder du hustest, alles zusammen geht nicht. Und da meine häusliche Regierung wegen Krankheit selber keinen blauen Dunst mehr fabrizieren konnte, bot sie sich als Passivraucher freiwillig an. Sie buhlte förmlich um den schönen blauen Qualm. Mit dem größten Vergnügen gab ich mich der familiären Aufgabe hin.

Und nun dieser schreckliche Husten. Mein Verstand sagte mir, hör auf zu rauchen, werden endlich erwachsen! Ich gab mir Mühe, es ist eine echte Qual, ein hübsches Laster loszuwerden. Nichtraucher verlangen das so ohne weiteres von den Rauchern. Die Raucher sollten die Dicken ebenso beschwören, weniger zu schlemmen, und die ewig backenden und Rezepte ausprobierenden Hausfrauen sollte man genauso in die Schranken weisen.

Ich kaufte keine Zigaretten mehr, ein Anfang wenigstens, aber immer in der stillen Hoffnung, es wird vielleicht einer kommen und mich zum Mitrauchen überreden. „Na, auf die eine kommt's auch nicht an." Aber wie das Schicksal so spielt, in dieser Zeit besuchten mich nur keusche und abstinente Typen, die mir wegen meiner Askese große Lobreden hielten und mir Statistiken der wiedergewonnenen Lebenserwartung von sämtlichen Krankenkassen nachreichten. Aber mit meinen Entzugserscheinungen ließen sie mich allein. Nun verlegte ich mich auf Kaugummi. Auch so was muss man lernen. Anfangs hatte ich große Schwierigkeiten, bei Gesprächen mit dem Kauen aufzuhören. Abends begann ein intensives Suchen nach vergessenen Zigaretten. Was für ein Glück, wenn sich in einer Handtasche noch eine parfümgetränkte Lulle fand. Fast schon aufgelöst, zerbröselte sie nun vollständig und schmeckte wie eingelegte Kellerstufen. Aber ich hatte eine Zigarette. Einmal fand ich einen Rest geschnittenen Tabak und einzelne Blättchen Zigarettenpapier. Mein Mann beherrschte die Technik des Drehens noch aus der Zeit, als man das eigene Sofa rauchte und durch Fermente eine geheimnisvolle Umwandlung in rauchbare Stoffe die gesamte Nachkriegswelt beschäftigte. Es war ein abendfüllendes Programm, so richtig zum Zuge kam ich gar nicht, die Zigarette platzte immer wieder auf.

„Man kann das gar nicht mit ansehen. Du musst dir immer eine Schachtel in Reserve halten. Wenn du es gar nicht mehr aushälst, hast du wenigstens eine da." Natürlich war die Schachtel auch schnell alle, und ich schämte mich. Es wurde ernst. Nach drei Wochen Kaugummi mit erheblichen Kaugelenkbeschwerden erwartete ich den Vaterländischen Verdienstorden, oder wenigsten einen von der Kasse.

Viele Jahre ist das her. Meine Gäste dürfen sich bei mir wohlfühlen. Es gibt keine Bedenken wegen der Gardinen, seltsamerweise halten sich alle sehr zurück und gehen ins Freie. Mich stört das alles nicht. Wohlgefällig sehe ich zu, wie sie an ihren Nuckeln ziehen, höre ihre Lungenzüge, beobachte ihre hingebungsvollen Mienen und schaue auf ihre mitunter braunen Fingerspitzen. Manche riechen aus dem Mund wie eine Lokomotive. Aber die schlechtesten Menschen sind es nicht. Da sind die Neugierigen und die, die den anderen was ans Zeug flicken wollen, viel entbehrlicher.

Und wenn ich einen Doktor fände, der mir sagen würde: „Madam, wenn sie rauchen, werden sie jung, schön und gesund!" Ich hätte keine Schwierigkeiten und könnte sofort wieder anfangen.

Aus lauter Wut habe ich es zwischen durch einmal probiert. Ärger brachte mich dazu. Eine an, eine aus. Ein alter Bekannter meldete sich sofort, der Husten. Just zur gleichen Zeit half ich in einer zugigen Wohnung beim Umzug. Es zog wie Hechtsuppe. Meine Freundin schüttete mich mit teuren Hustentropfen und Hustenbonbons zu und machte sich wegen der zugigen Wohnung und meiner Gesundheit Vorwürfe. Lange danach beichtete ich ihr die wahre Ursache und sang den alten Schlager: „Stell dir vor, wir hätten Zigaretten, stell dir vor wie schön das wär."

Die Möglichkeiten, jemand zu verführen, sind noch die gleichen:

Komm, wir rauchen erst mal eine, nun erzähl mal, was gibt es Neues.

Mir ist da ein Ding passiert, mach mal schnell ne Zigarette an.

Ich muss mich erst ne Weile ausruhen, wo hast du die Zigaretten?

Ist das aufregend, gib mal eine her (beim Fernsehen).

Morgens kann der KARO-Hirsch am besten abhusten

Mein Gott, die Polizei ist auch schon da, ich muss mich beruhigen.

Schön, dass du kommst, Kuchen habe ich nicht, aber rauchen wir erst mal eine und dann gibt's nen Topf Kaffee.

Diese Warterei im Stau ist ätzend, mach mal eine an.

Und nach dem Essen und vor dem Essen, das macht den Kopf frei, die Gedanken kommen besser, und viele können danach besser aufs Klo gehen.

Aber allen sei geraten, das nicht in Perioden zu tun. Mein Limit bestand in einer Zigarette nachmittags nach dem Kaffee. Das war für mich früher der absolute Höhepunkt des Tages, egal, was sich vorher oder hinterher abspielte. Ich konnte es gar nicht erwarten, bis der letzte seine Kuchengabel aus der Hand gelegt hatte. Mit welcher Gelassenheit betrachte ich nun die Aktionen. Manchmal sehe ich das aus einem ästhetischen Blickwinkel. Sieht man dabei wirklich schön aus? Vielleicht noch auf der Straße? Das gelang nur Marlene Dietrich, aber wer reicht an die schon heran.

Natürlich sei den potentiellen Nichtrauchern noch einmal gesagt, welchen Schaden sie der Volkswirtschaft zufügen, welche Einbußen der Staat hinnehmen muss und wieviel Arbeitsplätze, dem Maßstab aller Dinge, in der Zigarettenindustrie in Gefahr gerieten, würden alle deutschen Raucher nur eine kurze Zeit auf die Qualmerei verzichten.

Alkohol und Nikotin
rafft die halbe Menschheit hin,
doch ohne Nikotin und Rauch,
stirbt die andere Hälfte auch.

Seit Stunden beobachtet der Tankwart einen Mann, der sich ständig bei den Zapfsäulen aufhält und offensichtlich auf etwas wartet. Entnervt fragt er: „Was stehen Sie denn die ganze Zeit hier herum?" „Ich will mir das Rauchen abgewöhnen."

Nichtraucher sterben gesund.
Unwiderlegbare Raucherweisheit

Opa ist 100 Jahre alt geworden. Ein REPORTER KOMMT: „Das ist ja ein tolles Alter, dabei habe ich gehört, dass Sie 80 Zigaretten am Tag rauchen." - „Was heißt am Tag", antwortet der Senior, „die rauche ich am Vormittag." - „Und was machen Sie nachmittags?" - „Da huste ich!"

Ein Patient sieht sehr schlecht aus. Der Arzt rät: „Sie müssen mit dem Rauchen aufhören. Höchstens eine Zigarette nach dem Essen." Nach zwei Wochen kommt der Patient wieder. „Sie sehen ja prächtig aus", ruft der Arzt, „sogar zugenommen haben Sie." - „Das ist kein Kunststück, bei zwanzig Mahlzeiten am Tag!"

Pauline

Pauline kommt aus Niebel, sie ist eine echte Schönheit der Mark Brandenburg, grau getigert mit Extra-Zeichnung, weißem Latz, und je nach Tageszeit und Laune, anschmiegsam bis abweisend. Sie bestimmt, wie der Film abläuft. Die Zeiten, wo wir sie an einem Halsbändchen, einem weichen langen Stoffgürtel, durch den Garten führten, damit sie sich nicht verirrte, diese Zeiten sind lange Geschichte. Heute führt sie mich und die anderen auch. Sie bestimmt, dass ich jede Woche zu ALDI pilgere und KOKRA-Büchsen für ihr Wohlbefinden hole. Auch weiterhin ist sie um mein Portemonnaie besorgt, denn größere Mengen Frischfleisch ordert sie in alten Schuppen und fremden Dachböden. Oft zeigt sie den Mäusen erst meine Wohnung, das heißt ihre Wohnung, spielt anschließend Haschen mit ihnen und lehrt sie danach Mores. Als Spießgeselle sehe ich mit an, dass auch der letzte Schwanz vom Korridor verschwindet. Wenn jetzt womöglich Besuch käme! Ganz unschuldig putzt sie sich und liegt dekorativ auf meinen besten Sofakissen, das Stück zu 25 DM oder noch von früher, auf den selbstgehäkelten. Besondere Vorliebe zeigt sie für Kisten und Kartons. Keiner ist zu klein, keiner zu groß. Kleinste Schuhkartons formt sie kreisrund, in großen springt sie rum wie in einem Affenkäfig. Auch ungebügelte Wäsche, noch mehr gebügelte mit dem zarten Duft von Wäschestärke, haben es ihr angetan. Und wehe, einer lässt eine Schranktür offen, sie versteckt sich hinter Pullovern genauso wie hinter Schlüpferstapeln oder Socken. Sie nistet sich in Schubladen ein und untersucht die Freiräume hinter der Bettwäsche und notfalls auch hinter meinen Akten. Komme ich vom Einkaufen zurück, klagt sie mich mit Gemauze wegen unterlassener Unterhaltung an, schwänzelt mir um die Beine und ist stark am Auspacken der Tasche interessiert. Am meisten wartet sie auf Schabefleisch. Das hat sie noch von vor der BSE-Krise in guter Erinnerung.

Am liebsten ist ihr die Zeit, wenn es draußen warm ist und alle Türen offen stehen. Sie ist dann so irritiert, dass sie sich nicht entscheiden kann, wo sie die nächste Stunde zu schlafen oder zu putzen hat. Sie wechselt laufend. Und sollte ich mich der Vogelmiere im Garten widmen müssen, klettert sie von Baum zu Baum und auch zu Bäumchen und zeigt mir, wie angenehm und lustig es eigentlich im Garten sein könnte. Sie springt in das frisch erblühte Schleierkraut, buddelt die Asternpflanzen aus und verteilt den Petersiliensamen über den halben Acker. Sie schweinigelt mit ihrem Futter in der Küche, süffelt aus Pfützen auf der Straße, frisst bei den Nachbarn die Katzennäpfe aus, sitzt auch gerne auf warmen Autokühlern und ist trotzdem beliebter als ich. Sie wird gestreichelt und geliebt, man räumt ihr alte und auch neue Gartenstühle in die Sonne, bei den Nachbarn wohlbemerkt, und lässt ihr manch feines Häppchen zukommen.

Wenn ich noch mal auf die Welt komme, werde ich Mieze in unserer Straße. Dann trampele ich beim Mittagsschlaf den Schläfern ordentlich auf dem Bauch herum und mache es mir obenauf so richtig gemütlich. Was für ein schönes Katzenleben.

Für welches Tier wird am meisten gearbeitet? - Für die Katz.

Tiger nistet sich in Hundehütte ein

WLADIWOSTOK. Im eiskalten russischen Winter hat es einen Tiger in eine Hundehütte im Fernen Osten verschlagen. Völlig ausgehungert fraß der anderthalb Jahre alte Tiger zunächst den Hund, bevor er es sich in der Hütte bequem machte. Zwei Tage lang lebte das Raubtier, von den Dorfbewohnern unbemerkt, im Warmen. Die Besitzer des Hundes, die immer einen Napf mit Futter in der Nähe des Häuschens aufstellten, machten sich keine Sorgen um ihren Vierbeiner. Sie glaubten, er bliebe wegen der Kälte in seiner Hütte. Nach der Entdeckung des Eindringlings verständigte eine Frau Tierschützer, die den an der Pfote verletzten und unter Erfrierungen leidenden Tiger in ein Zentrum für Wildtiere brachten.

Katzen ernähren Familie

BUKAREST. Sieben fleißige Katzen haben in der südrumänischen Stadt Zimnicea einer armen Familie zu einem Zubrot verholfen. Alle sieben Samtpfötchen sind passionierte Ratten-Jäger und werden von Frauchen, einer 69-jährigen Rentnerin, an die von den Nagern geplagte Nachbarschaft vermietet, die in Naturalien oder bar bezahlt, berichtete eine Tageszeitung. So kann die Rentnerin, die ihre drei Enkel allein erzieht, diese satt machen und ihnen Schulhefte und Winterstiefel kaufen. Auch ein Gas-Ofen für die Küche wurde angeschafft. Das „Glück auf weichen Pfoten" begann für die Rentnerin, als ihr ein Katzenpaar zulief. Beide setzten fünf Junge in die Welt. Nun gehen sie zu siebt auf Ratten-Jagd.

Veronika, der Lenz ist da...

Das muss man dem Frühling lassen, jedes Jahr wird er besungen und bedichtet und kommt trotzdem immer wieder. Doch schon immer hatten die Dichter ihre Schwierigkeiten mit ihm, es reimt sich weder was auf Frühling noch auf Lenz, von Egon Krenz und Daimler Benz mal abgesehen. Doch der Lenz ist weder politisch noch ist er ein wesentlicher Faktor der Autoindustrie. Man steigt jetzt mehrheitlich auf das Fahrrad um wegen der steigenden Benzinpreise, was uns die Grünen eingebrockt haben und was sie so außerordentlich beliebt macht.

Der Frühling springt wie eh und je blondgelockt durch die Felder und durch die Auen. Pausenlos begrüßen wir ihn in allen Tonlagen, den holden, holden Frühling, schwärmerisch legen die Alten den Frühlingsstimmenwalzer auf und denken an langvergangene Frühlingsgefühle. Liebeslust und Liebesleid und die Frühjahrsmüdigkeit. Bei Liebeslust und Liebesleid schlagen die Jungen frontal zu. Die Mädchen zeigen wieder ihre hübschen Beine, sie kommen in kurzen und noch kürzeren Röcken daher, sie lüften ihre Höschen. So gemein denken die, die das heute nicht mehr können. Die in Ehren ergrauten Herren der Schöpfung sehen der Lüftung interessiert hinterher. Daraufhin spricht man bei ihnen abfällig vom zweiten Frühling oder von irregeleiteten Frühlingsgefühlen.

Uns ergreift eine schon fast zur Sucht gewordene Müdigkeit. Kaum aus den Federn, denken wir ununterbrochen ans Schlafengehen, man könnte seine Couch ständig mit sich herumtragen. Schicksalhaft verlagern sich die Gefühle weiter nach unten, nein, nicht was Sie denken, noch eine Etage tiefer, hin zu den Zehen. Sie wollen raus aus den Sandalen, und jeder Zeh, der will sich einzeln aalen. Der Run auf die Pediküre beginnt. Run ist neudeutsch und heißt Massenansturm - eine Völkerwanderung hin zu denen, die unsere eingesperrten und vernachlässigten Füße auf die sockenlose Zeit vorbereiten und in Pflege nehmen. Voller Missachtung stecken wir die pedikürten und vielleicht schon lackierten Extremitäten in die Clogs, das ist eine vornehmere Ausgabe der früheren Holzpantinen, und plattlern mit der Petersilientüte in den Garten. Die Blattläuse erwarten uns schon, und die Vogelmiere kriegt das Kichern, als wir das weiche Bett für die Petersilie, bereiten wollen. Alle haben den Winter gut überstanden. Im Gebüsch findet man noch Stiele von Silvesterraketen, ganz in der Nähe muss eine Abschussrampe gewesen sein.

Zwei bis drei Wochen überlegt sich die Petersilie ob sie aufgehen soll. Sie tut es, aber beileibe nicht an Ort und Stelle, wo sie sollte. Das zerwühlte, mierenfreie und nun auch petersilienfreie Beet spricht eine deutliche Sprache über die nächtlichen Dramen von Nachbars Kater und meiner Pauline.

Alle reden nun vom Wetter, und sollte tatsächlich drei Tage hintereinander die Sonne scheinen, werden alle Frauen von einem unerklärlichen Reinlichkeitsfieber befallen. Mit Wassereimer und Lederlappen bauen sie ihre Emotionen ab und locken die warme Frühlingssonne in die Wohnung. Der Wintermief ist raus, es ist Platz für die linden Lüfte und das berühmte blaue Band.

„Leise zieht durch mein Gemüt liebliches Geläute..."

Ich denke an die klingelnden Kassen bei C. und A. Eigentlich brauchte ich was Hübsches zum Anziehen. Man gönnt sich ja sonst nichts. Der Kleiderschrank offenbart Platzmangel, aber eine neue Bluse könnte man noch reinquetschen.

In dem neuen Frack geht nun endlich das Herz auf, die Brust wird weit, die Bluse eng, man öffnet einen Knopf, vielleicht noch einen, manchmal einen zu viel, Gefühl, Gefühl, Gefühl.

Der Kreislauf beginnt von vorn.

Einen Punkt habe ich noch nicht erwähnt: Das Essen.

Und so singen wir der Zeit entgegen, wenn der Spargel „wachsen tut".

Veronika, der Lenz ist da, die Mädchen singen trallala, die ganze Welt ist wie verhext, Veronika, der Spargel wächst...

Der Neandertaler im 21. Jahrhundert

Vom Wesen her hänge ich sehr am alten. Früher war alles besser, alles war schöner, übersichtlicher und verständlicher. In mir steckt der alte Neandertaler mit vorsintflutlicher Lebenseinstellung, und auch gegen mein braunes und roteingefärbtes Innenleben muss ich stark ankämpfen. Auch die dauernden Änderungen und geforderten Anpassungen der Gegenwart machen mir zu schaffen.

Wann war denn eigentlich Früher?

Früher, ja da lebten die Menschen auf alle Fälle gesünder. Der Sohlengänger mit aufrechtem Gang jagte zu seiner Zeit mit Knüppeln und später mit Pfeil und Bo-

gen seiner Nahrungsquelle hinterher und deckte seinen Vitaminhaushalt mit handverlesenen Wildfrüchten. Bei dieser schweißtreibenden Speisenzubereitung konnte er kein Gramm Fett ansetzen. Unseren heutigen kulinarischen Orgien täte dieser Bewegungseifer mehr als gut. Aber keiner will in dieses beschwerliche Steinzeitalter zurück, weil hier der Supermarkt mit seinen Delikatessen gleich um die Ecke ist.

Mit Wohlbehagen arbeiten wir zwar wie die Neandertaler mit allen zehn Fingern am Döner, und haben jedoch vor der Integration des türkischen Straßenvergnügens bei Currywurst und Broiler fleißig mit den Händen zugegriffen.

Die Türken sind mal nicht schuld.

Was die politische Einfärbung meiner Seele anbelangt, hänge ich nach wie vor an Ordnung, Disziplin, Treue und Pünktlichkeit, wie es bei den Jungmädeln und im Bund Deutscher Mädel gefordert wurde. Es gibt eine Menge Leute, die von diesen Tugenden überhaupt keine Ahnung haben. Ob die deswegen weniger braun sind als ich?

Und Erichs Verwaltung des Mangels führte zu übertriebener Pflege von Freundschaften, die man damals Verbindung und Solidaritätsgefühl nannte. Aus mancher Interessengemeinschaft ging tatsächlich eine wertvolle und tiefe Freundschaft hervor. Ist man deshalb schon ein Kommunist?

Auch die Jetztzeit wirft Fragen über Fragen auf. Entwickle ich mich immer mehr zum infantilen Vorzeitmenschen hin, mache also die Rolle rückwärts? Oder schaffe ich es mit Fleiß und ständigem „Auf-dem-Sprung-sein" zu einem Mitglied unserer menschlichen Gesellschaft zu werden, nicht etwa zu sein? Das muss man nicht in Prüfungen beweisen, nein, in der heutigen Zeit ist man einfach nicht alleine lebensfähig. Wieso? Das glauben Sie nicht? Ich werde es Ihnen beweisen. Ohne einen Schnellkurs in Englisch an der Volkshochschule geht nichts mehr. Ohne zwei Semester Englisch finde ich weder einen Schalter noch den Flugha-

fen selber. Ohne Wörterbuch hilflos im eigenen Land. Das einzige, das noch immer so heißt wie früher, ist das gute alte WC, es heißt zu unser aller Befriedigung noch immer so, ein Glück für uns und das Wasserklosett.

Besser wären drei Semester Volkshochschule, denn zu Hause schütten mich Zeitungen, Fernsehen und vor allem Kataloge mit fremden Begriffen zu. Meistens verstehe ich nur Bahnhof, schalte einfach ab, weil ich das Gefühl habe, ich bin doof, ich bin doof, ich bin doof. Müssen wir uns das im eigenen Land gefallen lassen? Phantasievolle Wortschöpfungen kenne ich noch aus grauer, sprich roter Vorzeit. Da hieß es zum Beispiel:

Winkelemente = Fähnchen
Jahresendflügelfigur = Engel
Goldbroiler = Brathähnchen
Getränkestützpunk = Tankstelle für Bier und Brause.

Und es gab auch Handwerker, die einen Gliedermaßstab nicht für etwas Unanständiges hielten, sondern wussten, dass dies ein Zollstock war. Aber im Moment ist ja nicht Phantasie gefragt, und ich komme um den Grundkurs für Englisch nicht drumrum.

Nicht nur Reiselustige trifft die Unwissenheit, auch zu Hause herrscht streckenweise große Ratlosigkeit. Wenn ich beispielsweise nach einem paar Winterstiefeln suche und nur boots finde, die aber wie Stiefel aussehen. Hemden sind Shirts, sie gibt es sportiv oder angeraut für City und Business, was sie auch immer damit meinen. Das Sweatshirt hat sogar noch einen Zipper, ich sehe nur einen Reißverschluss.

Richtig befriedigt bin ich beim Lesen meiner Fernsehzeitung. Junge Leute brauchen dieses Journal nicht. Diese Zeitschrift fährt ganz auf die alten Leute ab, jedenfalls was die Werbung betrifft.

„Bei Husten dreimal ACC", das ist eine klare Aussage, die jeder versteht. Auch die Tante-Emma-Zeitungen erfreuen Herz und Gemüt in reiner Muttersprache. Es geht also, wenn man nur wollte und nicht soviel Bildung heuchelte und auf einem hohen Pferd säße.

Und da die alten Leute gern im Garten für ihre Gesundheit sorgen, heißen in den Gartenkatalogen die Blumen auch noch Blumen und die Gießkannen noch Gießkannen und nicht Raindrops oder so ähnlich.

So wie man sich aber mit der Technik beschäftigen möchte, steht man im Regen. Es sei denn, einer aus der übernächsten Generation steht einem mit Rat und Tat zur Seite, kopfschüttelnd und sich wunderd, wie ein mit Lebenserfahrung vollgestopfter Mensch nicht oder nur mit entsetzlichen Geburtswehen einen Videorecorder in Gang setzen kann.

Die Gebrauchsanweisungen vermitteln unsereinem den Eindruck vollkommender Idiotie. Das bisschen Schulenglisch verwirrt einen noch zusätzlich. Ganz schlimm wird es, wenn so ein Gerät aus dem fernen Asien kommt und exotische Übersetzungen uns verzweifeln lassen. Was hat man sich unter breitbandvernetzten Echtzeit-Produktionsketten und unter audiovisuellen Formaten vorzustellen? Computergenerierte virtuelle Sequenzen jagen einen mit CPU und HP und den silbernen Scheiben einen gelinden Schauer über den Rücken. Man ist so ratlos wie zu Beginn einer neuen Liebe, wo man nicht weiß, was auf einen zukommt.

Weihnachten ist nicht mehr weit. Auf dem Wunschzettel des Nachwuchses stehen die Speedliner mit Belüftungssystem und Inline-Skater für schlappe 200 Euro. Oma staunt, waren das noch einfache Zeiten mit Bauklötzern aus Holz und einer elektrischen Eisenbahn. Und Puppenstuben und Kaufmannsladen kennt und braucht keiner mehr.

Eigene Wünsche werden wach. Was könnte ich mir schenken? Was bietet mir die Schönheitsindustrie? Ist man der Penaten-Creme-Zeit entwachsen, braucht die Haut Adaptive, Spezial-Peau-Mixte oder Dermo normalisant? Dies steigert sich über Essentials-Day-Protektion zur Wash-Creme mit Beta-Hydroxyl-Säure, Wash and Shower-Gel und, und, und. Was war das doch einfach zu entscheiden: Nehme ich Nivea oder Florena? Und wir rätseln, was das alles soll, schmieren aber fleißig, denn schön wollen alle sein und bleiben. Die Werbung suggeriert uns täglich, wie gut das tut. Eigentlich wäre man nur umgeben von schön anzusehenden glatten Lichtgestalten, durch Deoroller knoblauchgeschützt mit glänzendem Haar, weil wir uns das ja alle Wert sind. Was sollten wir mit dem überflüssigen Geld sonst auch machen. Und in Englisch, kommen wir auf den Kern der Sache zurück, klingt es nun zusätzlich noch gebildet. Auch wenn wir zwischendurch mit ärztlichen Mixturen, Tropfen und Salben die strapazierte Haut beruhigen müssen. Mit der Essentials-Pflege auf der Backe versuche ich die verschlüsselte Bedienungsanleitung für den neuen Video-Recorder zu knacken. Sie ist ein Kauderwelsch aus Englisch und Althochdeutsch. Die beschreiben da ein ganz anderes Gerät, bei meinem tut sich nichts. Jetzt könnte ich einen Hammer gebrauchen.

Bei all dem Ärger gehe ich zum Frisör und lasse mich stylen, gehe anschließend shoppen, löse mit Input und Output die Kreuzworträtsel und komme über Irrungen und Wirrungen zum Error. Schließlich brauche ich zum Relaxen einen Sherry aus einem designten Glas. Ich weiß nicht einmal, ob das der richtige Ausdruck von Design ist. Na dann Prost, Skal und auch Nasdrowje. Und dann kommt im Television die Ankündigung: The winner is...

Man hätte sagen müssen: Ein Volk, welches seine Sprache vergißt, verliert seine Seele.

> Die zehn Gebote Gottes enthalten 279 Wörter, die amerikanische Unabhängigkeitserklärung 300 Wörter, die Verordnung der europäischen Gemeinschaft über den Import von Karamellbonbons aber exakt 25.911 Wörter.

Karin Tietze-Ludwig

Das bedeutet Freudensprünge, Tobsuchtsanfälle, Nervenzusammenbrüche und Bluthochdruck.

Karin Tietze-Ludwig ist eine Institution. In Italien könnte sie Isabella Monteverdi, in Japan Samuraia Mitsubischi heißen. Seit dreißig Jahren ruft sie die Gemeinde der Spieler zur gemeinsamen Gebetsstunde: Lieber Gott, lass meine Zahlen gewinnen. Money, money, money, eine Million, zwei Millionen, sicher werden es wieder nur 3,75 DM.

Die Kugeln klappern, es rollt und rollt, es rollt seit dreißig Jahren fast zeitlos in diesem Studio. Die Zeit rollte auch an der Lottofee zeitlos vorbei. Die Stimme war es. Was sie verkündete, war entscheidend für unser weiteres Leben. Wer interessierte sich schon für ihre Blusen oder ihre Frisur. Beiwerk, nicht so gravierend.

Karl-Heinz Köpcke hatte nach seinem Urlaub mal einen Bart, da fiel vielen der Happen aus dem Mund, und die Weltnachrichten gingen vollkommen unter. Bei Karin war das anders.

Die erste Zahl stimmt, ich lege den Lottoschein nun parallel zur Tischkante, setze mich in Positur. 45 habe ich auch, Mein Gott, die Kugel läuft ja endlos, nun fällt sie endlich ins Glas, ich werd verrückt, 36 habe ich auch. Was mach ich dann bloß, was mach ich dann bloß, wenn die anderen auch noch richtig sind? Bis jetzt hatte ich am Tisch gesessen, als hätte ich ein Lineal verschluckt. Nun bereite ich mich auf den Sündenfall vor, ich hau mir ein dickes Sofakissen ins Kreuz und verschludere in Gedanken die vielen Taler. Man sollte gar nicht glauben, wieviele Gedanken man in Nullkommanichts bis zum nächsten Zahlenausstoß haben kann. Wenn's um's Geld geht, Sparkasse. „Warum eigentlich Sparkasse?" Jetzt werde ich mal so richtig auf den Putz hauen. Das wollte ich schon immer mal. Ich wollte schon immer mal Dinge kaufen, die ich überhaupt nicht brauche und auch nicht mal verschenken kann. Und ich weiß das von vorneweg. Nur so aus reinem Übermut. Die anderen, die den ganzen Krempel herstellen, wollen ja schließlich auch leben. Ob man das schafft? Oder ob man weiterhin die Kullerchen zusammenhält und auf die hohe Kante legt? Ob man das erzählt? Dann kommen sie alle pumpen, und borgen bringt Sorgen. Und nun kommen sie auch noch mit dem Euro, alles so unsichere Kantonisten.

Inzwischen ist die vierte Zahl im Topf, sie stimmt nicht. Also ein Sechser wird es nicht. Nun ist es wie abgeschnitten. Höchstens vier Mark werden es, das ist nicht mal der Einsatz. Aber bei der Karin ist auch das schon ein Gewinn. Vor einigen Jahren assistierten ihr hochkarätige Künstler, Sportler oder deren Anverwandte. Die waren so borniert, von denen hätte man gar keinen Sechser angenommen. Dabei denke ich nicht an einen Gewinn von sechs Richtigen, sondern an den halben Groschen, der hier bei uns Sechser heißt obwohl er nur ein Fünfer ist. (Das sollte nur ein Beitrag für die innerdeutsche Verständigung sein.)

Natürlich geisterten auch großzügige Spenden an Kinderdörfer, Blindenhilfe und Obdachlosenasyle durch meinen Kopf. Alle sollten was davon haben, aber mit drei Richtigen ist ja nicht viel zu machen. Der soziale Tag fällt diesmal aus. Erika würde sich jeden Tag die Betten frisch beziehen lassen, hat sie mir neulich gestanden. Von anderen Leuten, das Beziehen meine ich. Und Irmchen entsorgt den Inhalt des Schrankes samt Bügel, es wäre im Schrank sowieso alles eingelaufen, sagt sie. Aber sie probiert weiterhin alle Rezepte aus.

Ingrid will endlich kriminell werden und den Nachbarhund vergiften. Man sieht, Geld verdirbt den Charakter.

Ich würde einfach die riesige Tanne absägen lassen und 1500 Mark an das Umweltamt abführen. So ganz nebenbei. Die würden sicher Augen machen.

Pauline fällt mir ein. Sie ist sowieso ein Aussteiger und legt mir zur Sommerszeit bei offenen Türen die Reste ihrer Mahlzeiten neben meine Latschen. Ab und zu würde ich ihr das Futter mit der Petersilie anbieten. Nur wenn sie will.

Mein Fressorgien sind mir neulich schlecht bekommen. Ich musste drei Tage hintereinander zu einem kalten Büffet. Und anschließend zu einem Brunch, wo man von 11 bis 15 Uhr alles in sich hineinstopfen konnte. Es war furchtbar. Der Magen sehnte sich nach Essen ohne Schnörkel und Dekoration.

Probleme mit dem Arbeitgeber habe ich nicht. Ich brauch nicht zu sagen: Chef, Sie können mich mal gerne haben, oder noch schlimmere Sachen. Ich bin sowieso immer zu Hause. Und kann machen, was ich will. Rentner ist eigentlich ein schöner Beruf, wenn man einiges ausklammert und nicht so oft in den Spiegel sieht. Satt werde ich auch ohne Gewinn. Und ich möchte auch nicht zu denen gehören, die mit einem 20.000-Mark-Kleid zum Ball gehen. Worüber können sich solche Leute noch freuen? Höchstens, wenn sie zu enge Schuhe anziehen müssen und bei brütender Hitze einem ausländischem Diplomaten die Stadt zu zeigen haben. Die Freude dann abends! Ich stell mir das vor.

Karin, zieh doch mal meine Zahlen! Sie hört mein heimliches Rufen nicht mehr. Sie hat das Handtuch geworfen. Eine Neue ist da. Ob ich mich an sie gewöhne? Dreißig Jahre sind eine lange Zeit, fünf Jahre mehr als die Ehe bis zur Silbernen Hochzeit.

Die Neue muss von auswärts sein, sie spricht so anders. Es gibt jetzt das Spiel „Siebenundsippzig" und ab und zu gewinnt die Zahl „sippzehn". Aber lange Beine hat sie ja. So groß war die Karin nicht.

Sollte ich mal den Jackpot knacken und da in der Regie mitmischen können, ich würde eine schnucklige Person schon finden, auch mit langen Beinen, aber siebzehn müsste sie schon sagen können. Da das noch eine Weile dauern wird, zählen bis dahin alle schon fünfzehn, sechzehn, sippzehn.

Bei der anstehenden Rechtschreibreform kommt das auch gar nicht mehr drauf an.

Du bist ja völlig verstört. Was war?"
- „Ich habe meinen Erbonkel getroffen." - „Hat er dich enterbt?" - „Schlimmer, angepumpt."

Als ich klein war, glaubte ich, Geld sei das Wichtigste im Leben. Heute, da ich alt bin, weiß ich: Es stimmt.
Oscar Wilde

IN oder OUT, das ist hier die Frage

Pinkfarbene Schnürsenkel, überhaupt keine Schnürsenkel, Plateausohlen, ausgefranste Hosenbeine, zerschnittene Hinterteile, nackte Bäuche, hundert Zöpfe am Kopf. Dazu braucht man Kraft, viel Kraft, als Oma mit normalem Durchschnittstempo und etwas vertrottelten Ansichten. „Oma, heute ist das alles IN, heute stopft keiner mehr Socken oder näht den Saum um. Ich könnte das auch gar nicht." Und so wird kein Faden eingefädelt, und mit den dicken Sohlen kann auch keiner rennen. Wozu auch, das machen die Vorfahren, die für ihre Sättigung verantwortlich sind.

Andere Großmütter erleben ganz andere Sachen. Draußen steht ein Indianer, einer mit einem Irokesenhaarschnitt und will bei Oma Streuselkuchen essen. Oma beruhigt sich, mit der Zeit wächst sich ja die grüne und lila Farbe wieder raus. Und sie verrät keinem ihre Beteiligung an der Frisur durch einen Fünfzigmarkschein.

Manche Großmütter erleben Sachen von bleibendem Wert, wie etwa eine Tätowierung. Heldentum auf beiden Seiten, bei den Tätowierten ebenso wie bei den Unbebilderten: Dampfer, Schlangen, den Tiger auf der Brust. Oder Roswitha mit langen Locken.

MEGA-IN ist das, echt geil.

Eine Nummer schärfer zeigt sich der Gepiercte. Das ist so neu, es wird erst in der Neuauflage meines Fremdwörterbuches stehen. Für Leute, die auch nicht so auf dem Laufenden sind, das ist die Geschichte mit dem Ring durch die Nase.

Und da sitzt mir neulich so ein Muster in der S-Bahn gegenüber. Ich war wie hypnotisiert, hatte alle Mühe, mich von seinem Anblick loszureißen und den nicht optisch aufzusaugen. Über vier Stationen. Wie von einem andern Stern erschien er mir. Immer wieder zwang ich mich, den Blick abzuwenden, damit er mir nichts tut. Man weiß ja nie...

Im Ausweis müsste stehen: Hochgestylte Haarbüschel in Rot-Grün-Lila in der Mitte des Schädels, die Freiflächen rechts und links mit indianischen Zeichen bemalt. Je vier Ringe in geordneter Reihenfolge an jedem Ohr, die großen hinten, die kleinen vorn. Je einen Ring durch die Nasenflügel, einen durch die Mitte der Nase und unzählige Nieten durch die Gesichtshaut, da wo sonst die jungen Leute die Pubertätspickel haben. Vielleicht war die Anordnung noch anders, es war faszinierend.

Er hatte nicht viel an, draußen war es warm. Eine genietete Lederjacke umspielt seine mit Klabautermännern und Schlangen versehenen Körper, was die Brust, die Arme und den zeitweise zu besichtigenden Rücken betrifft. Die Weste ist stark gefranst und offen. Eigentlich besteht sie fast nur aus Fransen, und aus Nieten, die das Ganze entgegen aller physikalischen

Gesetze zusammenhalten. Darunter eine genietete Hose, keine Niethose, fast nur Metall. Das man damit überhaupt sitzen kann. In Neukölln steigt er aus, der war MEGA-IN. Und er hinterlässt hinten auf der geschlitzten Weste den Zurückbleibenden noch eine Botschaft: „Ihr könnt uns nicht vernichten, denn wir sind ein Teil von Euch!" Und Hingerissen überlege ich, ob der wohl Recht haben könnte.

Einer mit Krawatte und Aktentasche setzt sich auf seinen Platz. Lange nicht so aufregend, doch habe ich nicht Glück, dass der Born der Erkenntnis noch nicht bis zu meinen Nachfahren gedrungen ist? Die haben es einstweilen mit den Brikettschuhen und der Disco. Ich könnte noch so modern sein wollen, piercen ließe ich mich nicht, mich stört schon ein einfaches Pflaster am kleinen Finger. Einer muss sich schließlich um den Abwasch kümmern. Und wo die sich überall die Ringe durchziehen lassen! Man hört so allerlei. Doch friedlich scheinen sie zu sein. Wer hat an meiner Brustwarze gezogen, wer hat an meinem Bauchnabel gezerrt und ganz woanders auch noch? Nein, solche Beschwerden standen noch nie in der Zeitung. Aber was machen die, wenn das nicht mehr IN ist? Einfach alles rausziehen? Geht das?

Ein Superknaller wäre natürlich eine Zusammenfassung aller Möglichkeiten: Tätowiert, gepierct, mit Irokesenhaarschnitt im hautengen Lederdress mit ka-

rierten Schnürsenkeln bis zum Knie, auf einer Harley Davidson, wenn möglich schon in Rente und singend: „Mit 66 Jahren, da fängt das Leben an....

So etwas gibt's nur im Fernsehen, unsereinen würde man aus dem Verkehr ziehen und einsperren. Dieser Superknaller wäre ein echter Bürgerschreck.

Der Überflieger der älteren Semester ist die Volksmusik. Die Vollklatschungen verheimlichen, was Maria mit ihrer Tochter zusammensingt. So wirken die Dirndl und die schönen Berge besonders. Es wird geklatscht auf Deibel-komm-raus. Man versteht kein Wort, egal ob man aus Bayern oder aus Mecklenburg-Vorpommern ist. Klatschen ist IN...

IN ist auch die modernisierte Fassung von Hedwig Courths-Maler.

„Das Geheimnis der alten Mamsell" auf schottisch, nicht um die Jahrhundertwende, nein, jetzt im aufgeklärten Zeitalter mit emanzipierten Frauen in kurzen Röcken, die selbstbewusst den Mann für's Leben suchen. Und da laufen irregeleitete Nabobs umher, die extra der Ruhe wegen nach Schottland ziehen und endlich dort die Traumfrau finden. Rosamunde Pilcher bekommt das mit dem Strickmuster zwei rechts, zwei links genausohin wie die Courts-Maler. Das ist IN. Gefühl und Seele und Taschentücher.

Ich möchte auch mal IN sein! Aber ich bin zu feige und traue mich nicht, mir Ringe durch Nase oder Brustwarzen zu ziehen. Soll ich es mit ausgefransten Hosen probieren? Bei mir würden alle schreien: Sie haben sich den Saum ausgetreten. Um ständig IN zu sein, muss man der Null-Bock-Generation angehören, Mitglied der Spaßgesellschaft sein und nicht am alten hängen, was OUT ist. Was ist OUT? Alles was gestern IN war, ist dann OUT, wenn es alle machen oder haben. Oder denken. Musste man voriges Jahr an einer Trabi-Rallye durch die Wüste teilnehmen, lebt man dieses Jahr auf einem Campingplatz in Kyritz an der Knatter.

Am längsten hält sich Pommes mit Majo, seit Jahren ist das IN. Und erzählen sie mal einem Gourmet, der sich überwiegend in ausländischen Restaurants den Bauch mit asiatischen oder französischen Gerichten vollstopfen muss, dass es morgen bei ihnen zu Hause Kohlrouladen oder eingelegten Hering gibt. Der verfolgt sie gleich bis in die Küche.

Diese Rezepte sind immer IN, aber in unserer überfeinerten Esskultur haben das die meisten vergessen.

Ziehen Sie sich einen Ring durch die Nase, sind sie eine Wilde.
Ziehen Sie sich zwei Ringe durch die Ohren, sind Sie zivilisiert.

Multibiologisch

Der Frühling ist wieder da und Sumsii auch. Sie hat wie immer alle ihre Verwandten und viele Bekannte mitgebracht. Sie alle kennen meine Tricks, den Trick mit dem Essigtellerchen auf dem Nachttisch ebenso wie den mit dem Stecker in der Steckdose. Ich höre sie schadenfroh lachen, wenn ich mitten in der Nacht aus dem Bett springe und Jagd auf sie mache. Sie dagegen erwischen mich immer. Bei der größten Hitze zugedeckt bis zu den Haarwurzeln, brauche ich nur einen Zeh herauszustecken, schon ist es geschehen.

Es ist vollkommen ruhig im Schlafzimmer, dann beginnt der Kampf. Sumsii bläst zum Angriff, ihre Signale werden lauter und lauter. Hellwach, besonders die Ohren, liege ich in Alarmbereitschaft. Sie umkreist meinen Kopf, lässt sich wie ein Stuka (Sturzkampfflieger) fallen. Ich schlage zu, hau mir eine runter, aber Sumsii greift weiter an. Verstärkt durch Simsiis Schwester, genauso ein Biest, ich sehe morgens aus, als hätte ich die Windpocken.

Bei allen Gartenpartys bin ich ein gerngesehener Gast, jeder will neben mir sitzen, denn ich bin der Landeplatz für alles, was in der Luft rumfliegt, vor allem aber bin ich die Tankstelle. Ohne mich würden die Mücken glatt verhungern. Das ist der Nachteil von süßem Blut, sagte man mir.

Eine sogenannte Brotfliege ist dank meiner Pflege gut über den Winter gekommen. Plötzlich war sie da und verkürzt mir die Nächte. Ein endloses Spiel beginnt. Ich scheuche und scheuche und scheuche, die Fliegenklatsche muss her und auch ein Fliegenfänger.

Die zu erwartenden Ameisen sind Analphabeten, sie richten sich nicht nach den Anweisungen auf dem teuren Köder. Also werden sie bald in Sechserreihen an der Hauswand hochmarschieren und sich zu meiner Freude ins Innere der Wohnung begeben. Nur ein Vortrupp stürzt in den Köder, noch beim Harakiri warnen sie die Nachhut, die daraufhin einen großen Bogen um die tödliche Leckerei macht.

Meine Mieze Pauline ist hingerissen vom Marschtritt und der Marschordnung. Fasziniert beobachtet sie das ganze aus gebührender Entfernung. Dichter geht sie nicht ran, hat wohl schlechte Erfahrung gemacht. Hebe ich aber einen Blumentopf hoch, nascht sie die umherlaufenden Bonbons mit Hingabe, wie unsereiner saure Dropse.

Von der Technik halte ich nicht so viel, ich bin ein altmodischer Typ, der trotzdem vernetzt ist.

Spinnen machten während meiner Abwesenheit ganze Arbeit. Schau her, ein langer Riss an der Decke, denk'ste, ein langer Faden und in jeder Ecke niedliche Nester.

Die Bewohner sind in Wartestellung für die fliegenden Ameisen, die mich seit Jahren regelmäßig besuchen. Vorher fege ich die Spinnen auf die Müllschippe und elegant segeln sie in den Garten. Ich tu ihnen nichts, sie sollen mir helfen, wenn es Zeit ist, wenn die Invasion der fliegenden Ameisen erfolgt. Alle Ritzen sind verschmiert, alle Scheuerleisten untersucht und frisch verkittet, doch aus heiterem Himmel überfallen sie mich, und es beginnt ein aussichtsloser und für beide Teile ekliger Kampf. Ich setze alles ein, was einschlägige Firmen anbieten. Nichts ist mir zu teuer, Gelbsticker, Insektenspray oder Ameisenlack in den verschiedensten Geschmacksrichtungen, alles in reichlichen Mengen und andauernd, genau vier Wochen. Keine Lampe kann ich anmachen, das Leben findet in dieser Zeit im Dunkeln statt, selbst die Fernsehhelden werden von ganzen Schwadronen angegriffen. Es hilft nur der Auszug aus dem Paradies, in ein anderes Zimmer.

Sumsii ist dagegen eine liebliche Erscheinung. Das multibiologische Zusammenleben probiert an mir alles aus. Lutsche ich an einer Eiswaffel, neidet mir das sicher eine Wespe. Es ist angebracht, bei dem Verfolgungswahn dieser Tierart immer eine Zwiebel oder ein bisschen Essig mitzuführen. Mir hilft das, egal ob ich mir das Dekolleté oder die Oberschenkel damit abreiben muss.

Wespen fressen eigentlich alles, bloß keine Schokolade, aber ganz versessen sind sie auf Pflaumenkuchen. Und auf meinem Stück will nicht nur eine sitzen.

Nicht dass man denken könnte, das multibiologische Aufeinanderzugehen hätte nun ein Ende. I bewahre, es gibt noch eine Art von Säugetieren, die zwar zur Gattung der Insekten gehören, mir aber eher das Gefühl von Säugern vermitteln. Gehe ich einmal kurzfristig zu einer Veranstaltung, bringe ich mit Gewissheit so ein Tier mit in die Wohnung. Dann sitze ich nachts neben einer Schüssel mit Wasser, nach dem Rezept meiner Großmutter, und hoffe, die hungrigen Flöhe werden bald in das Wasser springen. Manchmal tun sie mir den Gefallen. Ergebnisse sind vorzuweisen.

Die Läuse haben mich natürlich auch nicht vergessen, wenigstens was die Kopfläuse anbetrifft. Eine Fügung des Schicksals hielt bis jetzt Kleiderläuse und Filzläuse von mir fern. Wahrscheinlich müsste ich Soldat werden, aber aus dem Alter bin ich ja wohl raus.

Ich persönlich könnte auf diese Viecher verzichten, laut Lexikon gibt es davon 750.000 Arten. Es würde zu weit führen, alle aufzuzählen, und Gottlob werden wir sie auch nicht alle ausprobieren müssen. Vergessen will ich nicht die allen bekannten Blattläuse, die man mit Brennnesseljauche vertreiben soll. Die lachen darüber nur, am nächsten Morgen sind sie alle wieder an den Rosen. Ein bisschen Chemie muss sein, sonst bleibt vom Garten gar nichts übrig. Für die Ohrwürmer lege ich Kartoffelköder aus. Sie sammeln sich darunter und helfen mir bei der Vernichtung anderer Insekten.

So hat alles seinen tieferen Sinn.

Natürlich lebe ich nicht unter einer Käseglocke, ich habe auch niedliche Nager anzubieten. Da denkt man, man lebt in einem feinen Viertel, trotzdem schleppt mir Pauline immer öfter Mäuse an, weiß der Kuckuck, wo sie die findet. Und einen Igel habe ich auch im Garten - ist die Welt nicht schön?

Im Leben geht mancher Schuß daneben

Beleibt und kurzatmig, das Gesicht eine einzige Sorgenfalte wie nach einer Hungersnot, so stehen sie mit überquellenden Einkaufswagen vor mir an der Kasse. Noch dazu ist heute Freitag, der 13., ein Tag, an dem manch einer vorsichtshalber gar nicht erst aufsteht, weil ja was passieren könnte. Die geborenen Miesmacher schleichen um den Häuserblock.

Und endlich taucht einer wie Phönix aus der Asche auf, er möchte die mühsam vor sich hinbrütende Masse in Schwung bringen, er hat die hängenden Mundwinkel satt. Er denkt sich was aus. Und er denkt nicht nur, er handelt.

Was schon ziemlich ungewöhnlich ist. Oft hört man: Das müsste man auch mal machen..., das hätte ich auch gekonnt... Der macht nun was.

Am Freitag, dem 13., erscheint er in seinem Zeitungsladen als Glücksbringer. Als Schornsteinfeger, komplett mit Zylinder, steht er hinter seinem Ladentisch und verkauft seinen Kunden die neuesten Nachrichten. Und alle freuen sich, wie weggeblasen sind die mürrischen Mienen. Griesgrämige Leute haben blanke Augen, der Laden ist gerappelt voll, frühere Heldentaten schwirren durch die Luft und

keiner will nach Hause gehen. Ein bisschen Karnevalsstimmung kommt nachmittags auf, als zwei Stühle vor dem Haus stehen und ein Leierkastenmann bei Glühwein und Kaffee Leben in die Bude bringt.

Aber er brachte das Leben nicht in die Bude, sondern vor die Bude. Und das ist genehmigungspflichtig und kostet harte Taler. Da kann das Motto noch so menschenfreundlich sein: Heute ist Freitag, der 13., aber wir leben noch und machen weiter.

Kein klitzekleines Intermezzo, kein kleines Volksfest. Wo kommen wir denn dahin, wenn das alle machen wollten. Seit Gründonnerstag hat der Schornsteinfeger auch Sorgenfalten. Ich hoffe, er kann sie wieder ausbügeln. Kurz vor dem Osterfest, dem Fest der Besinnung, teilte ihm das Tiefbauamt mit, dass er im Wiederholungsfall dafür Gebühren zu entrichten habe, weil nicht sein kann, was nicht sein darf.

Donnergrollen. Dem Schornsteinfeger verging das Eiersuchen. Sicherheitshalber bringe ich meinen großen Blumentopf vor der Haustür auf den Hof. Kostet alles Geld, ist ja der Bürgersteig der Stadt.

Waldi und Egon

Man stelle sich vor: Ein Doppelhaus, die gemeinsame Fassade in Hellgrün, mit dunkleren Jalousien, hellbraunem Staketenzaun und dunkelbraunen Briefkästen. Und da Müllers noch in nachbarschaftlicher Liebe den Neumanns zugetan waren, grillten sie am Wochenende auf dem nach hinten ungeteilten Grundstück. Kein trennender Zaun, nur Blumenrabatten. Kein Lärm, sie schimpften als kinderlose Ehepaare nur gemeinsam über die ungezogenen Rangen der Umgebung. Ein Herz und eine Seele.

Waldi stieß dazu. Waldi war ein herzallerliebster Dackel mit treuem Dackelblick, und dieser Blick ließ keinen Ärger über die gebuddelten Löcher in beiden Gärten aufkommen. Waldi war der neue Hausgenosse von Müllers.

Neumanns ergänzten die Kinderlosigkeit durch Egon. Egon brachten sie als Hauptgewinn von einer Rassekaninchenschau mit nach Hause. Und Egon erhielt als Angorakaninchen einen komfortablen Stall, was die Züchter gemeinhin als Karnickelbuchte bezeichnen. Literatur, Fachliteratur unterwies beide Familien, wie man eine Dackel erzieht und was man beachten muss, um dem Kaninchen die Trommelsucht zu ersparen. An den sommerlichen Grillabenden tauschten alle ihre Kenntnisse und Erkenntnisse gebührend aus. Trotzdem streckte eines Tages Egon alle Viere von sich und ergab sich der

Trommelsucht. Mit einer Träne im Auge wurde er zwischen Rittersporn und Ringelblumen zu Grabe getragen. Ohne Müllers, die waren mit Waldi auf Achse. Arglos und vollkommen unbelastet versuchten Müllers am nächsten Morgen dem Waldi beizubringen, nicht dauernd neue Löcher zu buddeln. Aber Waldi buddelte unverdrossen und bescherte seinen Leuten zum Frühstücksbrötchen Egon, der in Frau Neumanns Schuhkarton für Stiefel sanft dahinschlummerte. Wie ladenneu.

Entsetzt über ihre so wenig fassende Erziehung eines Dackels versuchten sie das auf sie zukommende Unheil einzudämmen. Neumanns waren ihre besten Freunde, und nun war durch Waldi diese Freundschaft gefährdet. Wie war der in die Buchte gekommen Was machen wir, damit das nicht rauskommt?

Frau Müller ließ Wasser in eine Schüssel und befreite den Egon durch Shampoo und warmes Wasser von Sand, föhnte Egon, machte sich wenig Gedanken über dessen Starre, setzte den frisch Frisierten in den bekannten Käfig und sah den kommenden Stunden mit gemischten Gefühlen entgegen. Ein markerschütternder Schrei zeigte an, die Sache kommt ins Rollen, der Vorhang hob sich zum ersten Akt.

Entgeistert stolperte Frau Neumann über die gemeinsame Terrasse und ließ sich mit verzerrtem Gesicht auf den Küchenstuhl von Müllers fallen. Frau Müller versuchte durch unschuldiges Rühren im Suppentopf ihre Aufregung zu verbergen und von ihrem hochroten Gesicht abzulenken. Immer bekam sie bei Aufregung rote Flecken. Sie glühte wie eine Heizspirale, brauchte nichts zu sagen, sondern nur der halbverrückten Frau Neumann zu folgen, die sie hin zur Buchte zog. „Da, da ist er. Ich werde noch verrückt. Eigenhändig habe ich ihn in meinen Schuhkarton gelegt und ihn unter dem Birnbaum begraben. Und nun sitzt er in seinem Käfig, als sei nichts geschehen. Glauben Sie an Hexerei?"

Gemeinsam legten sie Egon in den Schuhkarton und beerdigten ihn auch gemeinsam. „Haben Sie das gehört? Das war der Stein von meinem Herzen." Frau Müller beruhigte die Neumann mit einem doppelten Kognak und machte aus ihrem Gewissen keine Mördergrube.

Jetzt spielen auf der gemeinsamen Terrasse zwei kleine Kinder, und Waldi verschleppt Puppen und Teddys.

Auch wir haben in unserer Familie einen berühmten Mann: Mein Onkel Wilhelm wurde auf der Kaninchenzuchtausstellung als hundertster Besucher geehrt.

Reise von Deutschland nach Deutschland

Frau T. hatte durch ihre Hochzeit einen guten Griff getan, Gespür und Geschmack bewiesen. Sie brauchte nur ihre Kinder zu kriegen und die Domestiken zu reglementieren.

Johann beschnitt die Rosen und fuhr das Auto aus der Garage, Bruni beherrschte die Küche, und um die Kinder kümmerte sich Gertrude. Und an zwei Tagen in der Woche kam Frau Hansow zum Hausputz. Ulla kam also aus besserem Hause, zu ihrer großen Strafe musste sie den „Fröhlichen Landmann" auf dem Klavier üben, mit zehn Jahren verpasste man ihr eine Zahnspange, und immer wieder hörte sie: „Das ist kein Umgang für dich, die

kommt mir nicht ins Haus, such dir eine andere Freundin!"

Ihre Bezugsperson war Gertrude, die Kinderfrau. Neben der kalten, berechnenden Frau Mama wirkte Gertrude wie ein warmer gemütlicher Kachelofen mit Ofenbank. Alle drei Kinder belagerten diese warme Quelle der Villa. Sie vermissten ihre Verwandte ersten Grades für anstehende Zärtlichkeiten und Streicheleinheiten nicht.

Frau T. wiederum holte sich ihr Quantum Liebkosungen außerhalb des Hauses in leidenschaftlichen Affären, doch der Doktor, der Herr des Hauses, ein hochgeschätzter Frauenarzt mit kühler Zurückhaltung, lehnte trotzdem die verlockenden Angebote seiner zahlreichen Patientinnen ab. Aber man sieht, ein ziemlicher Kreis war in die seelischen Verwicklungen der Villa mit Praxis im Parterre einbezogen.

Gertrude war als beste Kinderfrau auserkoren worden. Sie hatte eine üppige Brust und sprach reines Hochdeutsch, zwei Gaben der Natur mit Seltenheitswert. So konnte Frau T. ihr die Kinder anvertrauen, um ihre amourösen Angelegenheiten zu erledigen, während ihr Mann in seiner Praxis, wissend oder verklemmt, die Brüste und Bäuche anderer Frauen untersuchte.

Doch das Unglück schritt mittelfristig daher, in dem Moment nämlich, als Ulla und ihre beiden Brüder die Liebe zur Küche entdeckten und unter Brunis Röcken am wahren Leben mit seinen gesellschaftsunwürdigen Reden und Dialogen teilnahmen und dem Volk „aufs Maul" schauen konnten. Eine erste Fremdsprache entstand hier in der Küche. Die Muttersprache war die vom Esszimmertisch: „Hebt den Arm! Iss sofort den Teller leer! Mach den Mund zu! Klecker nicht das Tischtuch voll! Sitz gerade!... Was Sagtest du, Herbert?" Herbert war der Herr Doktor, und höflicherweise wurde er nach den Wünschen für das nächste Essen gefragt. Ja, ja, das tat sie, die Gnädige, sie wusste, was sie ihm am Tisch schuldete. Das wahre Leben tobte in der Küche bei Bruni: „Frau Dokta! Wo ham`se wieda

die Knulln vastochen? Ick kann ihr nicht finden!" Dabei wedelte sie mit ihren Flandruschen die Kellertreppe runter und verpetzte nicht den Nachwuchs, der unten die Qualität der Äpfel prüfte. „Wo die Jör'n sin? Det weeß ick och nich, die ha`m sich wieda ma vaflümt." Und hochinteressant wurde es, wenn das literarische Programm begann. Mit dem Eintritt von Johann befleißigte sich Bruni zivilisierter Umgangsformen. Sie zuppelte an ihrem Rock herum, brachte also ihre Flandruschen in Ordnung und redete geschwollen wie die Gnädige: „Das muss ich auch sagen, Johann, wer als Schwein geboren wird, bleibt ein Schwein zeitlebens!" Diese Erkenntnis hatte sie aus einem Volksstück gewonnen, und diese vertrat sie auch gegenüber Johann, der sich über den Nachbarn mit dem Nussbaum und seinem herbstlichen Blätterfall beschwerte. Nach dem Aufbäumen ihrer Seele, hervorgerufen durch das tiefe Mitgefühl für die vielen durch Johann abzuharkenden Nussbaumblätter, zog sie einen Schub auf und griff zur Nivea-Creme, wie sie sagte, um ihr Zartgefühl für ihre durch Gemüseputzen strapazierten Hände zu demonstrieren. Nivea-Creme, so flüsterte sie dem Johann, sei das Beste für angegriffene Haut, man könnte damit manches besänftigen.

Und wie gesagt, zweimal in der Woche kam Frau Hansow zum Putzen. Frau Hansow brachte ein besonderes Flair mit, das Flair ihrer Ehe. Das brachte sie mit in die

Küche zu Bruni und Johann. Frau Hansow war mehr breit als hoch und verstand vorzüglich diese Breite besonders herauszuarbeiten. Sie trug mit Vorliebe T-Shirts auf denen vorne der letzte Urlaubsaufenthalt zu erkennen war - eine Villa mit Palmenstrand auf Teneriffa, eine wandelnde Ansichtskarte, alles bebte und lebte unter ihrem wackelnden Busen, oder zur Abwechslung goldene Rosen mit goldenen Ranken in einer goldenen Vase auf schwarzen Untergrund. Und dazu hautenge Leggings, man konnte blind werden. Einmal hatte die Doktorsche gefragt: „Na, Frau Hansow, Sie haben sich ja mächtig herausgeputzt. Was sagt denn da ihr Mann dazu?" „Ach, Frau Dokta, det sieht der ja nich, denkense, dem fällt der neue Pullover uff? Hauptsache, der hat abends sein Bier, mir nimmta jar nich wahr, ick bin aus dem Alta nu och raus?"
Aber wer sollte das glauben, bei der Dekoration ihrer weiblichen Vorzüge und Merkmale. Öfter erzählte sie auch von einem Gartennachbarn ohne Bierflaschen: „Der greift mir schon mal unter die Arme." Seine Hilfsbereitschaft übersah ihren Kuhgeschmack, und alle kamen auf ihre Kosten. Der eine hatte sein Bier, Frau Doktor fuhr mit dem Auto weg, der Doktor selber, widmete sich den Vorbereitungen entbindender Wöchnerinnen, Gertrude liebte ihre Zöglinge abgöttisch und verwöhnte sie, diese wiederum klammerten sich an ihre Wärmequelle, Bruni tröstete Johann, nicht nur wegen der

150

Nussblätter. Alle waren zufrieden und glücklich.
Da der Doktor mit keiner seiner Patientinnen ein Verhältnis begann, bemühten sich alle, mit ihm eins anzufangen. Die Praxis lief wie geschmiert. Und dann war plötzlich der 1. September 1939, und aus war's. Die Grundlage für dieses angenehme Leben wurde der Gnädigen entzogen. Das Auto sowie die von ihr zu betreuenden Liebhaber kamen an die Front, nach einem Jahr der frustrierte Hausherr ebenfalls. Johann, Bruni und Gertrude übernahmen ebenso wie Frau Hansow kriegsentscheidende Momente in den nahegelegenen Munitionsfabriken. Ihr, der gnädigen Frau, blieb ganz alleine ihre „Blase", um die sie sich nun kümmern musste.
Und als 1945 die Russen, bekannt als GROSSE RUHMREICHE SOWJETARMEE, in die kleine Stadt einzogen, entdeckten die auch die entzückende Villa von Frau T. Als Ausgleich durfte sie ein Zimmer mit Kochgelegenheit beziehen. Da war auch kein Platz für Ullas Klavier. Die Russen spielten darauf nun Tag und Nacht „Otschischorni jo..." (Schwarze Augen...)
Eines Tages meldete sich eine einfache Frau mit drei Kindern und mehreren Koffern, Rucksäcken und Taschen im Flüchtlingslager Berlin-Marienfelde.
Schluss-Aus-Ende.
Natürlich gab es vor dem Krieg keine T-Shirts, es fuhr auch keiner nach Teneriff-

fa, weil keiner wusste, dass es Teneriffa gab. Aber es passte so schön in meine Geschichte. Damals fuhr man mit KDF nach Tirol. Aber wer kennt schon KDF? Hier, im Flüchtlingslager ohne Liebhaber und ohne Ehemann, entwickelte Frau Treblin eine bisher ungewohnte Sorge um ihre Nachkommen. Ulrich, Uwe und Ulla wurden mehr bewacht als der gerettete Hausrat in den drei Koffern. Wochenlang hatte sie sich früher zur Geburt ihrer Kinder ernste Gedanken um die Namen gemacht. Sie selbst hieß Ute, der einzige U-lose war der Haushaltsvorstand, Herbert. Und jetzt, wo es wirklich ernst war, fehlte der. Jetzt, wo sie ihn am nötigsten brauchte, war er nicht da.

„Immer öfter musste sie an ihn denken, immer öfter drängte er sich in ihre Träume, sehnsüchtig und doch voller Reue lag sie nachts in ihrem einsamen Bett und flüsterte mit tränenerstickter Stimme: Herbert, Herbert, wo bist du? Warum hast du mich verlassen? Im Flüchtlingslager hatte sie reichlich Zeit über ihren leichtfertigen und verderblichen Lebenswandel nachzudenken. Zutiefst bereute sie ihre Schuld. Wie hatte sie den treusorgenden Ehemann nur so schmählich hintergehen können. In selbstloser Aufopferung wollte sie ihr Vergehen sühnen" (frei nach Hedwig Courthsmaler)

Vorläufig musste sie den misstrauischen Amerikanern klarmachen, sie sei keine geschickte Top-Agentin der Sowjets. Gar zu gern hätten die sie dazu gestempelt.

Sie und die Russen, weit weg wollte sie von denen, die ihr alles genommen hatten, was sie aus der großen Masse heraushob. Und nun fehlte der Doktor, der Fels in der Brandung, gutaussehend, intelligent. Sicher fände der einen Ausweg aus der aussichtslosen Lage. Wo war Herbert?

Und wie durch ein Wunder tauchte eines Tages der gemütliche Kachelofen besserer Tage auf. Gertrude hatte auch Johann und Bruni im Schlepptau. Ihre umfangreichen Holzkoffer ließen keinen Verdacht auf einen bloßen Kaffeebesuch aufkommen. Sie legitimierten sich mit einem Brief vom Herrn Doktor, der seine Familie suchte, eben auch bei Gertrude, dem Kindermädchen aus dem Spreewald.

Allesamt wurden sie nach Rheinland-Pfalz ausgeflogen. Und in einer klitzekleinen Klitsche lebten sie zwar nicht gerade von Wasser und Brot, aber mit acht Betten, einem Schrank, einem Tisch und acht Stühlen erlebten sie hautnahe Gemeinsamkeit. Den Russen waren sie entkommen, was sollte nun folgen. Bis auf die Möbel waren sie wieder komplett.

Die Zeit ohne Sessel und Couch schweißte zusammen. Die drei U's brachten den brandenburgischen Dialekt in die Dorfschule und bereicherten den Sprachschatz der Eingeborenen. Die Gnädige mitsamt Gertrude, Bruni und Johann verdienten ihr täglich Brot im Weinberg, und als Herbert einer lebensfrohen Weinbergbesitzerin durch einen chirurgischen Eingriff wieder zu einer makellosen Vergangenheit verhalf, besaßen sie bald eine respektable Wohnung mit Sessel und Couch. Das Leben normalisierte sich in dem Tempo, wie die lebenslustigen Gattinnen ihren zurückkehrenden Männern ihre gelebte Askese zeigen mussten. Auf gut deutsch: Die illegalen Handlungen brachten Milch, Butter, Eier und noch so andere Vorteile ein. Johann putzte bald wieder ein Auto, Gertrude wienerte statt der Frau Hansow die Wohnung und die Gnädige kümmerte sich um die Erziehung der Kinder.

Ulrich begriff auf Anhieb das Wurzelziehen, das A hoch B, die Erhebung in die Potenz, welche das auch immer sei. Er studierte Mathematik und empfing die höheren Weihen der Doktorwürde. Stocktrocken bekam er seine Professur und zeitgleich eine nervtötende Ehefrau, eine Französin, die keiner verstand, weder sprachlich noch emotional.

Uwe verlegte sich auf die Moderne. Ihn ernährte ein steinreicher Gönner, der schon damals auf ein Gesetz für eine gleichgeschlechtliche Ehe hoffte. Ein Idealfall für so manch einen.

Ulla lebte in einer Wohngemeinschaft und war auf dem Wege Sozial-Pädagogik zu studieren. Auf dem Wege dahin studierte sie quer-beet, besser gesagt querzimmer und tauchte bald mit geschwollenem Leib in den Schoß der entsetzten Familie zurück. Hätte sie nicht etwas früher kommen können? Die Prophezeiungen dort klangen nicht so rosig für die weitere Zukunft.

Ulla beruhigte alle durch das fünfte U. Es war die Zeit, als man gerne nach Skandinavien gefahren wäre, aber das Geld dazu fehlte. Dafür nannte man seine Kinder Lars, Ingo und Dirk. Ulla nannte ihn Urs.

Nun drehte sich alles um den ungewollten Urs. Ursilein hinten und Ursilein vorne. Der wurzelziehende Professor hängte sein vaterloses Herz an den vaterlosen Bengel, der schwule Uwe machte manche Mark für den Neffen locker, und Ulla genoß das Glück der Familie. Urs hielt sie alle zusammen. Und Ursilein nutzte das weidlich aus.

Die Wende kam, sie erinnerten sich an die reizende kleine Villa im Brandenburgischen. Was die Wände, sprich Mauern und das Dach betraf, war sie inzwischen fast wertlos, aber sie stand noch immer in dem schönen Garten mit dem Nussbaum. Mit viel Geld und kindlicher Erinnerung taumelten sie in ihre Kinderträume, hefteten ein Schild an die Haustür: U. Treblin

Und da treffen sie sich, wenn sie zu Hause alles leid sind. Der Professor erholt sich von seiner Nervensäge und im Verein erzählen sie dem jüngsten U von früher, von Opa Herbert, Oma Ute, von Gertrude, Johann und Bruni, von den schönen Äpfeln. Silvester ist dann ein großes Fest für sie. Niemand vertreibt sie. Für immer steht an der Haustür: U. Treblin

Wie wird man Schriftsteller?

Ich habe beschlossen, berühmt zu werden. Bloß wie? Mit 76 Jahren muss ich mich beeilen, und die Möglichkeiten sind begrenzt. Es reicht nicht mehr zum Superstar, so wie Daniel über die Bühne zu springen und die Leute zu schockieren. Und trotz Vorleben auf Campingplätzen im engen Wohnwagen erspare ich dem Fernsehen mein Aus- und Anziehen im Container. Können tät ich es, aber wer will das von Leuten mit Verfallsdatum schon sehen? Was für ein Glück, wenn man im Knast ein Buch über seinen Mord schreibt. Verlage reißen sich darum, und nach der Entlassung ist man ein gemachter Mann. In den Talkshows zeigen die Schwerenöter ihre Erzeugnisse hoch und werden beklatscht.

Ein neuer Lebenslauf müsste erfunden werden, mit einer weißen Weste ist da nichts. Ein zartes Pflänzchen meiner Gläubigkeit und Phantasie rankt sich wie an einer Bohnenstange hoch. War ich beim Werwolf? Habe ich bei den Nazis Flugblätter verteilt? Nein, ich habe weder der Stasi geholfen, noch haben mich die Russen verschleppt. Keiner in unserer Familie war lesbisch oder Homo, keiner war Asylant und keiner war je eingesperrt. Die Freuden des „elektrischen Materialismus" nahmen unsereinen zu sehr in Anspruch. Als ganz normale Frau denke ich zurück und arbeite unsere Vergangenheit auf meine Weise auf.

Nach dem sommerlichen Kampf gegen Blattläuse und Vogelmiere, der noch immer bestehenden Sorge, es könnte etwas Essbares umkommen, wird eingeweckt und Marmelade gekocht. Dabei arbeitet mein Kopf ebenso wie die Hände. Und wenn abends viele bei den Vollklatschungen der angeblichen Volksmusik und der Serien-Mafia voll im Gange sind und nun endgültig verblöden, schreibe ich zur Freude unserer Gesundheitsministerin gegen die bevorstehende Altersdemenz Geschichten. Und sollte ich jemals von Günter Jauch gefragt werden, was ich mit 16000 Euro anfange, ich brauche kein Klavier, keine Kanadareise, keine Exquisitschuhe. Ich setzte in viele Zeitungen Annoncen und machte Reklame. Einen Namen müsste man schon haben, ohne Namen geht nichts. In den Zeitungen werden die „Förderer" junger Künstler hochgejubelt, und in den vielen Talkshows erzählen diese Förderer, was sie alles für die jungen Schreiber tun und was sie mit ihnen vorhaben. Aber wehe, es wird ernst. Gut und hilfsbereit sind sie alle nur, wenn das Fernsehen dabei ist. Und dann sehe ich in meinen schöpferischen Pausen selber mal fern und lasse auch die Hirngespinste der Serien-Mafia über mich ergehen. Wer sich das alles ausdenkt. Katalogisierte Dialoge. Mit dem Wort „Scheiße" machen sie das große Geld. Sonst kann ich halbwegs folgen, aber nur, wenn ich zwischenzeitlich nicht durch einen leichten Schlummer den Anschluss verpasse. Dann läuft mitunter ein neuer Film mit anderen Personen, aber die Handlung ist immer diegleiche.

1989 gaben wir uns dem Irrtum hin, es wird alles besser. Wir träumten vom Paradies und wachten in Nordrheinwestfalen auf. Probleme haben wir noch immer, aber es sind andere. Es gibt auch heute noch haufenweise Dinge zum Aufspießen. Es lohnt sich, den Leuten aufs Maul zu schauen und gut zuzuhören. Egal, ob es sich um Schönheitsprodukte, Rentenreform, Altwerden, Fremdgehen, Liebe im allgemeinen und im besonderen oder die Eigenheimförderung handelt. Aber in meiner Denkweise beginnen sich auch

Fehler einzuschleichen. Auch die noch Ungeborenen spüre ich bereits, denn ich bin ein echter Profi, der seine Geschichten noch selber schreibt und keinen Ghostwriter braucht.

Sollte sich jemand angesprochen fühlen, nach dem bekannten Motto: Dem Manne muss geholfen werden, na bitte, ich habe nichts dagegen. Auch wenn das mit dem Geschlecht nicht stimmt.

> *Der Weg zum Erfolg ist eine ständige Baustelle.*
>
> *Treffen sich zwei Dichter. „Haben Sie meine Gedichte gelesen?" - „Ja natürlich." - „Und was hat Ihnen am besten gefallen?" - „Dass der Nachdruck verboten ist."*

Die Polizei - Dein Freund und Helfer

„Hamse jedient?" „Jawoll Herr Bürjermeester, bei de Prinz-Heinrich-Füsiliere in Brandenburch." Damit war die Einstellung des ausgedienten und ausgemusterten Zwölfenders als Polizist beschlossene Sache.

Ein Zwölfender, ein ehemaliger Berufssoldat, ohne Flinte und nur mit dem Notizbuch ausgerüstet, setzte nun seine militärischen Kenntnisse in unserer Kleinstadt strategisch ein. Ein Platzhirsch war er nicht, fußlahm und hinterfotzig ersetzte er den Schwarzen Mann für die Kinder,

bis sie merkten, dass ihre Beine schneller waren. Der Schwarze Mann kam nachts im Ledermantel und holte die Großen ab... - Pflastermühle kannten alle, groß und klein. Den Notizblock immer griffbereit, zwischen dem dritten und vierten Uniformknopf feldwebelmäßig eingeklemmt, schleppte er seinen kugelrunden und schwerfälligen Körper durch sein Revier zum Rathaus, um in seiner klitzekleinen Amtsstube mit fünf anderen schreibwütigen Ordnungshütern die polizeilichen Ermittlungen zu besprechen.

Als da waren: die laufenden Klingeljagden in der Siedlung, und dass ein Lehrling der Dekorationsabteilung eine nackte Schaufensterpuppe quer über die Straße ins Kaufhaus getragen hatte. Nackt die Puppe, nicht der männliche Lehrling. Die Moralvorstellung bei Preußens ahndete dies mit fünf Mark. Eine unerschöpfliche Einnahmequelle für die heutigen Kommunen. Wir würden im Geld schwimmen bei dem Angebot lebender Nacktheit und könnten mit all dem Zaster segenspendend für den größten Teil der Menschheit sein.

Pflastermühle hieß eigentlich Pflastermüde. Die Jugend war schon damals schnell mit dem Wort, und auf die paar Buchstaben kam es nicht an. Einen zivilen Namen hatte er auch, aber den kannte keiner. Pflastermühle bestand im wesentlichen aus Bauch, einer großen runden Kugel, mit zwei windschiefen Beinen untendran und einem hochroten Kopf, den ein Tschako mit einer Kokarde verzierte. Ob er Haare hatte, konnte man nicht sehen. Manchmal färbte sich sein Gesicht hin bis lila, als wenn ihm der Kragen die Luft abschnürt, denn die Uniform war bis zum letzten Millimeter ausgefüllt, und nur eine langsamere Gangart und ein doppeltes Koppel verhinderten eine Explosion. Schnürstiefel mit geknöpften Ledergamaschen bis hoch zum Knie verhinderten ebenfalls ein schnelleres Tempo. Für eine direkte Verbrecherjagd war er nicht der richtige Mann, doch schließlich lebten wir nicht in Chicago. Für schwerwiegende Sachen hatten wir letztendlich die Gestapo, das waren die, die nachts „unliebsame Zeitgenossen" aus dem Verkehr zogen. 1945 wurde Pflastermühle alias Pflastermüde irgendwie entsorgt. Plötzlich war er weg und keiner wusste, wo er abgeblieben war. Vielleicht trugen ihn seine müden Füße in fernere Gefilde, um endlich ohne Notizblock und nur mit den Erinnerungen an die Prinz-Heinrich-Füsiliere zur Ruhe zu kommen. Polizei wird immer gebraucht, egal welcher Kaiser regiert. Und jeder Kaiser bestimmt, wer nun zu schützen und wer eingesperrt werden sollte.

Es wehte nun ein anderer Wind in die kleine Amtsstube. Die eilends aufgestellte Truppe zog in einen riesigen Palast, um der vielen Dinge Herr zu werden. Sie hatten das alles schon immer gewusst, waren schon immer dagegen gewesen und waren nicht zu bremsen, um den Aufbau des Sozialismus zu schützen. Manche sahen dies anders, aber mein altes Lexikon von 1958 sieht das so: „Zum Schutze der Freiheit und des Lebens der Bürger." Aber dies wird nicht von allen bestätigt. Die grüne Farbe der Uniform war geblieben, und da die absolute Fresswelle noch bevorstand, reichte der Stoff für ein großes Heer von Vopos. Wachten vorher die Schupos über Gesetz und Ordnung, machten das jetzt die Vopos. Auf alle Fälle wurde nun wieder gewacht und geschützt, ob man wollte oder nicht. Aber ohne den kleidsamen Tschako, nur mit Mütze, trotzdem hart im Nehmen, bei Wind und Wetter. Statt Pflastermühle durchstreifte der Abschnittsbevollmächtigte, liebevoll der ABV-er genannt, seinen Abschnitt, zog mit verbissener Miene mit dem Notizbuch um die Häuser und schrieb die Radfahrer ohne Licht auf. Mit ohne-Licht schlenderte ich mit ihm bis vor die Haustür, ganz ergriffen von den mitgeteilten lockeren Sitten und den leichten Mädchen im neuen Sündenbabel. Und sicher wie in Abrahams Schoss. Sein gemäßigter Schritt erinnerte mich an Pflastermühle, an den „Schwarzen Mann". Wie früher kamen die Schwarzen Männer wieder des nachts, in schwarzen Lederjacken und dunklen Anoraks.

Die Polizei hatte damit nichts zu tun, wusch ihre Hände in Unschuld, war nur Freund und Helfer. Bis ein neuer ABV-er kam. Motorisiert mit einem Wartburg hatte er keine Augen mehr für die lichtscheuen Radfahrer. Er interessierte sich mehr für die intimen Familienangehörigen, für deren Angelegenheiten und erforschte bei auskunftsfreudigen Nachbarn die sozialistische Moral der Mitbürger. Einige kannten nicht das christliche Gebot: Du sollst nicht falsch Zeugnis reden wider deinen Nächsten und vermasselten manchem Reiselustigen die Tour in den Westen.

Durchgerostete und nicht TÜV-geprüfte Kriegsveteranen erforderten ein neues

Dienstzimmer: Das Büro der Verkehrspolizei. 1958 hatte ich meine erste Berührung mit denen. Sie fragten die Straßenverkehrsordnung und die mir bis dahin unbekannten Verkehrszeichen ab. Vom Fahrrad auf das Moped umgesattelt, begann autodidaktisch mein Leben als motorisierter Verkehrsteilnehmer. Nun regelten die Weißen Mäuse den Verkehr. Der Stempel wurde erfunden, in einfacher, in zweifacher und dreifacher Ausführung. Unseren Schwestern und Brüdern im Westen wurde eine ganze Stadt verleidet. Flensburg, die schöne Stadt an der dänischen Grenze, was nutzen ihr noch die vielen touristischen Sehenswürdigkeiten? In fuffzig Jahren ist alles vorbei, ist alles vorbei, ist alles vorbei.

Eine neue Polizei für die Neufünfländer, in attraktiven Uniformen regelt noch immer den Verkehr, und so ein altgedienter Ostmensch fragt sich nun, vor wem sie mich jetzt schützen müssen. Die Gesetze sind nicht weniger geworden und man kann sie nach rechts, nach links und in jede beliebige Richtung übertreten. Menschen mit ererbten kriminellen Energien oder schlechten Genen sollten schlau sein, wo sie ihre Kräfte einsetzen. Möglichst nicht in einem Land mit veralteten Haftanstalten, denn da wird das Sitzen schwerer. Da ist nichts mit einer Backe absitzen. Am günstigsten tobt man sein schlechtes Ego in der Bundesrepublik Deutschland aus. Entweder man wird gefasst oder man wird nicht gefasst, denn die Gesetzeshüter schützen die Demonstranten beider Seiten, damit sie sich nicht die Köpfe einschlagen. Wird man gefasst und kann nachweisen, dass man eine schlechte Jugend hatte und Vater und Mutter nicht kennt, dann ist die Sache schon mal gut. Oder die Polizei hat einem einen blauen Fleck verpasst, dann ist der Polizist dran und er wird seinen Posten mit Pensionsberechtigung los. Letztenendes sollte auch die Höhe eines geklauten Betrages für die Höhe der Strafe wichtig sein. Er kann auch nur so ganz nebenbei unterschlagen worden sein. Das schreckt überhaupt keine Behörde, das ist Sache der Regierung. Auf gutdeutsch, die Sache verläuft im Sande. Wozu die ganze Aufregung? Schütze sich jeder selbst. Heerscharen suchen nach Verbrechern, nach großen und nach kleinen, und hat man sie am Kanthaken, werden sie nach kurzer Zeit reingewaschen entlassen. Wozu suchen die erst? Nur wenn irgendwo einer ein Hakenkreuz sprayt, werden sie unruhig und suchen und suchen bis zum Sanktnimmerleinstag.

Die Polizei, dein Freund und Helfer, die armen Kerle können mir leid tun.

Hat man nun das Pech auf zwei Backen die Strafe absitzen zu müssen, so ist noch nicht aller Tage Abend. Man kann sich beschweren über mangelnde Kommunikation. Zeitungen und Bücher werden nachgereicht, Fernsehen überall. Man erhöht sein Wissen, man macht sein Abi oder legt seinen Dr. jur. ab. Man kann seine Liebste anfordern und im Gefängnis heiraten, zu Familienfeten das triste Haus verlassen. Höhere Personenkreise gehen tagsüber einer freiberuflichen Tätigkeit nach und müssen nur zum Schlafen in die gemütlich eingerichtete und mit Blumentöpfen geschmückte Zelle zurück. Die Zeiten, wo man mit einem angespitzten Aluminiumlöffel in monatelanger Fummelarbeit im morschen Gemäuer kratzen musste, sind glücklicherweise vorbei. Bundesweite Ausbrüche aus bombensicheren Verwahrungsanstalten geben uns zu denken. Die letzte Möglichkeit ist die Hoffnung, einen zu entlassenen Namensvetter zu haben. Dann wird man fortgeschickt, ganz legal, ohne dass man dran ist, die Zahl stimmt ja abends, eigentlich fehlt ja keiner.

Oh du fröhliche, oh du selige Knastologie. So was gabs im „Wilden Osten" nicht. Wer da saß, der saß. Bloß oft saßen die falschen Leute.

> *Der Polizist beugt sich über die Dame am Rinnstein: Kann ich Ihnen helfen?" - „Aber ja, setzen sie sich zu mir. Dann halten wir zusammen die Parklücke für meinen Enkel frei."*

> *Der Ehemann ertappt den Einbrecher auf frischer Tat: Gut, dass Sie endlich da sind. Seit zwanzig Jahren weckt meine Frau mich jede Nacht auf, weil sie denkt, Sie kommen."*

Namen sind Schall und Rauch

Nicht bei Lehmanns. Sie nannten sie Mercedes, denn es war ein Mädchen. Sie wurde genauso behütet und gepflegt wie der neue Trabant, der auf dem Hühnerhof in Klein-Schulzendorf stand. Mercedes Lehmann und der Trabant 601. Mike taucht auf, und er taucht auch wieder unter. Er ist der erste Unterwasserheld im Fernsehen, ein echter amerikanischer Held. Von jetzt ab beschäftigt er die Geburtsregister der Stadt, als Mike Müller, Mike Schmidt und natürlich als Mike Krüger.

Für den nicht englischen Sprachraum wird der Name eingedeutscht: Maik. Auf den Dörfern heißt man zu der Zeit noch Friedhelm 1, Friedhelm 2, Eberhard und Manfred. Dann wurden wir eingenordet mit Knut, Ulf, Urd, Swen, Björn, Olaf, Ingo und Anke.

Viele Mädchen verdankten ihren Namen dramatischen Höhepunkten in französischen Fernsehserien, Nicole, Nadine, Janine, Jasmine. Bitte hinten mit E.

Die Christianisierung begann und somit die Ära unserer Zeitrechnung. Christian, Christoph und Christina in allen Abwandlungen, selbst in eingefleischten Atheistenfamilien hießen die Kinder Daniel, David, Simon, Gabriele und Sarah.

Selten fand man bei diesen Leuten Wladimir, Nikita, Iwan oder Leonid, obwohl sie doch alle nicht bibelfest waren und auch so gut wie nie in die Kirche gingen.

Ein Name war jedoch weltweit nicht totzukriegen, Peter gab es in allen Sprachen als Pierre, Pjotr, Pedro, Petrus und dem niederländischen Pieter.

Zahlreiche Mandys, Cindys und Wenckes bewunderte man in den Kinderwagen, und die junge Mutter klärte einen anschließend über das Geschlecht des neuen Erdenbürgers auf.

Manche Phantasiegebilde wurden auch vom Standesbeamten abgelehnt. Mukelie, Muttis kleiner Liebling, Armes Kind. Oder Bierstübl. Bei Desdemona schieden sich die Geister bei der Betonung. Sollte man sie DesDEmona rufen oder DesdeMOna?

Die Namensgebung war der erste multikulturelle Zusammenschluss, alles ohne Verhandlungen der Politikern, ohne Tagungen, ohne Verträge, die von den meisten Regierungen sowieso schlecht eingehalten wurden.

Zu meiner Zeit hatten wir eine Jung-Siegfried-Ära. Gunter, Hagen und Brunhilde gab es wie Sand am Meer. Es glänzten aber auch Doppelnamen wie, Hans-Joachim, Klaus-Dieter und Karl-Heinz.

Nach dem Umweg über Europa kehrt man neuerdings wieder zu den Germanen zurück. Es hat sich ausgeswent, ausgemikt und ausgeknutet.

In den Kinderwagen liegen die kleinen niedlichen Anna, Paule, Max, Mariechen und Franziska.

Diesen Streß der Namensgebung hatten die Eltern in Bayern wohl nicht, da heißen sie nach wie vor die ganze Zeit über: Vinzens, Antonia, Joseph und Aloisia. Auch das ist durch das Fernsehen belegt.

> *Ein Mann betritt das Standesamt, um seinen Sohn anzumelden. „Wie soll er denn heißen?" - „Nelkenjosef." - „Das geht doch nicht!" - „Wieso nicht? Meine Tochter heißt doch auch Rosemarie."*

> *„Wie soll Ihr Sohn denn heißen?",* *fragt der Standesbeamte den jungen Vater. „So wie der Präsident der USA." - „Also George." - „Nein-Dabbelju!"*

> *Der Polizist nimmt ein Protokoll auf: „Ihr Zuname?" Zscherboinsky-Czrcypierzak!" - „Und wie schreibt man das?" - „Mit Bindestrich!"*

Liebe, Sex und Heiligenschein

Da haben uns Oswaldt Kolle, Sigmund Freud und die Pille endlich aus dem sanften Dahindämmern des Liebeslebens gerissen. Es kommt Schwung in den Laden, mit ziemlichen Unterhaltungswert. Solche verklausulierten Angebote und nebulösen Wünsche müssen auf den Müllhaufen der Geschichte. Heute geht es schneller an die Sache Sex, wie überall immer höher, immer weiter, immer größer und immer schneller. Sexualität ist so wichtig wie das Essen und das Trinken. Die Neugier darauf ist nicht zu bremsen. Alles wollen wir wissen, nichts verpassen und vor allen Dingen ausprobieren, wenn möglich sofort, ohne Altersbegrenzung von oben oder unten. Bis wir den Traum-partner für die große Liebe gefunden haben. „Ich will alles", was muss ich anstellen, um meine sexuellen Bedürfnisse mit möglichst vielen Partnern zu teilen. Ganz normale Tageszeitungen klären uns auf über Orgasmus, Selbstbefriedigung und abnorme sexuelle Gewohnheiten. Was spielt sich in deutschen Schlafzimmern so ab. Die Leute werden anonym abgefragt, und dann kommt es an das Licht der Sonne:

Soll sich meine Partnerin die Brust vergrößern lassen, damit es wieder klappt...

Sex will mein Freund mit mir, mehr aber nicht...

Sex will er mit mir nicht, weil ich zu dick bin...

Ich soll meinem Partner perverse Sachen sagen...

Ich soll beim Sex eine Maske tragen...

Nur wenn „Raumschiff Enterprise" läuft, will er Sex mit mir...

Er lässt mich nicht an sich ran...

Sie will Sex auf dem Balkon, ich habe Angst, dass mir was abfriert...

Ich soll Sauerkraut essen, das verhindert vorzeitige Erschöpfung...

Ich kann nur bei Gewitter...

Endlich Pervers, mit Leder und Peitsche...

Einige Schlager der Vergangenheit wären noch singbar: „Die Nacht ist nicht allein zum Schlafen da." - „Glaube mir, glaube mir, meine ganze Liebe geb ich dir." - „Für eine Nacht voll Seligkeit, da geb ich alles hin."

Egal wie man frühmorgens aussieht. Mit Gurkenscheiben auf den verquollenen Augenlidern und Kamillewaschungen kriegen wir alles in den Griff und träumen den Rest des Tages von der Traumnacht mit dem Traumpartner. Bis der nächste kommt.

Gott sei Dank gibt es für alle anstehenden Fragen das Lexikon für aufgeschlossene Wissensdurstige aller Altersgruppen. Und Gott sei Dank gibt es die diplomierten Briefkastentanten und den Psychologen mit akademischem Titel. Und wenn alles nicht hilft, die Ehe- und Sexualberatungsstellen.

Ist nach der ersten Hitze die „Luft raus" und die Kunststücke im Bett erzeugen nur noch Leistungsdruck, gehen wir dahin und lassen uns beraten, vielleicht werden wir doch noch „Paar des Jahres". Wer es heutzutage länger als zwei Jahre mit ein und demselben Partner aushält, hat sowieso einen gewissen Anspruch darauf.

Manche schwören auf die Potenzpille Viagra, die den einschläfernden Schlafzimmermief vertreibt und die eingeschlafene Leidenschaft neu entfacht. Unser Kritikerpapst Marcel Reich-Ranicki äußert sich etwas verhalten zum Sex: „Es gibt Leute, die sagen, dass es ab und zu Spaß macht." Also kein Dauersport mit Höchstleistung und Bewertungsnoten: „Na, wie war ich, war ich gut?"

Der Weg zum Gold ist steinig. Kurz vor der Olympiade haben russische Wissenschaftler herausgefunden, Enthaltsamkeit im Leistungssport bringt nichts. Wer es besonders bunt treibt, bei dem wird eine Konzentrationsschwäche durch einen eventuellen Samenstau verhindert. Da macht man sich seine speziellen Gedanken bei der Siegerehrung, wenn die Sportler auf dem Treppchen stehen. Aus dem Blickwinkel habe ich das noch nie betrachtet. Das wird die Preise für die Teilnahme und die Anreise für die teilnehmenden Länder in die Höhe treiben. Aber auch Dabeisein ist alles. Das graue Elend brach schon aus, als bei der letzten Winterolympiade in Utah, einem strengen Mormonenstaat der USA, die Kondome knapp wurden und der Nachschub sich hinzögerte. Es ist also ratsam, sich in Zukunft zu Hause damit einzudecken.

Die Sache mit dem Samenstau blieb den Fernsehmachern natürlich auch nicht verborgen. Bis in die entferntesten Ecken der Welt schleppen sie nicht nur die Requisiten mit, nein, auch mitgeführte Ehefrauen und Gespielinnen helfen die Kassen zu plündern und somit die Gebühren in die Höhe zu treiben. Dabeisein ist alles, koste es was es wolle.

Eine ungewöhnliche Weihnachtsgratifikation erfreute die männlichen Gemüter in Australien. Da die dort schon alles haben, gibt der Chef Sex-Gutscheine aus, der weiß eben, was Männern fehlt. Also keine Dollar für die Familienkasse. Das außereheliche Liebesleben kurbelte die Wirtschaft der Bordelle an, sie waren bis Ende des Jahres vollkommen ausgebucht.

Die Angebote bereitwilliger Liebesdienerinnen sind auch in meinem familienfreundlichen Tagesblatt nicht zu übersehen, nicht einmal mit-Augen-zu. Kleine Kostprobe gefällig?

Ich liege schon auf dem Sofa, nackt, ruf schnell an...

Versautes Luder erwartet deinen Anruf...

Hier werden deine dreckigsten Phantasien erfüllt...

Reif, ordinär und spottbillig...

Wische deine Küche nackt auf...

Unausgelastete Ehestute, fett, geil, gierig, hat die Schnauze voll vom täglichen Einerlei...

Gibt es denn keinen, der mich sexuell auslastet, ohne gleich ans Heiraten zu denken...

Kleiner Seitensprung gefällig, diskret... Süße Mäuschen, Wildkatzen, Karibikperlen, frisch importierte Asiatinnen - alle heiß, aufregend und mit großer Oberweite bis Super BH 130 DD, sie kommen auf Wunsch ins Haus, ins Büro, ins Hotel oder sind unter der verruchten 190er Nummer zu erreichen. Eine Falle für diejenigen, die wieder mal so ganz nebenbei 25000 Euro gewonnen haben, und unter einer solchen Nummer anfragen, wann denn das große Geld endlich kommt.

Ein neuer Titel springt ins Gesicht: das Luder. Es gibt Boxenluder, die mit ihren Reizen die Rennfahrer umgarnen, andere sind so bekannt, dass sie bei „Wetten dass" neben Thomas Gottschalk auf dem Sofa sitzen und mit ziemlicher Überzeugung von der Wichtigkeit ihres gesellschaftlichen Auftrages plaudern und die Fernsehwelt unterhalten. Mit selbstgehäkelten Pullovern ist da nichts, eine großzügige Fleischbeschau reißt allerorts die Leute vom Hocker. Ein Leben wie in Sodom und Gomorrha.

Luder, Flittchen oder Hure, wo ist da der Unterschied? Regt nicht weniger zu zeigen, die erotische Phantasie mehr an? Die Boulevard-Presse verrät uns, was sich bei den oberen Zehntausend abspielt, die sind ja auch nicht von Pappe: Langeweile, Sexrausch. Nicht das Geldanschaffen steht im Vordergrund. Und da das Liebesleben der Prominenz von Film, Fernsehen, Sport und den schon in goldenen Wiegen Geborenen. Das sind die Lieblinge der Zeitungsverleger und der Paparazzi. Wer mit wem und wo, das füllt die Kassen. Dies wird mit Sicherheit auch in der Zukunft so sein.

Selbst die Politiker sind wackere Mitstreiter und gestalten wochenlang und weltweit das erotische Programm. Die seriösen Abendnachrichten werden damit gewürzt. Rund um die Uhr, mitunter 25 Stunden am Tag, sind sie selbstlos für unsereinen im Einsatz. Bei solchem Stress gelingt ihnen immer wieder die Wichtigkeit ihres Auftrages durch lustvolle Eskapaden zu unterbrechen und sich selber zeitlich auszubeuten. Was waren das für herrliche Zeiten: Marylin Monroe mit ihren wunderbaren Kurven und der einfühlsamen Stimme vor dem Kongress. „Happy birthday, Mister Präsident...", und wer es nicht mehr weiß, John F. Kennedy war kein Frauenfeind.

Und die aufschlussreichen monatelangen Auseinandersetzungen zwischen Bill Clinton und seiner Praktikantin Monika Lewinski erhitzten die Welt. Was hatte die USA sonst noch zu bieten? Der Herr Bush hat leider mehr Spaß am Krieg-und-Frieden-Spiel. Hätten wir doch die alten Zeiten wieder und die Sorgen: Hat er nun oder hat er nicht?.

Die Politiker der untergegangenen DDR müssen besonders steril gelebt haben. Der einzige, von dem etwas in die Öffentlichkeit gedrungen ist, war der beliebte Sudel-Ede, dem man acht Frauen nachsagte, vielleicht waren es auch nur sieben.

Frage: Was unterscheidet Karl Eduard von Beethoven? Beethoven schaffte die Neunte...

Wo man heute hinguckt, Scheidungen und Techtelmechtel, keine Sparte ist sicher. Fremdgehen ist IN, statistische Erhebungen belegen dies, es ist ein beliebtes Gesellschaftsspiel geworden. Treue ist eine leere Floskel. Wer in Politik und Wirtschaft bis an sein Lebensende nur mit einer Frau lebt und der auch noch treu ist, von dem kann man keine zündenden Ideen erwarten. Je höher der Bekanntheitsgrad ist, um so interessanter ist das Spiel für die Allgemeinheit. Sie nimmt regen Anteil an den Tränen der Betrogenen. Feine Unterschiede findet man trotzdem. Die weiße Weste eines Profis im Weißen Sport darf niemals befleckt werden. Da kann unser Boris spenden und gute Werke tun bis an sein seliges Ende. Man nimmt übel und hat für jede Strafe Verständnis, ist dankbar für jede entdeckte Straftat. Der Kaiser Franz hat seine Mannen hinter sich. Sein Frühstück außer Haus mit dem nachträglichen Frühstücksei nach neun Monaten gilt mehr oder weniger als Kavaliersdelikt. Fußball ist wichtig, Hauptsache wir sind immer im Endspiel.

Richtig fetten Applaus erhielt der Kaiser vom ausgewählten und erhabenen Publikum anlässlich einer Preisverleihung, wo er die Laudatio hielt. Na bitte, geht doch, ist alles halb so schlimm. Auch wenn Frau Sibylle bitter und enttäuscht in die Kamera sieht, nach der Millionenabfindung wird sich ihr Gesicht wieder entfalten. Freude zieht wieder ins Herz. Manche verlassene Ehefrau wird beim Nachrechnen ihrer Bezüge ins Grübeln kommen. Und die millionenschweren Verehrer werden bei Lieschen Müller auch nicht Schlange stehen und ihr Trost zusprechen. Der eigene Marktwert ist eben entscheidend.

In Frankreich, dem vielbesungenen Land der Liebe, geht man besonders tolerant mit dem Begriff Sex um. Ihr Präsident Mitterand, nach eventuellen Affären seiner Mitregierenden befragt, meinte nur, wenn er alle diesbezüglichen Kandidaten entlassen würde, säße er bald alleine im Kabinett. Wie sich später herausstellte, hatte er selbst eine außereheliche Tochter.

Durch unser Anspruchsdenken bleibt die Tierwelt nicht verschont. Die zerstörte Umwelt bringt ihre Population durcheinander. Sie kriegen keinen Nachwuchs mehr oder nur unter erschwerten Bedingungen. Pandabären zum Beispiel tun sich schwer angesichts des anderen Geschlechts. Die Zoologen greifen in die Trickkiste. Entweder setzen sie die Potenzpille Viagra ein, oder sie zeigen ihnen zur Paarungszeit artgerechte Erotikvideos. Schwer wird es werden, einige Pandas wissen einfach nicht, wie das mit der Paarung funktioniert. Da sind ihnen die niedlichen Stubentiger meilenweit voraus. Die können das so perfekt, dass

ein Stubentigerbesitzer als erstes sein süßes Mäuschen sterilisieren lassen muss, weil unerwünschter und allzu reichlicher Nachwuchs die Stube bald zu eng werden lässt.

Verlassene Ehefrauen können unter Umständen am Liebesleben der Maikäfer Gefallen finden. Drei Stunden begatten sich die Käfer, die Weibchen fressen dabei weiter, legen dann etwa 30 Eier, kriechen dann etwas entkräftet zum Partner zurück und der Akt beginnt, falls sie noch nicht genug haben, von vorne. Danach stirbt das Männchen meistens. Auch 'ne Lösung.

Ähnlich verhalten sich die Bienen. Nachdem beim Hochzeitsflug die Drohnen ihre Arbeit getan haben, werden sie verjagt oder umgebracht. Zwei ins Auge zu fassende Alternativen. Glücklich? Fromme Wünsche bei Frauen mit schwer einzutreibenden Alimenten.

Ewige Liebe, gibt's die eigentlich noch? Die anfängliche Euphorie der Leidenschaft ist auf Dauer nicht durchzustehen. Liebe muss Zeit zum Reifen haben. Nimmt man den anderen nach gemeinsamen Jahren mit all seinen, vorher nicht einkalkulierten Macken und Mucken, Fehlern und Zipperlein noch als liebenswerten Menschen wahr, mit dem es sich leben lässt und den man nicht missen möchte, mit dem man auch alleine sein kann, dem man alles mitteilen kann, der einem aus der Klemme hilft, der mit einem die Kinder groß zieht, der mit einem schmust, der die Falten nicht sieht oder den sie nicht stören, der mit einem trauert, ehrlich ist, tröstet. Der ab und zu mit einem mal etwas unternimmt, der Verständnis und Toleranz aufbringt, auch noch treu ist, sich streitet und auch wieder lieb wird, mit dem man sich das drittemal den Streifen „Liebesgrüße aus Tirol" ansieht, der ab und zu die Stunde der Wahrheit über sich ergehen lässt, kurz gesagt, der fast so gut ist wie man selber, für den plant man mal einen romantischen Kurzurlaub auf der Alm, wo es kein Sünd gibt, ein. Mit dem macht man auch bloß einen Wochenendausflug nach Posemuckel, ohne eingeschnappt zu sein. Daraus wächst die Liebe, das Gefühl füreinander. Ganz langsam, nicht im Hauruck-Verfahren. Vorhersehbar ist die Länge der Liebe nicht, das Leben hat seine eigenen Vorschriften und Gesetze. Der Tod nimmt keine Rücksicht.

Glücklich sind die, die trotz aller Missgeschicke bis ins hohe Alter zusammensein können und dann sagen: „Mit dir habe ich das große Los gezogen, was Besseres konnte mir wirklich nicht passieren."

„Hast du schon gehört? Die Oberschwester hat dem Chefarzt versprochen, ihren Körper der Wissenschaft zu überlassen"
- Ich weiß, ich weiß - und das dreimal in der Woche."

„Herr Doktor, ich habe so grässliche Kopfschmerzen!" - „Trinken Sie?" - „Aber nein!" - „Rauchen Sie?" - „Auch das nicht!" - „Und wie ist es mit Frauen?" - „Das schon gar nicht!" - „Dann drückt Sie der Heiligenschein!"

Bleiben Sie immer schön auf dem QUIVIVE

So verabschiedet sich jeden Mittwoch der freundliche Mann am Ende seiner Fernsehsendung. Also, ich sollte schon aufpassen auf meine Gesundheit und mich nach Möglichkeit an seine Anweisungen halten. Denn seine Sendung teilt mir mit, was der Mensch sich im Laufe seines Lebens alles an Krankheiten an Land ziehen kann und wie er sie eventuell wieder los wird, mit einem bißchen Glück. Aber hat man erst mal was, muss man feststellen, die Gebrechen sind sehr anhänglich, sehr standorttreu und entwicklungsfähig. Zusätzlich erfreuen uns jahreszeitabhängige Serien wie Heuschnupfen und Grippewellen. Da dies fast jeder kriegt, kann man niemandem damit imponieren. Bei schlechtem Wetter hat jeder eine rote Nase, und nach der Sendung werden die alten Rezepte von den Altvorderen aus-

probiert. Es wird geschwitzt, gebrustwi-
ckelt und diverse Mixturen hergestellt.
Um was geht es denn heute? Nanu, mal
etwas ganz anderes, Geschlechtskrankheiten. Bin ich im falschen Sender? Eigentlich könnte ich bei meinem Alter ab-
schalten, doch meine Ohren werden lang
und länger, und ich fühle mich bildungs-
fähig. Ich bleibe dran, nun will ich es
wissen!

Mysteriöse Sächelchen liegen auf dem
Tisch, bekannt unter der Bezeichnung
Kondome. Schon im Kindergarten sind
sie kein Geheimnis mehr und dort ebenso
bekannt wie früher die Gummibärchen.
Ältere Semester in Rente sprechen
darüber nur hinter vorgehaltener Hand,
wenn sie überhaupt darüber reden. Und
man glaubt es nicht, jetzt sortiert der Herr,
ich könnte annehmen, er sei ein bißchen
irritiert und spräche lieber über Gallen-
steine oder eine Schlüsselloch- Blind-
darmoperation. Aber nein, es sind diesmal
Kondome, er kommt nicht drumherum.
Die landläufige Bezeichnung erspart er
sich und macht ganz auf Wissenschaft mit
toternstem Gesicht. Er sortiert die Dinger, und ein gewisses Grinsen kann ich
mir nicht verkneifen. Gespannt warte ich
auf die verschiedenen Muster. Waren das
noch Zeiten, als unsereiner ohne Pillen
sich mit einer Art Fahrradbereifung vor
unerwünschten Nachwuchs schützen
musste und man überglücklich aus dem
Westpaket eine Packung „London" für
höhere Feiertage fand.

Nun stellt er also vor. Hier haben wir die
Kondome mit den Geschmacksrichtungen Himbeere, Erdbeere oder Banane.
Darüber mache ich mir nun meine Gedanken. Das ist alles nur für Obstliebha-
ber. Es fehlt der Geschmack von frischem
Suppengrün, von Kaßlerbraten mit Sauerkraut. Und wo ist der von frischer Wurst
oder Streuselkuchen? Das wäre doch eine
echte Marktlücke für die gebeutelte Ost-
industrie. Aber vielleicht kommt Florena
in Waldheim noch darauf. Konsequent
verheimlicht der Moderator, warum die
Sachen überhaupt nach etwas schmecken
müssen.

Nun geht es um Farbe und Beleuchtung.
Jeder sollte beim Liebesspiel auf seine
Kosten kommen. Also lila, hellgrün und
rot in allen Nuancen. Und dazu die Beleuchtung. Nein, nicht im Zimmer, die
kleinen Dinger sind illuminiert wie früher im Krieg die Leuchtplaketten, damit
man sich im Dunkeln nicht anrempelt.
Das ganze nun im Bett. Diesmal um sich
zu treffen, so ändern sich die Zeiten und
die Gewohnheiten.

Aber auch dem kindlichen Gemüt der
Freizeitbeschäftigung wird Rechnung
getragen. Spaß muss sein. Er stellt nun
Kondome mit Mustern vor, kariert, ge-
streift oder mit Pünktchen. Passend zum
Nachthemd, denke ich, falls die überhaupt
eins anhaben. Aber das war noch nicht
alles. Es waren die Bommeln, die mich
faszinierten, manche hatten kleine Box-
handschuhe, Nippel in allen Variationen,

kleine Männecken hingen dran als Clown oder als Klabautermann, für jede Sparte etwas. Was der Mensch eben so braucht. Zur Demonstration wurden einige aufgeblasen und an eine Wäscheleine gehängt. Ich war so hingerissen, dass ich das Lachen vergaß.

Wozu das alles, warum diese ausgefallene Abendunterhaltung auf einem öffentlich-rechtlichen Kanal? Man will die grassierenden und schon fast vergessenen Geschlechtskrankheiten wieder in den Griff kriegen. Nicht wenige bringen sich so ein Souvenir aus dem Urlaub mit, reisen bis nach Thailand oder Kenia und verteilen ihre Mitbringsel gratis an die, die nicht so weit reisen können oder wollen. Dies betrifft beiderlei Geschlecht, auch Frauen fahren zur Sexbefriedigung sonst wohin, um ihren Frust bei den „Wilden" zu vergessen. Die Illustrierten sind voll von Berichten, und nun ist das Geschrei groß.

Heute kommt auf jenem Sender „Die goldene Eins". Das ist doch Kinderkram dagegen. Gelacht habe ich noch lange danach. Meine Bildungsbereitschaft ist angesprochen, sie erstreckt sich nun auf die Konstruktion meines Körpers. Ich muss mir unbedingt einen Spiegel kaufen, einen langen und großen, um mein Hinterteil zu betrachten. In der heutigen Zeitung lese ich, dass an der Form des Gesäßes die Einstellung zur Sexualität erkennbar ist. Birne, Apfel, Kürbis oder Avocado - hat sich einer von uns darüber jemals Gedanken gemacht?

Für die nächste Woche kündigen sie das Ergebnis des Männerpos an. Meine Güte, ist das ein Sündenbabel. Oder war das schon immer so und ich wusste das nur nicht?

Fir Berlina und Wekjezogene

Zwei Berliner Piefkes unterhalten sich: „Wie alt bist'n?" - „Weeß ick nich." „Rochste schon?" - „Ne." - „Säufste schon?" - „Ne." - „Haste schon wat mit Weiba?" - „Ne."- „Denn biste erst viere."

Mutter ist besorgt um ihre Tochter. Die hockt immer zu Hause. „Mächen, du mußt ma ausjehn. Jeh ma inne Disco. Da wirste schon een find'n"

Irmchen findet einen. „Mama, der hat den janzen Abend nur geraucht. Weiter nischt. Eene an, eene aus."

„Von dem laß bloß die Finga, det wird imma schlimma."

Nächsten Sonntag geht sie wieder in die Disco. „Na, haste eenen jefunden?" „Ja Mama, der hat den janzen Abend det Bier in sich rinjeschüttet. Weiter nischt."

„Von dem laß bloß die Finga. Det wird noch ein richtiger Säufer, det wird imma schlimmer."

Am dritten Sonntag kommt Irmchen nicht nach Hause, auch nicht am Montag. Dienstag steht sie vollkommen erschöpft auf der Matte und schleicht in die Wohnung. „Ürmchen, wo warst du denn so lange. Ick hab mir schon solche Sorjen gemacht." „Mama, wir ham uns den janzen Sonntach geliebt, och noch den Montach, och noch den Dienstag. Wir sind jar nich aus Bette jekomm."

„Mächen, den nimm ma, det jibt sich."

„Wie lange darf man auf einem Parkplatz parken?" - „Zwei Jahre, dann müssen Sie zum TÜV!"

Da fragt der Lehrer: „Kann mir einer sagen, wie lange Krokodile leben?" Klein-Fritzchen: „Genauso wie kurze."

Fragt ein Bubi den andern: „Weeßt du, wat'n Dekollte is?" - „Ne, so richtig nich. Aba det muß wat Jefährlichet sin. Meine eene Schwester hat davon 'n Husten jekricht, und die andere 'nen Mann."

Mein Onkel is Pasta. Wenn den die Leute treffen, denn saranse: „Guten Morgen, Herr Pfarrer."

Mein Onkel is Bischof. Wenn den die Leute treffen, denn sarense: „Guten Morgen, Excellenz."

Mein Onkel wiecht 140 Kilo. Wenn den die Leute treffen, sarense: „Ach, Du lieber Gott."

Ein älterer Herr kommt zur Poliklinik und klagt über Rheumaschmerzen in der Schulter. „Wohl etwas zu flott gelebt in den jungen Jahren?" fragt der Arzt. „Schon möglich, Herr Doktor, aber mit der Schulter am allerwenigsten."

„Herr Dokta, kann man mit Durchfall baden?" - „Na, wenn'se die Wanne voll kriegen."

Ein Bulle hält einen Radfahrer an. Er schreibt auf: Keine Klingel, 10 Mark. Kein Scheinwerfer, kein Rücklicht, 20 Mark. Keine Tretstrahler, 5 Mark. Macht zusammen 35 Mark. Da dreht sich der Radfahrer um und ruft: „Gucken Sie mal, dort kommt das Geschäft Ihres Lebens!" „Wieso", fragt der Polizist. „Da kommt einer ohne Fahrrad.".

Der Sohn zu seinem Vater: „Wie find'ick den jrößten gemeinsamen Nenna?" - „Ham se den imma noch nich jefund'n? Den suchtense schon, als ick noch zur Schule jing."

„Bitte eine Fahrkarte nach Kürze." Der Beamte findet keinen Ort mit diesem Namen. „Wo soll denn das liegen?" - „Das weiß ich auch nicht, aber der Bundeskanzler hat gesagt, in Kürze sei alles besser."

Fritzchen bettelt: „Mama, ick möcht so jerne eenen Jlobus." Sagt die Mutter: „Nischt is. Du fährst mit'n Schulbus wie die andern Kinder och."

„Wie komme ich hier zur Post?" - „Haben Sie ein Auto?" - „Nein." - „Dann müssen Sie laufen."

Fragt der Stabsfeldwebel den Rekruten: „Was sind Sie von Beruf?" „Bakteriologe." „Reden Sie nicht so geschwollen. Das heißt Bäcker."

„Ich hätte gern ein Paar Unterhosen!" - „Lange?" - „Ich will sie kaufen, nicht mieten."

In der Schule: „Wo bekommen wir den elektrischen Strom her?" - „Aus dem Urwald!" - „Wie kommst Du denn darauf?" „Als es jestern abend plötzlich kein Licht jab, hat mein Papa jesacht: „Nu ha'm die Affen wieda den Strom abgestellt."

Der Lehrer fragt: „Kurt, was ist ein Erwachsener?" - „Das ist ein Mensch, der an beiden Enden nicht mehr weiterwächst, sondern nur noch in der Mitte."

„Kennen Sie den Barbier von Sevilla?" „Nein, ich rasiere mich auch im Urlaub selbst."

Anwalt: „Sie wollen sich also wegen seelischer Grausamkeiten scheiden, lassen? Welchen Grund haben Sie denn?" - „Mein Mann hat die Badezimmerwaage um vier Kilo verstellt, und ich habe dann wie verrückt zwei Tage lang den Garten umgegraben."

„Was gucken Sie so, haben Sie noch nie Wäsche draußen aufgehängt?" - „Doch, aber ich habe sie vorher immer gewaschen."

Der Arzt fragt: „Hätten Sie, früher schon mal'n Abszess?" - „Ja, Herr Doktor, aber damals bin ich freigesprochen worden."

Autofahren muss man schon können, junge Frau

Es passierte am Freitag nach dem Wochenendeinkauf, das Aus, mit dem Auto. Mitten auf dem Parkplatz hatte sich der Motor verabschiedet, ohne Vorwarnung und auf Nimmerwiedersehen. Nichts ging mehr, und der Kofferraum voll mit Beuteln, Flaschen, Taschen und Tüten. Das einzige, was noch ein Lebenszeichen von sich gab, war das Armaturenbrett. Es leuchtete wie eine Schießbude, knallrot. Stop! Stop!, schrie es mich an, alles in knallrot. Ungeheuer beeindruckend, der Schock war echt.

Frau und Auto, das läuft nicht. So ein Parkplatz vor einem Supermarkt ist angefüllt mit wartenden Männern, haushoch den einkaufsfreudigen und einkaufenden Hausfrauen überlegen. Gelangweilt warteten sie, da kam ihnen so ein Fall von einem streikendem Auto gerade recht. Eine ratlose Fahrerin war eine nette Abwechslung in der Langeweile.

Dreimal war ich schon um das streikende Auto gelaufen, hatte den Schlüssel vergeblich in das Zündschloss gesteckt. Immer wieder diese Schießbude mit den vielen Lämpchen und: Stop!, Stop!, alles in knallrot.

Da kam ein Autoschlüsselwinkender Wanderer des Weges: „Na junge Frau, wo brennt's denn?" Wollte der mich auf den Arm nehmen? So mit junge Frau? Schließlich war ich Großmutter von fünf heiratsfähigen Enkeln. In Anbetracht meiner kritischen Lage liess ich den Titel „junge Frau" gelten. Zu zweit versuchten wir den Schießbudeneffekt abzustellen, jedoch ohne Erfolg.

„Was haben sie da bloß gemacht?" Eine völlig überflüssige Frage, von mir seit zwanzig Minuten immer wieder gestellt. Ich war eigentlich nur ausgestiegen und hatte die Kartoffeln in den Kofferraum gelegt. Das war's.

So etwas hätte er noch nicht gehabt. Die Schieberin eines turmhoch beladener Einkaufswagen unterbrach die Lösung des Problems. Sein Platz wurde sofort von einem zweiten Wanderer eingenommen. „Das ist ein Ding!" Und er erzählte mir etwas vom Abschleppen. Sehnsuchtsvoll dachte ich an mein altgedientes Fahrrad. Selbst mit einem Platten könnte man in so einen Fall die Taschen an die Lenkstange hängen und das Rad nach Hause schieben. Früher hätte ich auch nicht soviel eingekauft, wie bei einer bevorstehenden Hungersnot. Schleierhaft ist mir aber auch, wie rasch sich ein Tross ratgebender und wissbegieriger Männer um mein bockiges Auto scharren konnte. „Was haben Sie da bloß gemacht? Haben sie das Auto schon lange?" Gib's ihnen, sagte mein in die Enge getriebener Autofahrerstolz und entgegnete: „Mit dem bin ich voriges Jahr nach Österreich gefahren, ganz allein, bei Wind und Wetter." Das trieb den Pulk der Ratgeber in die Enge. „So etwas wäre mir zu stressig!", und weg waren sie.

Manchmal hat man Geistesblitze, jetzt durchfuhr mich einer. Ich rief beim nächsten Verwandten an: „Rettet Eure Mutter!" Sie brachten den Zweitschlüssel und siehe da, friedlich und mit neuer Energie geladen, sprang der vermaledeite Wagen an. Jetzt steht er in der Garage, und wir warten auf den neuen Schlüssel mit der energiegeladenen Elektronik. „Ein wenig Geduld müssen sie schon haben, die feiern im Rheinland erst mal Karneval, und dann sehen wir weiter", hörte ich von der Werkstatt und dass der Einbau 80 Euro kostet. Ja, so ein AUTO ist teuer, es fängt mit AU an und hört mit O auf.

Und ich konnte es kaum glauben, nichts hatte ich zu bezahlen. War dies eine Auswirkung des Karnevals? Hatten die im Rheinland Mitleid und Verständnis mit einer „jungen Frau" oder war der Schlüssel eine Montagsfabrikation? Oder, oder oder, es mag eine Menge Gründe geben. „Kommen'se bald wieder zu uns in die Werkstatt und schönen Tach noch!" Und den machte ich mir auch. Sage noch einer etwas gegen Freitag, den 13!

Wort-Schätzchen

„Wenn der Hahn kräht auf dem Mist, dann ändert sich das Wetter oder es bleibt so wie es ist." Solche Logik verkündeten unsere Vorfahren. Mit Vergnügen erinnere ich mich an die geflügelten Worte, an blumige Redewendungen und Sprichwörter, sie sind wie ein warmer Kachelofen in der Eiszeit des Internets.

Jede Familie hat ihre spezifisch gesammelten Werke, bei der Heirat brachte man seine 50 Prozent mit in die Ehe und pflanzte und begoss sie für die nächste Generation. Sie wuchsen und gediehen und bei passender Gelegenheit versuchte man sie an den Mann zu bringen. Ob beim Einwecken oder beim Wäschewaschen wurden die Mütter und Großmütter flotte Sprüche los, und die vererbten sich.

Ich persönlich war ein nicht so ordnungsliebendes Mädchen, hielt nicht viel vom Knöpfe annähen und Strümpfe stopfen. Bis zu meiner Ehe, wo sich dies zwangsläufig ändern musste, verfolgte mich meine Mutter mit der Prophezeiung: Der Mann, der dich mal heiratet, der braucht nicht zu sagen: "Gott strafe mich", der ist gestraft.

Und als meine Kinder einen unwahrscheinlichen Appetit entwickelten, beruhigte sie mich: Das ist besser, als wenn du das in die Apotheke trägst. Und konnte sie einen nicht leiden, war ihr Wahlspruch: Wer als Schwein geboren wird, bleibt ein Schwein zeitlebens.

Oder sie tröstete: Ist nicht so schlimm, mit der Mutter Grimm, mit der Mutter

Horn ist's wieder geword'n. Und die alte Schmitten, die hat erst gelitten, dreimal hab'n sie sie geschnitten, dann hab'n sie erst gemerkt, dass sie ein Holzbein hat. Nun wirds auch wieder werd'n mit der Mutter Bärn...

Meine Schwiegermutter, Oma genannt, weil sie bei uns lebte, lebte auch sehr zukunftsweisend. Sie stand schon immer halb im Grab mit ihren Prophezeiungen und Vorhersagen, wurde aber dank guter Pflege immerhin 87 Jahre alt. Auf die Frage, was ich denn morgen kochen solle, antwortete sie regelmäßig: „Morgen kann ich schon tot sein." Meine Kochkünste lobte sie mit dem Satz: „Koch mal ein Topp in ander'n und einen Topplappen dazwischen, damit nichts anbrennt."

Der Lottogewinn von 10 Mark veranlasste meinen Vater zu der Erkenntnis: Wer nichts gewinnt und nichts ererbt, der bleibt ein armes Luder, bis er sterbt.

Bei Stromausfall, wenn man endlich eine Kerze gefunden hatte und es plötzlich wieder hell wurde, orakelte man: So ist das mit dem Licht, mal brennt es und mal nicht, und manchmal geht es ganz aus.

Beim Abschluss einer Versicherung wurde man wie folgt erleuchtet:

Wer nichts wird, wird Wirt und wer gar nichts wird, wird Bahnhofswirt, und wer zu überhaupt nichts passt, bleibt immer Gast. Und wem gar nichts ist gelungen, der geht zu Versicherungen:::

Unseren Opa haben wir als Postbeamten sehr gekränkt: „Wer nichts weiß und wer nichts kann, der geht zur Post oder zur Bahn." Da er unserer jungen Familie aber jeden Monat einen 50-Markschein spendierte, blieb dies ein einmaliger Ausrutscher.

Ansonsten legte man seine geflügelten Worte nicht so auf die Goldwaage, man hätte sonst die ganze Woche eingeschnappt sein können.

Man schoss sich auf die Farben ein: „Nehm'se lila, das ist der letzte Versuch und macht'n schönen Teint." „Grün und blau, geht dem Kasper seine Frau, noch'n bischen gelber, geht der Kasper selber."

Auf die Frage, wie man denn die schlechten Zeiten übersteht, antwortete man: „Wir hängen einen Sack vor die Tür und die anderen werfen das Geld rein. Ich lieg den ganzen Tag auf dem Sofa und ess Konfekt..."

Als Kind bewunderte ich eine alte Tante, die mir das Kinderlied „Bub und Spinne, die in den Wald gingen" vorsang. Die traute sich vielleicht was. Solche flotten Sachen durfte man ansonsten nicht aussprechen, geschweige denn singen. Es war das zweite Lied, was ich nach „Fuchs, Du hast die Gans gestohlen" mit allen Strophen auswendig konnte.

Damit mir der Abschied von ihr nicht so schwer fiel, tröstet sie mich: „Weine man nicht, weine man nicht, im Ofen stehen Klöße, die siehste bloß nicht." Danach fasste ich allen Mut und fragte die anderen Kinder auf der Straße: „ Habt ihr nicht nen Mann gesehn mit ner blauen Jacke, hinten hängt das Hemde raus mit nem Zentner K... Meine Mutter spendierte mir darauf hin eine kräftige Ohrfeige, und ich dachte angestrengt darüber nach, dass es der Tante Hedwig mit dem Bub nicht passiert war.

Abgesehen von den familiären Spruchweisheiten ist es für unser moralisches Ansehen und für unser Seelenheil wichtig, sich von bestimmten Begriffen zu verabschieden. Man kommt sonst in Deibels Küche, wird in der Zeitung namentlich genannt und mit erhobenen Zeigefinger vor den Kadi gezerrt. Nach wie vor kann ich beim Bäcker einen Amerikaner kaufen. Dort gibt es auch Kameruner. So wie man sich aber nach Mohrenköpfen und Negerküssen erkundigt, ist man ein Ausländerhasser, der die schwarze Bevölkerung diskriminiert.

Als vor einiger Zeit Jugendliche in ihrer Schule das Mobiliar demolierten und einen ziemlichen Schaden anrichteten, wurde in einem langen Artikel von Vandalismus gesprochen. Der Polizeiberichterstatter wurde in einem Leserbrief zur Raison gerufen. Der Brief hätte einem Geschichtsprofessor alle Ehre gemacht. Die Leserbriefleser wurden intensiv über die Geschichte der Vandalen belehrt, angefangen bei der Völkerwanderung bis hin zu den Punischen Kriegen in Afrika. Sie gründeten ein Reich um Karthago und hinterließen auf ihren Wanderungen eine Strecke der Verwüstung und Plünderung. Auf dem Wege dahin von freundlichen, winkenden Menschen begleitete, die freiwillig Hab und Gut sowie Unschuld zur Verfügung stellten, wie das allgemein in Durchzugsgebieten bei Kriegen üblich ist. Solche Lesebuchgeschichten sind mir noch in allzuguter Erinnerung vor nicht so langer Zeit.

Wenn der Schreiber eines Tages bei meinem Bäcker erlebt, dass die dort noch Kameruner verkaufen, wird er sicher eine Abhandlung über unsere Kolonialgeschichte zu unser aller Erbauung verfassen, so dass uns die kleinen braunen Dinger, auch Krabbelchen genannt, im Hals stecken bleiben. Wer hat bitte was gegen die Leute aus Afrika?

Bitte, zwei Mohrenköpfe und drei Krabbelchen!

Nun machense mal'n Punkt!

Heftig gestikulierend steht ein kleiner mickriger Mann vor einem großen, dicken. Wortfetzen dringen zu mir herüber. Der Große streckt ihm seinen Bierbauch entgegen, der Mickrige arbeitet mit Händen und Füßen. Beim Näherkommen schlägt meine Neugierde für den Kleinen in glatte Bewunderung aus, der beschwert sich, und wie er sich beschwert. Er pocht auf sein Recht. Der Dicke drückt seinen Schmerbauch noch weiter heraus und sagt von oben herab: Was woll'n Sie eigentlich? Nun machense mal'n Punkt.

Er sagt nicht einfach „Männecken", er beleidigt ihn nicht mit unflätigen Ausdrücken, nein, das macht er nicht. Sein Imponiergehabe und der Zusatz „Nu machense mal'n Punkt" erdrückt den anderen. Der Kleine macht noch einen winzigen Anlauf, seine Wünsche durchzusetzen, aber bei dem Punkt streicht er die Flügel. Punkt ist so endgültig. Vielleicht wäre bei Komma noch eine Chance drin gewesen.

Ich habe das Gefühl, sie reden eine Weile nicht miteinander, vielleicht kommt es zu einer gerichtlichen Auseinandersetzung, schließlich wollen die Rechtsanwälte auch leben.

Ich sollte auch schon mal einen Punkt machen. Das sollte soviel bedeuten: Nun hören Sie endlich auf damit! Sie werden dabei kein Glück haben! Und es war nicht nur ein Punkt, nein, gleich sechs an der Zahl. Sechs ausgewachsene Baufachleute, alle von einer Firma, redeten auf mich ein und machten mir klar, dass mein Haus von sich aus auseinanderriss und ihre überdimensionale große Rüttelwalze daran keine Schuld hätte. Ihre Unschuld bekräftigten sie mit sechs Mann, jeder einzelne forderte von mir einen Punkt zu machen. Wo kämen wir denn hin, wenn jeder seine Rechte einfordern würde. Schließlich muss ein riesiger Baubetrieb sich gegenüber so einem Greenhorn wie ich eins bin, sich bereits in der Interpunktion ins rechte Licht setzen. Ich jedoch ließ den Satz offen, ich machte keinen Punkt. Die Sechse beeindruckten mich nicht, was mussten die für ein schlechtes Gewissen haben, sich sechsfach zu zeigen.

Was war denn eigentlich passiert? Der Baubetrieb hatte in unmittelbarer Nähe des Grundstücks eine Rüttelwalze eingesetzt und den Boden verdichtet. Ein mittleres Erdbeben erschütterte die Fundamente, Risse entstanden und ein Teil des Hauses sackte so ab, dass innen die Schranktüren sowie die Schubläden klemmten, die Tapete riss und der Putz abbröckelte. Im Bad hatten sich die Lotionen und die vielen hübschen Fläschchen selbständig gemacht und lagen auf der Erde. Und alles so von ganz alleine, von einer Stunde zur anderen. Und da sollte ich einen Punkt machen?

Die streitsüchtige Eva erwachte in mir. Vorgebildet durch tägliche Krimis im Fernsehen, wo jeder erwischte kleine Gauner dem Ankläger entgegen schrie: „Nicht ohne meinen Anwalt!", versuchte ich den Sechsen zu imponieren. Ein hämisches Grinsen war die Folge. Und in Anspielung auf mein nicht mehr jugendliches Alter versetzten sie mir noch einen Schlag: „Das erleben Sie nicht mehr!" Das machte mich nun vollends rebellisch. Für den Steinbockgeborenen ist der Weg das Ziel. Ich vertiefte mich zur Beruhigung in den brandneuen Steinbockkalender und befragte ihn nach den vorgegebenen Charaktereigenschaften und ob diese in etwa auf mich zutreffen könnten.

Da hieß es denn:

Der Steinbock hat einen gesunden Menschenverstand, er weiß, was machbar ist und was nicht.

Pflichterfüllung bis zur völligen Selbstaufgabe ist das Lebensmotto des Steinbockes.

Der Steinbock plant gerne auf längere Sicht. Aufgaben, die dem Steinbock übertragen werden, führt er sehr gründlich aus.

Der Steinbock hat in hohen Maße Verantwortungsgefühl.

Der Steinbock sucht den Widerstand, an dessen Überwindung er ungeahnte Kräfte entwickelt.

Steinböcke entspannen erst, wenn sie alle ihre Pflichten erfüllt haben.

Nach dem Studium war ich kampfbereit.

„Denen werde ich es zeigen!" Mein für mich maßgeschneiderter Anwalt saß in Potsdam, er brauchte aber ein hieb- und stichfestes Gutachten. Unglück und Glück ist selten aufzuhalten. Nach dem Ärger mit den gerissenen Wänden landete ich in einer Glückssträhne. Ein weltweit agierender Statiker mit Ingenieursbüro, verteilt über die halbe Welt, selber ein wenig zu kurz, von Statur nicht gerade verwöhnt, aber mit einem phänomenalen Wissen im Kopf, reiste zu einem Klassentreffen an. Er nahm mich an die Hand und sagte: „Lass man die anderen Kaffee trinken und zeige mir Deinen Kummer." Sein exklusiver Fotoapparat blieb verschont von unseren Konterfeis, er verewigte die Risse in meinem Haus, das aussah wie ein Schnittmusterbogen. Fein aufgelistet mit Nummern versehn, berechnet und interpretiert hielt ich nach zwei Wochen eine umfangreiche Mappe in der Hand. Das einzige, das ich verstand, war der Name des Büros. Alles andere war für mich Fachchinesisch. Dieser Gutachter war auch für den Anwalt einmalig. Er bedauerte, den Statiker nicht für andere noch offene Gutachten einsetzen zu können. Lieber flog der Helfer in der Not zu seinem Wochenendhaus nach Florida oder war es Südafrika? Nach qualvollen schlaflosen Nächten fieberte ich der ersten Gerichtsverhandlung entgegen. Nichts wollte ich essen, und nun saß ich etwas abgemagert mit meinem Anwalt wie auf einer Sünderbank. Ich im Gericht, welch eine Premiere. Innerlich schon weggetreten, starrte ich auf die Gegenseite, eine Armada von Anwälten. Sie sonnten sich siegesgewiss. Ich staunte über das massenhafte Aufgebot, ein Anwalt für das Architekturbüro, einer für die Baufirma, einer für den Betrieb, welcher die Baufirma beauftragt hatte, und für jeden noch ein Vertreter. Eine Lawine hatte ich mit meiner Klage losgetreten. Mir wurde doch schon ein wenig mulmig. Und seitlich von uns das hohe Gericht. Geistig und emotional merkte ich, wie sich bei mir ungeahnte Kräfte entwickelten, um zu meinem Recht zu kommen. Immerzu fiel mir „Liebling Kreuzberg" ein, wie Manfred Krug seine Klienten erfolgreich heraus gepaukt hatte. Der Richter befragte mich im normalen Deutsch, ich antwortete ebenso. Er nickte mit dem Kopf und seine Beisitzer nickten ebenfalls. Vollkommen irritiert mussten die sechs Vertreter das Urteil hinnehmen. Mit eingezogenem Schwanz zogen sie ab. Ich hatte die Schlacht gewonnen. Eine Flasche Sekt war abends fällig.

Aber man sollte den Tag nicht vor dem Abend loben. Termingerecht legte die andere Partei Widerspruch ein, und es entwickelte sich zu einer endlosen Geschichte. Sie verlangten ein unabhängiges Gutachten, und das Gericht forderte eine sofortige Zahlung von 2000 DM für den vom Gericht eingesetzten Gutachter. Sonst verliefe alles im Sande und der ganze Aufwand wäre für die Katz. Danach brauchte man aber immerhin drei Monate, bis die staatlich eingesetzten Herren mit Zollstock und anderen Apparaten vom Boden bis zum Keller ihrer Aufgabe nachkamen. Das unabhängige Gremium tröstete mich: „Wer Ihnen den Schaden zufügt, muss für die Kosten aufkommen." Ich hatte die Kröte mit den 2000 DM nicht umsonst verschluckt. Nach ungefähr zwei Jahren füllte sich mein Portemonnaie. Ich weiß nun, was ein Vergleich ist und kann nur jedem raten, sich nicht vorschnell ins Bockshorn jagen zu lassen. Es lohnt sich, gegen Drohgebärden zu kämpfen. Recht haben und Recht bekommen sind zweierlei. Bei mir hat es geklappt. Sicherlich nicht nur für einen Steinbockgeborenen. Dank meiner Enkel und ihrer Freunde wohne ich wieder in einem renovierten Haus, alle Wände stehen noch, die Schranktüren gehen auf und zu und ich halte die Kalenderweisheit in Ehren: Pflichterfüllung bis zur völligen Selbstaufgabe ist das Motto des Steinbocks, und nun mache ich den berühmten PUNKT.

Wenn der Deutsche hinfällt, dann steht er nicht auf, sondern er schaut, wer schadensersatzpflichtig ist.

Kurt Tucholsky

Kultur und Geschichte

Mein Verlag Mahlow bei Berlin

"Ich kenne viele Leute, aber wenig Menschen"
Besinnliches und Heiteres
von Bruno Hans Bürgel
Arnold Zenkert, 160 Seiten,
9,65 €. **ISBN 3-936607-02-8**

Köpenick unter dem Hakenkreuz
Die Geschichte des National-
sozialismus in Bln.-Köpenick
André König, 192 Seiten,
14,95 €. **ISBN 3-936607-05-2**

Hier möchte ich begraben sein..!
Ein Spaziergang über
den Südwest-Kirchhof
Gerhard Petzholtz, 56 Seiten,
4,80 €. **ISBN 3-936607-06-0**

Fantasie

Reise und Abenteuer

Vom Kaukasus zum Dach der Welt
Ulrich Henrici, 152 Seiten,
9,65 €, **ISBN 3-936607-07-9**

Das Amulett
Marion Schmidt, 176 Seiten,
9,65 €. **ISBN 3-936607-03-6**

Der Weg zu den Bergen
Ulrich Henrici, 160 Seiten,
9,65 €. **ISBN 3-936607-04-4**

**Mit dem Jeep von Pots-
dam zum Kilimandjaro**
Ulrich Henrici, 128 Seiten,
14,95 €. **ISBN 3-936607-00-1**

**Bergtouren im Pamir
und Tientschan-Gebirge**
Ulrich Henrici, 168 Seiten,
9,65 €. **ISBN 3-936607-08-7**

**Durch das Fan-Gebirge
und den Pamir**
Ulrich Henrici, 128 Seiten,
9,65 €. **ISBN 3-936607-08-7**